FRei·RäuMe

Streitschrift der feministischen Organisationen
von Planerinnen und Architektinnen

Band 7 / 1994

ENTSCHLEUNIGUNG

Die Abkehr von
einem Lei(d)tbild

Kleine Verlag

FRei·RäuMe
Streitschrift der feministischen Organisationen
von Planerinnen und Architektinnen

Herausgegeben von FOPA Berlin, Dortmund, Hamburg, Kassel, Köln, Rhein-Main

Redaktion: Christine Ahrend (Berlin), Antje Eickhoff (Köln), Elke Hellmuth (Kassel), Christina Kleinheins (Dortmund), Stefanie Klinkhart (Rhein-Main), Martina Löw, Stefanie Miseré (Berlin), Sonja Pauli, Susanne Raehse (Kassel), Rosemarie Ring (Dortmund), Hanne Schäfer (Rhein-Main), Bettina Wietzorek (Hamburg)

Redaktionsanschrift: FOPA e.V., Adlerstraße 81, 44137 Dortmund

Band 7
ENTSCHLEUNIGUNG. Die Abkehr von einem Lei(d)tbild

Verantwortlich für den Schwerpunkt dieses Bandes: Antje Eickhoff, Rosemarie Ring

Umschlaggestaltung: Bettina Wietzorek – unter Montage eines Fotos von Bettina Mathes

Verlag: Kleine Verlag GmbH, Postfach 101668, 33516 Bielefeld, Telefon 0521/15811, Telefax 0521/140043

Bezugsbedingungen: Die Schriftenreihe **FRei·RäuMe** erscheint einmal im Jahr. Die **FRei·RäuMe** können als Einzelbände oder im Abonnement bezogen werden. Bestellungen über den Buchhandel oder direkt an den Verlag. Bezugspreis für Einzelbände DM 30,00, Preis im Abonnement DM 25,00 zuzüglich Versandkosten. Abbestellungen des Fortsetzungsbezugs spätestens drei Monate vor Ablauf des Kalenderjahres.
Herstellung und Auslieferung: Kleine Verlag GmbH

© Kleine Verlag GmbH. Nachdruck von Beiträgen, auch auszugsweise, nur mit Genehmigung der Redaktion.

Die Deutsche Bibliothek – CIP-Einheitsaufnahme

Frei-Räume : Streitschrift der Feministischen Organisationen von Planerinnen und Architektinnen FOPA e.V: /
Hrsg. FOPA Berlin... - Bielefeld : Kleine Verlag.
 Erscheint jährl. - früher Ed. Ebersbach im eFeF-Verl. -
 Aufnahme nach H.7 (1994)
H.7 Entschleunigung : die Abkehr von einem Lei(d)tbild. - 1994

Entschleunigung : die Abkehr von einem Lei(d)tbild / (Hrsg.: FOPA Berlin...
Red.: Christine Ahrend...) - Bielefeld : Kleine Verlag, 1994
 (Frei-Räume ; H.7)
 ISBN 3-89370-201-6
NE: Ahrend, Christine (Red.) ; Feministische Organisationen von Planerinnen und Architektinnen (Berlin)

Inhalt

Editorial 7

SCHWERPUNKT:
ENTSCHLEUNIGUNG – Die Abkehr von einem Leit(d)bild

Einleitung 11
Antje Eickhoff, Rosemarie Ring

Feministische Reflexionen und Utopien

Das ist Frau F. – Eine Fotogeschichte aus Wien 18
Petra Rau

Verkehrsvermeidung und Identität am Beispiel
von Stuttgart und Wien 22
Petra Rau

Städtische Lebensqualität und soziale Gerechtigkeit als
Determinanten feministischer Verkehrspolitik 29
Christine Bauhardt

Vom Fleischverbrauch der Vegetarierinnen 39
Ruth Becker

Vater Staat plant für seine Söhne

Ein Auto für sie allein 50
Carola Schewe

Frauen und Stadtverkehr – die ostdeutsche Situation 56
Helga Gantz

Bahnreform – Schritt zur Verkehrswende oder Bahndeform? 61
Gisela Nacken

Anregungen zur Berücksichtigung von Traueninteressen
bei der Bahnreform und die Chance für den öffentlichen
Personennahverkehr 64
Angela Fuhrmann

Frauen in Bewegung

„Empfehlungen zur besonderen Berücksichtigung der
Belange von Frauen" 70
Rosemarie Ring

Frauennachtfahrten – eine Antwort auf Gewalt im
öffentlichen Raum 73

Das Lübecker Frauennachttaxi – Modell, Entwicklung,
Erprobung, Ergänzung 74
Sabine Haenitsch

Erhöhung der sozialen Sicherheit als integraler Bestandteil von
sozial- und umweltverträglichen Stadt- und Verkehrskonzepten 80
Juliane Krause

Mach mich nicht an – Sicherheitssysteme in der U-Bahn
von Toronto/Kanada 91
Marion Koczy

Radverkehr in der Stadt 95
Luise Bruns, Vera Rottes

Fahrgastbeiräte – eine Chance zur Demokratisierung 104
der Verkehrsverbünde?
Pia Tana Gattinger

Literaturtip 111

RUBRIKEN: FOPA vor Ort

Auch in Hessen soll in Zukunft frauengerechter gewohnt
werden 115
Karin Gerhardt, Ulla Langer

Jämställdhet ist Schwedisch 119
Tina Klingberg

Wer einmal eine Reise tut – Exkursion der FOPA Kassel
in die Niederlande 123
Lolita Hörnlein, Ulrike Kirchner, Renate Pfromm

Bundesweit, überregional und international! –
FOPA-Treffen 1993 125
Ursula Heiler

FOPA Aktionen zum Frauenstreiktag in Dortmund und Köln 127
Rosemarie Ring

RUBRIKEN: Facetten

„Mehr als ein Dach über dem Kopf!" 130
Martina Löw

Die Frauenwohnungsbaugenossinnenschaft „Lila Luftschloß" 137
Stephanie Bock

Die Wiederentdeckung der Gartenstadt und welche Rolle
denkt man(n) den Frauen zu! 140
Regina Mentner

RUBRIKEN: Planungspraxis und -recht

Wie weiblich ist die Platte? 144
Sabine Flohr

Beschleunigungsgesetze – Planung ohne Frauen? 151
Christina Kleinheins

Auch alte Frauen wollen anders wohnen 157
Karin Gerhardt

Frau und Raum – ein Büro für Architektur und Raumplanung 163
Gisela Humpert, Doris Reich

RUBRIKEN: Ausland

Nachbarschaftliche Nutzgärten im sozialen Wohnungsbau
Sao Paulos/Brasilien als Frauen-Frei-Räume 166
Evelyn Hartoch-Krueger

Architektur ist weiblich – Interview mit Giovanna Mérola,
Professorin an der Universidad Central in Caracas/Venezuela ... 173
Kerstin Zillmann, Giovanna Mérola

Visionen vom Planeta Femea
Frauenaktivitäten auf dem Global Forum in Rio de Janeiro 181
Kerstin Zillmann

RUBRIKEN: Theorie und Methodik

Frau und Stadt(planung) – auf dem Weg zu veränderter
Maßstabsbildung 185
Sabine Baumgart, Elke Pahl-Weber

Frauengerechtes Wohnen im Quettinger Feld, Leverkusen 190
Doris Dahl, Simone Fey-Hoffmann

RUBRIKEN: Frauenraum Hochschule

Ein Fuß in der Tür: Feministische Planung in der
europäischen Union 195
Ursula Heiler

Zwei Schritte vor und wie weiter? Die Bedeutung des
Hessischen Gleichberechtigungsgesetzes für die Hochschulen 200
Hanne Schäfer

Feministische Inhalte in die Studien- und Prüfungsordnungen
der Universitäten 204
Ursula Flecken

RUBRIKEN: Rezensionen und Kongreßberichte 206

RUBRIKEN: Adressen, Tips, Termine 225

Editorial

Technologiegläubigkeit und Prestigeprojekte sind offenbar die Säulen heutiger Verkehrspolitik und -planung. Beispiel hierfür ist das derzeitige Lieblingskind von Verkehrsminister Wissmann: Verkehrsleitsysteme. Statt Tempolimit und Verminderung des Verkehrsaufkommens wird auf Computertechnologie gesetzt (ein Schritt mehr zum totalen Überwachungsstaat), damit sich Firmen wie Telekom, Bosch, Daimler Benz, Siemens und VW eine goldene Nase verdienen und nebenbei Forschungsgelder einstreichen können. Dem ökonomischen wie ökologischen Wahnsinnsprojekt Transrapid wird inzwischen sogar durch sozialdemokratisch regierte Bundesländer auf die Stelzen geholfen, denn wer will schon als Technologiefeind dastehen. Dagegen propagiert FREI-RÄUME »Entschleunigung - die Abkehr von einem Leit(d)bild«. Dieses Schwerpunktthema der diesjährigen FREI-RÄUME Ausgabe bewegt sich im Spannungsfeld zwischen Entdeckung der Langsamkeit und grenzenloser Mobilität durch ein »Auto für sie allein«.

Mobilität als Politikum! Sogar das uneingeschränkte Recht auf (Auto)Mobilität muß derzeit dafür herhalten, um den gesellschaftlichen und politischen Boden für Ausländerhetze und Ausweisungen zu bereiten: Denn die Autobahnblockaden von kurdischen Demonstranten im März als Terror zu bezeichnen, ist an Zynismus kaum zu überbieten. Als vor einigen Jahren deutsche LKW-Fahrer die Autobahn am Brenner blockierten, wurden sie dabei von Politikern hofiert. Streikende Stahlarbeiter durften des öfteren Autobahnen wegen drohender Arbeitslosigkeit blockieren. Kurden dagegen nicht - auch wenn es hier nicht nur um Arbeitsplätze, sondern um einen Krieg gegen Familie, Freunde und das eigene Volk mit der Unterstützung der deutschen Waffenindustrie geht.

Entschleunigung als Kuriosum! Die Suche nach dem Leitbild der Entschleunigung verwickelte die Redakteurinnen durch ihre überregionale Organisationsstruktur in einen Widerspruch: Durch ständiges Reisen zwischen Berlin-Frankfurt-Dortmund-Kassel- Köln-Hamburg ist auch bei uns - bei aller Kritik an der Bahnreform und ICE-Wahn - die Lust an weiten Strecken und schneller Mobilität nicht vergangen und bleibt die Entdeckung der Langsamkeit vorerst Utopie.

Die FREI-RÄUME versteht sich als Freiraum und Streitschrift: für Ideenreichtum und Streitlust, zur Entwicklung und Diskussion von Strategien oder Theorien und für die Darstellung von Arbeiten und Projekten von Fachfrauen in verschiedenen Berufsfeldern. Schließlich gibt es nicht **die** feministische Planungstheorie, aus der sich politisches und praktisches

Handeln begründet. So handelt die Eine mehr praktisch, die andere mehr politisch, eine dritte eher theoretisch - alles ist wichtig und richtig.

Die vielfältige Themenpalette der Beiträge neben dem Schwerpunktteil in dieser Ausgabe gliedert sich durch die Rubriken: FOPA vor Ort, Facetten, Planungspraxis, Ausland, Theorie und Methodik, Frauenraum Hochschule sowie Rezensionen und Kongressberichte und Adressen, Tips, Termine.

Wir möchten Frauen aus den »Neuen Ländern« einladen, künftig als Autorin oder Mitarbeiterin in der Redaktionsgruppe mit uns zusammenzuarbeiten. Der Schwerpunkt für die nächste Ausgabe der FREI-RÄUME soll sich den Entwicklungen in den »Neuen Ländern« widmen. Ein erstes Brainstorming im September '93 förderte viele Ideen zutage, gleichzeitig wurde uns ein Defizit an Kontakten klar. FOPA Kassel bot daher an, dieses Thema mit Frauen aus den »Neuen Ländern« für Heft 8 vorzubereiten. Dazu bitten wir interessierte Frauen, Kontakt mit FOPA Kassel (siehe Adressenteil) aufzunehmen; denn wir wollen mit den Frauen aus den »Neuen Ländern« und nicht über sie schreiben.

Wir freuen uns, daß die FREI-RÄUME ab dieser Ausgabe im Kleine Verlag erscheinen; sie sind dort auch im Abonnement zu beziehen.

Die Redaktion im November 1994

Schwerpunkt

Entschleunigung – die Abkehr von einem Leit(d)bild

Schwerpunkt

Einleitung

Längst hat sich die automobile Gesellschaft in den Stau gefahren, werden Rufe nach autofreien Innenstädten lauter und Projekte wie Bürgerbus, Nachbarschaftsauto und autofreie Wohngebiete mit Lob bedacht. Selbst die Autoindustrie hat mit dem „kleinen Freund" die Fraueninteressen entdeckt. „Frauen fahren voran" heißt da eine Broschüre des Aral-Konzerns mit Ergebnissen einer Studie zum Thema „Vom Selbstbild und Fremdbild der Autofahrerin". Fazit der Erkenntnisse: Frauen haben mehr Spaß am Autofahren als Männer.

In der Stadt- und Verkehrsplanung jedoch bleiben die vielfältigen Bedürfnisse aus der Lebensrealität von Frauen nach wie vor auf der Strecke.
Einerseits läßt die in Asphalt erstarrte Verkehrsstruktur nur sehr langsam Veränderungen zu, andererseits entwickeln politische Entscheidungen wie Transrapid und Bahnreform nach der Wiedervereinigung eine aktuelle Eigendynamik.

Seit mehr als zehn Jahren macht die feministische Kritik auf Mißstände in der Verkehrsplanung aufmerksam und hat Konzepte entwickelt, die den spezifischen Mobilitätsbedürfnissen von Frauen entgegenkommen. Spezifisch deshalb, weil bislang eine androzentrische Sicht die Erfordernisse der Versorgungsarbeit ausgeblendet hat. Verkehrsplanung muß die räumlich ungleichen Lebenschancen analysieren und durch geeignete verkehrliche Maßnahmen beseitigen.
Gerade bei krisenhafter Entwicklung in der Automobilindustrie ist aufgrund des Einflusses der Branche nicht mit einem Zurückdrängen des dominanten Verkehrsmittels Pkw zu rechnen. Die Bundesregierung hat sich zwar zu einer Reduzierung der CO_2-Produktion verpflichtet, ihre verkehrspolitischen Entscheidungen, angefangen vom Bundesverkehrswegeplan über die Bahnreform bis zum Transrapid, werden das Gegenteil bewirken.

„Mehr Schulden fürs ganze Volk! Minimal 10,6 Milliarden DM Gesamtkosten (so die Bundesregierung) d.h. mindestens 15 Milliarden (so Fachleute) kostet der Transrapid zwischen Hamburg und Berlin. Für das gleiche Geld könnte die ICE-Strecke ausgebaut (2,4 Milliarden), viel Geld gespart und der öffentliche Personennahverkehr gefördert werden. Mit der TransRapidCard können Sie nicht verbilligt fahren - aber in den kommenden Jahrzehnten dürfen Sie die Schulden bezahlen. Ihr Finanzamt informiert Sie über gängige Abbuchungsverfahren! Sie sind empört? Dann mischen Sie sich doch ein: Informationen gibts bei Robin Wood."

Antje Eickhoff
Dipl.-Ing. Raumplanung, geb. 1964, derzeit tätig bei der Gesellschaft für Stadterneuerung in der Großsiedlung Köln-Chorweiler. Redaktionsmitglied der FREI-RÄUME für FOPA Köln.

Rosemarie Ring
Dipl.-Ing. Raumplanung, geb. 1954, Tätigkeitsschwerpunkt: soziale und ökologische Stadterneuerung für und mit Frauen. Langjährige Mitarbeiterin von FOPA Dortmund und Mitglied der Redaktion FREI-RÄUME.

Schwerpunkt

Die gesellschaftliche und wirtschaftliche Katastrophe des Beschlusses zum Bau der Magnetschnellbahn Transrapid wird von Robin Wood orginell in Form der TransRapidCard unters ganze Volk gebracht. Offenbar können noch nicht einmal die Betreibergesellschaften Lufthansa und Bahn AG sich vorstellen, wo die täglich 40 000 Fahrgäste herkommen sollen (derzeit sind es ca. 8000), die die Grundlage der Wirtschaftlichkeitsrechnung bilden. Denn sie sichern sich vorab gegen eine Beteiligung an den Abrißkosten im Falle eines Scheiterns ab. Außerdem verlangt die Bahn vom Bund einen Gewinnausgleich von jährlich 200 Millionen DM für Verluste auf der parallel verlaufenden IC-Strecke. Geld spielt keine Rolle und bisher geltendes Planungsrecht wird ausgehebelt: Nach Plänen der Bundesregierung ist weder ein Raumordnungsverfahren noch eine Kostenregelung vorgesehen. Analog zum Verkehrswegebeschleunigungsgesetz soll das Milliarden-Projekt - per Bundesgesetz - ohne Planfeststellungsverfahren und Umweltverträglichkeitsprüfung gebaut werden!

Wie eine alltagsorientierte, frauenspezifische Verkehrsplanung und -politik aussehen kann, zeigen die Artikel im Abschnitt *Feministische Reflexionen und Utopien*. Hier thematisiert *Petra Rau* Wohnort und Umfeld als Bezugspunkt für Verkehrsvermeidung und Identität, die es erleichtert, „zwischendurch und nebenbei" Versorgungswege zu bündeln und damit Verkehre zu reduzieren. Sie benennt Alltagsprinzipien für ein verändertes Planungsverständnis.
In dem Beitrag von *Christine Bauhardt* ist die Betrachtung des Alltags eine wesentliche Voraussetzung, um durch ein neues Verständnis für Raum und Zeit den Abbau von Mobilitätszwängen zu ermöglichen und dadurch mehr städtische Lebensqualität und soziale Gerechtigkeit zu erreichen.
Der Diskussion über Verkehrsvermeidung gibt *Ruth Becker* eine provokante Wendung: Genausowenig wie es Sinn macht den Fleischverbrauch durch Konsumverzicht von VegetarierInnen zu senken, genausowenig macht es Sinn, den Autoverkehr durch Verhaltensänderungen seitens der Frauen reduzieren zu wollen. Sie will die sich immer wieder - der Umwelt zuliebe - bescheidenden Frauen nicht zum Verzicht aufs Auto drängen.

Ein Auto für sie allein könnte tatsächlich eine Konsequenz für Frauen sein. Der Abschnitt *Vater Staat plant für seine Söhne* umfaßt Beiträge zur herrschenden Planungspraxis.

Einleitung

Aussagen zur Lebenssituation und Mobilität im ländlichen Raum wollten die GRÜNEN im Landtag NW durch eine „große Anfrage" gewinnen. Die politische Antwort, für die die Landesregierung zwei Jahre brauchte, stellt *Carola Schewe* vor.
Einen authentischen Einblick in die ostdeutsche Situation von Frauen im Stadtverkehr bietet *Helga Gantz* aus Dresden. Sie beschreibt den rasanten Abbau im öffentlichen Nahverkehr und die erschreckenden Motorisierungszahlen als Folge des Aufdrückens westlicher Maßstäbe.

Durch die Beschlüsse zur Bahnreform werden für den öffentlichen Personen-Nahverkehr in Ost und West Tatsachen geschaffen, ohne zuvor tragfähige Konzepte für den flächenhaften Erhalt des schienengebundenen Nahverkehrs zu entwickeln und ohne die Absicherung dieses sozialen und ökologischen Auftrags über ÖPNV-Gesetze der Länder. Insbesondere wird unter Exportgesichtspunkten - sogar SPD-regierte Bundesländer stimmen dem inzwischen zu - ein teures Verkehrssystem zur Raumüberwindung forciert, das die bisherige umweltschädliche Verkehrspolitik potenziert und eine Minderheit der Bevölkerung weiter in ihrem Bewegungsdrang privilegiert: Männern im sogenannten „besten Alter" in Entscheidungspositionen wird die Verknüpfung ihrer Geschäftstermine transrapid leicht gemacht.

Stellungnahmen zur Bahnreform unter frauenpolitischen Aspekten waren weder von den Umwelt- noch von den Verkehrsverbänden zu erhalten. Unsere Anfragen beim VCD, ADFC, Robin Wood, BUND und ProBahn erbrachten nur allgemeine Stellungnahmen, meist von Männern verfaßt und die Frauenbedürfnisse mitmeinend. Selbst die verkehrspolitische Sprecherin von Bündnis 90/Die GRÜNEN im Landtag NRW, *Gisela Nacken*, gibt Frauen noch keine ausreichende Priorität. Eindeutig Stellung bezieht die Bundesfrauenkonferenz der Frauenbeauftragten in einer Resolution vom Mai 1993: „Bahnfahren darf kein Luxus werden - schon gar nicht für Frauen".
Angela Fuhrmann sieht auch nach der Bahnreform Ansatzpunkte für eine feministische Verkehrspolitik, wenn es Frauen gelingt, in den Gremien zur Neuordnung des Nahverkehrs Einfluß zu nehmen.

Die Politik der Beschleunigung, sei es über ICE, Transrapid oder weiteren Autobahnbau, richtet sich oft gegen die Lebensinteressen der Mehrheit von Frauen, alten Menschen und Kindern. Alltagsorte sind, insbesondere für Leute ohne Führerschein oder Auto, nur schwer erreichbar. Ältere Menschen - in der Mehrzahl Frauen - werden von Fahrdienstlei-

Schwerpunkt

stungen abhängig oder zuhause isoliert. Die Vereinbarkeit von Familie und Beruf wird durch weite Wege erschwert. Die Verdrängung der Kinder aus der Straße nötigt ihren Müttern oder Vätern Betreuungs- und Transportarbeit auf.

Frauen widersetzen sich der Beschleunigung. Das Engagement für ein „entschleunigtes" Leitbild in Verkehrsplanung und -politik braucht *Frauen in Bewegung*.

Ein Ergebnis dieses Engagements bewegter Frauen und jahrelanger Kritik findet sich in der „Empfehlung zur besonderen Berücksichtigung der Belange von Frauen bei der Verkehrsplanung" des hessischen Ministeriums für Wirtschaft, Technologie und Verkehr - wenngleich diese noch viele Wünsche offen läßt. Dazu ein Kommentar von *Rosemarie Ring*.

Die Privilegierung des schnellen Verkehrs führt zur Geringschätzung der langsameren Fortbewegung, zur Vernachlässigung des Services und der Ausstattung des ÖPNV. Der autogerecht zerschnittene und menschenleere öffentliche Raum begünstigt männliche Gewalt gegen Frauen und drängt diese zum Verzicht auf die Teilnahme am öffentlichen Leben.

Frauennachtfahrten sind eine Möglichkeit die Mobilitätsbedingungen für Frauen zu verbessern. *Sabine Haenitsch* stellt das Projekt Sammeltaxi in Lübeck vor.

Soziale Sicherheit kann Eingang finden in Verkehrskonzepte, so eine Studie im Rahmen des Bundesprogramms zum Experimentellen Wohnungs- und Städtebau (EXWOST) von *Juliane Krause*.

Ein Umsetzungsbeispiel zeigt *Marion Koczy* in ihrem Beitrag über Sicherheitssystem und Betreuung in der U-Bahn von Toronto.

Inzwischen gibt es vielfältige praktische Vorschläge, Frauen durch einen verbesserten ÖPNV mehr Bewegungsfreiheit zu verschaffen.

So ist es ärgerlich, wenn Gutachten noch immer nicht veröffentlicht werden, wie die maßnahmenorientierte Untersuchung über die Bedeutung des ÖPNV für Frauen in Frankfurt. (Vgl. Christel Frank und Gisela Stete in FREI-RÄUME 6). „Frauen gewinnen Bewegungsfreiheit" ist auch der Titel eines Projekts der Gleichstellungsbeauftragten des Kommunalverbands Großraum Hannover, das sie in ihrem Tätigkeitsbericht 1993 dokumentiert.

BenutzerInnenfreundlichkeit von öffentlichen Verkehrsmitteln in der Kombination mit dem Fahrradverkehr und die Bedeutung des Fahrrads im Umweltverbund beschreiben *Luise Bruns* und *Vera Rottes*. Neben einer Bestandsaufnahme (für Köln) werden entsprechende Anforderungen an

Bezugsadresse:
Kommunalverband Großraum Hannover, Arnswaldstr. 19, 30159 Hannover

die Planung formuliert.

Pia Gattinger zeigt Möglichkeiten der Einflußnahme, wie sie mit der Umstrukturierung des öffentlichen Verkehrs entstehen, und weist zugleich auf die noch bestehenden organisatorischen Mängel hin. Sie schreibt über den Fahrgastbeirat beim neuen Rhein-Main-Verkehrs-Verbund, der entsprechend der Fahrgaststruktur zu 2/3 von Frauen gebildet wird.

Aus den Beiträgen läßt sich das Fazit ziehen, daß die Beteiligungsmöglichkeiten für Nutzerinnen und Expertinnen an der Verkehrsplanung grundlegend erweitert werden müssen. Gremien und zuständige Ressorts der Verwaltung, insbesondere die gut ausgestatteten Fachressorts für Verkehr, müssen die Anforderungen von Frauen inhaltlich integrieren und ihre personelle Kompetenz erhöhen - dazu ist auch die Teilung bestehender Planstellen ein Weg, der im übrigen qua Gleichberechtigungsgesetz in einigen Ländern (Hessen, Niedersachsen) auch vorgesehen ist. Ein Engagement ist notwendig, weil jetzt auch in den alten Bundesländern neue Strukturen aufgebaut und erstmals Nahverkehrsprogramme erarbeitet werden müssen. Ein weiterer Ansatzpunkt für Einmischung auf übergeordneter Planungsebene bieten die Regionalen Entwicklungskonzepte, die auch in der Europäischen Union zunehmend Bedeutung gewinnen.

Frauen fordern:

- Das Recht von Menschen jeden Alters auf umweltverträgliche und eigenständige Mobilität im Alltag.
- Die Freiheit vom Auto muß Maxime der bundesrepublikanischen Verkehrsplanung werden.
- Alle rechtlichen Regelwerke und Entscheidungsverfahren sind so zu verändern, daß die Privilegierung des Individualverkehrs und des Straßengüterverkehrs systematisch abgebaut werden.
- Der öffentliche Nah- und Regionalverkehr muß systematisch ausgebaut werden - unter ökologischen Gesichtspunkten und den spezifischen Anforderungen von Frauen als Versorgungsarbeiterinnen gleichermaßen.
- Frauen müssen bei allen verkehrsrelevanten Entscheidungen beteiligt sein - insbesondere bei neuen Gremien, die die Regionalisierung des öffentlichen Personen-Nahverkehrs vorbereiten.

Wir bedanken uns bei Meike Spitzner, die mit ihren Ideen und Kontakten zur Entstehung dieser Ausgabe der FREI-RÄUME beigetragen hat. Hinweisen möchten wir auch auf die gut sortierte und zugängliche Bi-

Schwerpunkt

Adresse:
Wuppertal Institut für Klima, Umwelt, Energie GmbH, Döppersberg 19, 42004 Wuppertal, Tel. 0202/2492-0, Fax -108.

bliothek zur feministischen Verkehrsplanung im Wuppertal Institut für Klima und Energie. Grundlage dieser Sammlung ist der Projektbereich „Feministische Ansätze der Verkehrsvermeidung" in der Abteilung Verkehr des WI, der von Meike Spitzner geleitet wird.

Feministische Reflexionen
und Utopien

Schwerpunkt

Petra Rau
Dr.-Ing., geb. 1956, Raumplanerin, Büro für integrierte Planung, Berlin, z. Zt. Forschungsvorhaben zur Verkehrsvermeidung am Beispiel Stuttgart.

Das ist Frau F. – Eine Fotogeschichte aus Wien

Ihr morgendlicher Weg zur Arbeit beginnt im 8. Bezirk. Eine Viertelstunde braucht sie zu Fuß von zuhause ins Burgtheater. Sie nutzt die Zeit, um „da oben das Fenster zu öffnen und irgendwie Durchzug zu machen. Ich habe das nur, wenn ich zu Fuß gehe."

Es gibt wenig Geschäfte in ihrer ruhigen Straße. Einen einzigen Laden, der Spielzeug herstellt, gibt es. Dort schaut sie auch immer ins Fenster.

Ihr Traum vom Leben auf dem Land wird wach. „Irgendwo da draußen Ruhe und Zeit haben und töpfern. Wenn ich abends hier vorbeikomme, arbeiten die immer noch, so idyllisch ist das wohl auch nicht."

Die nächste Gasse ist nur mit Schwierigkeiten zu überqueren. „Die Verkehrsberuhigung hat hier auch nichts gebracht. Es hat nicht lange gedauert, bis die Autofahrer neue Schleichwege gefunden haben. Jetzt ist hier mehr Verkehr als früher."

Feministische Reflexionen und Utopien

In der Florianigasse ist ihr Kiosk, wo sie jeden Tag hineingeht und ihre Zeitung und ihre Zigaretten kauft.
Ihre alte Trafik hat kürzlich zugemacht. Es dauert doch immer recht lang bis sie sich mit einer neuen vertraut gemacht hat.
„Letztlich brauche ich doch überschaubare Einheiten, daß mich z.B. die Kioskfrau kennt."

Sie überquert nun die Gasse, schlängelt sich zwischen parkenden Autos durch.

Der Weg bis zur Zweierlinie ist nicht mehr weit.

An der Zweierlinie steht sie und ärgert sich über die Autofahrer. „Wenn ich daran denke, daß hier drunter die U-Bahn fährt, und in den Autos jeweils einer drin sitzt, bin ich zu jeder autoverbietenden Maßnahme bereit."

Schwerpunkt

Sie geht weiter am Rathaus vorbei und freut sich auf die Überquerung des Rathausvorplatzes, wo sie in Ruhe gehen kann.

Zur Zeit ist Weihnachtsmarkt, sie schaut sich gern die Stände an. „In diesem Jahr war Karajanjahr, voriges war Mozartjahr. Es ist absolut schön, abends über den Platz zu gehen, wenn dann die Musik klingt. Wenn man manchmal in der Stadt ist, und es ist schon ruhiger und der Wind weht in die richtige Richtung, kann man noch in der Herrengasse die Musik hören."

An der Kreuzung hinter dem Rathaus steht sie und wartet und wartet. „Hier ist die Grünphase viel zu kurz. Wenn man gerade in der Mitte angelangt ist, wird es schon wieder rot."

Wenn sie diese Kreuzung geschafft hat, muß sie nochmal höllisch aufpassen, damit sie nicht von rasenden Radfahrern auf der Nebenfahrbahn überfahren wird.

Fotonachweis
Rau, Petra (1993): Zum planerischen Dialog zwischen Stadt und Stadtrand, Gutachten im Auftrag der Stadt Wien

Auf der anderen Seite schlängelt sie sich noch zwischen kreuz und quer parkenden Autos durch, die hier gar nicht stehen dürften.

Nur der Durchgang, der auch zum Personaleingang des Burgtheaters führt, ist von Autos frei.

Sie sucht ihren Schlüssel,

und bevor sie hinein geht, schaut sie nochmal zum Parkplatz hinterm Theater. Sie denkt sich, „das ist doch ein Wahnsinn, die kommen nur raus, wenn gleich vier andere mit wegfahren."

Schwerpunkt

Verkehrsvermeidung und Identität am Beispiel von Stuttgart und Wien

Petra Rau
Dr.-Ing., geb. 1956,
Freiraumplanerin,
Büro für integrierte
Planung, Berlin,
z. Zt. Forschungsvorhaben zur Verkehrsvermeidung am
Beispiel Stuttgart.

Vorschläge zur Verkehrsvermeidung gibt es mittlerweile viele. Von Nutzungsmischung, der Stadt der kurzen Wege, der Dichtesanierung ist die Rede. Auch Interdisziplinarität wird in der Reihe mitbenannt, praktiziert allerdings sehr selten.

Parallel dazu sind die Klagen unüberhörbar geworden, daß die vielerorts bekannten Stichworte zur Verkehrsvermeidung unpopulär bei der Bevölkerung sind, bis dahin, daß vieles für nicht mehr durchsetzbar gehalten wird. Dies hat Gründe.

Großes Mißtrauen der Planung gegenüber herrscht mittlerweile vor. Man fühlt sich nicht ernstgenommen und auch hinters Licht geführt. Dies ist der Stand zu einem Zeitpunkt, zu dem es mehr als vordringlich geworden ist, sich nicht nur neue Konzepte auszudenken, sondern vor allem die Menschen damit vertraut zu machen.

Die eher ernüchternde Bestandsaufnahme städtischer Strukturen, die mehr dem Wegfahren Anlaß geben, als sich im Alltag zu Hause wohlzufühlen, bietet die Chance, genauer nach den Ansatzpunkten für verändernde Eingriffe zu suchen.

Wenn über die Notwendigkeit, Entfernungsaufwand zu reduzieren gesprochen wird, gerät auch die Frage ins Blickfeld, wie es zu schaffen ist, sowohl im Bestand als auch im Rahmen von Stadterweiterung, sozial-räumliche Strukturen zu planen, die „der Kunst zuhause zu bleiben" (vgl. Mitscherlich, 1965), strukturell Vorrang geben. Wir müssen also beim Thema Verkehrsvermeidung auch über Identität reden.

Was ist Identität?

Identität ist eine alltägliche Angelegenheit des Verortens. Es ist ein langer, wechselseitiger Prozeß zwischen Menschen und ihrer sozial-räumlichen Umwelt.

Je nach Wohnsituation entwickelt sie sich spezifisch. Das heißt beispielsweise, daß sie sich im dicht bebauten Stadtgebiet an der räumlichen Nähe orientiert, dem dichtest möglichen Nebeneinander unterschiedlichster Lebensformen und der Überlagerungsfähigkeit verschiedenster Nutzungen.

Die Dichte erzwingt hierbei nicht nur ein notwendiges Maß an Distanz, sie ermöglicht auch ein selbst wählbares Verhältnis von privat und öffentlich. Neben der „Stadtfestigkeit" (vgl. Mitscherlich, 1965) existiert bei allen BewohnerInnen ein konkretes Bezugssystem ins Umland als wesentlicher Bestandteil ihrer Identität.

Am Stadtrand konstituiert sich demgegenüber Identität durch eine starke Bindung an die naturräumlichen Gegebenheiten. Das Erleben des Randes mit seinen typischen Erscheinungen nachlassender Nutzungsintensität als Charakteristikum jedweden Siedlungs-Quartiers- und Stadtrandes ist ein signifikantes Merkmal ihrer Gebietsbindung.

Der soziale Zusammenhang ist als kleinstädtisch zu charakterisieren. Das eher anonyme Begegnen auf der Straße wie in der Stadt gibt es hier nicht. Man grüßt, meist fragt man auch „wie geht's". Die Vor- und Nachteile sozialer Kontrolle werden empfunden, unterm Strich wird sie geschätzt. Sie bietet drinnen wie draußen Sicherheit.

Als Ausgangslage, sei es für die Stadterweiterung oder für Veränderungen im Bestand, ist vor allem relevant, daß es sich bei allen sozialräumlichen Gefügen um sensible, gewachsene Gleichgewichte handelt, deren Kenntnis für die realistische Einschätzung des von Planung generell ausgehenden „Bedrohungspotentials" von entscheidender Bedeutung ist.

Die Ermittlung identitätsstiftender Elemente vor Ort hat nicht nur den Vorteil zu wissen, worüber in der Regel vom grünen Tisch aus befunden wird. Sie bietet die Chance, Ansatzpunkte für Vertrauen entstehen zu lassen.

Zum Zwecke der Versorgung

Am Beispiel der Versorgung werde ich versuchen, den Bogen von der Verkehrsvermeidung zur Entwicklung von Gebietsbindung aufzuspannen.

Die alltägliche Wegebewältigung im Rahmen der vorhandenen Infrastrukturausstattung kristallisierte sich sowohl in Stuttgart als auch in Wien als wesentliches Identitätsmoment heraus. In beiden Städten läßt sich für die dicht bebauten Innenstadtquartiere festhalten, daß die Versorgung *zwischendurch und nebenbei* fußläufig, in der Regel von den Frauen erledigt wird. Auf dem Weg von oder zu anderen Tätigkeiten kommen sie an ihren meist kleinen Läden vorbei.

Je nach Tagesangeboten wird dann mal mehr oder weniger mitgenommen. Die Geschäfte für den periodischen Bedarf sind entweder zu Fuß erreichbar, oder sie liegen im Kurzstreckenbereich des ÖV. Aber auch diese Wege werden kombiniert mit anderen Anlässen. Der einfache Weg für nur einen Zweck kommt praktisch nicht vor.

Am Stadtrand von Wien war zwar ebenso wie in den Innenstadtquartieren das Phänomen der kombinierten Wege anzutreffen, aber durch die Zeit- und Entfernungsaufwendigkeit hat die Versorgung im Alltag einen völlig anderen Stellenwert. Sie wird *ein eigener Zweck*, zu dem das Haus verlassen wird. Kennzeichnend ist hier der Satz: „Wenn ich die Milch vergessen habe, gibt es eben Tee." Es nimmt mehr Zeit- und Energie in Anspruch nichts zu vergessen, als in der Stadt. Darüber hinaus ist die Tendenz zu Großeinkäufen sehr verbreitet. Nicht nur aufgrund der Möglichkeit, den Kofferraum zu benutzen, sondern auch aufgrund möglicher Lagerung von Lebensmitteln. Soweit am Stadtrand noch kleine Geschäfte vorhanden sind, werden sie auch nachgefragt, unter Inkaufnahme eines unvergleichlich höheren Wege- und Zeitaufwandes als in der Innenstadt.

Sowohl am Stadtrand von Wien als auch überdeutlich bei der siedlungstypologischen Untersuchung in Stuttgart fiel eine Wahrnehmungsverschiebung bei der Autobenutzung im Versorgungsbereich auf:
In allen nicht innerstädtischen Gebieten, ob Hochhaus oder Ein- und Mehrfamilienhausgebiet, war die erste Antwort, „das machen wir alles zu Fuß" bis hin zu „da braucht man kein Auto".
Bei genauerem Hinhören ergab sich dann aber eine große Bandbreite. Sie reichte beispielsweise von den Rentnerinnen ohne Führerschein, die tatsächlich ihren gesamten Bedarf fußläufig in der Nähe decken, z.T. unter Zuhilfenahme des Quellekatalogs für Kleidung, wobei auch hier die Äußerung, „mein größtes Versäumnis im Leben ist, daß ich keinen Führerschein gemacht habe", bei mehreren zu hören war, bis dahin, daß lediglich die vergessene Milch noch fußläufig besorgt wird.
Durch die Möglichkeit das Auto zu benutzen, wird der tägliche Bedarf zunehmend als periodischer Bedarf wahrgenommen. Einmal wöchentlich ein Großeinkauf zählt nicht mehr zum Alltäglichen.

Hinweisen möchte ich noch auf das Phänomen, daß das Verhalten dem Infrastrukturangebot gegenüber deutlich schichtspezifisch geprägt ist. Was in der Großsiedlung das „Big" ist, ein Lebensmittelgroßhandel ähnlich der Metro, ist im vergleichsweise reichen Ein- und Mehrfamilienhausgebiet der Feinkostgroßhandel. Und was das regelmäßig aufgesuchte „Hinumit" mit seinen Resteecken bietet, ist für die Wohlhabenden das Möbelhaus in München.

Das zugrundeliegende Verkehrsverhalten ist also vergleichbar, wahrgenommene Sonderangebote hier, besonderer Luxus dort. Verdeutlichen möchte ich hieran, daß es neben der Berechnung des Entfernungsaufwandes in Kilometern und den Häufigkeitsverteilungen wesentlich ist, die gebietsbindenden Strukturen zu kennen. Darüber entsteht zumindest eine Ahnung als Ansatzpunkt für mögliche Veränderungen, welche Gründe z.B. die große Bereitschaft in einer Großwohnsiedlung hat, sogar einer Wurfsendung nachzufahren.

Identität ist Geschichte

Die identitätsprägenden Unterschiede sind in der Geschichte der Quartiere zu suchen. Gemeint ist hier nicht nur das schlichte Alter der Gebiete, sondern vor allem ihre Entstehungsgeschichte. Sie wirkt in der alltäglichen Benutzbarkeit der Siedlungen als eine Art Gebrauchsanweisung nach.

Heimisch zu werden, sich zu verorten, setzt in unserer Gesellschaft voraus, daß es Orte außerhalb der Wohnung, des Hauses gibt, an denen wir uns sozial akzeptiert aufhalten können. Nun sind wir leider nicht, wie beispielsweise die Menschen in südeuropäischen Ländern, dazu in der Lage, uns bei Sonnenschein mitten am Tag einfach auf die nächstliegende Wiese zu setzen.
Es braucht räumliche Hilfestellungen, Vorstrukturierungen von privater bis öffentlicher Zuständigkeit, um sich Orte selbstverständlich anzueignen, sie für die eigene Verortung in Anspruch zu nehmen. Diese Orte ausfindig zu machen, oder den Mangel an derartigen Gelegenheiten auszugleichen, wird zur wesentlichen Aufgabe von Planung.

Wenn wir also feststellen, daß in Großwohnsiedlungen der Wohn- und Lebensort sehr viel häufiger verlassen wird als beispielsweise in Siedlungsformen mit Gärten (nicht nur in Einfamilienhausgebieten), und gleichzeitig feststellen, daß in Großsiedlungen riesige Grünflächen leer stehen, hat dies einen elementaren Zusammenhang. Es gibt hier keine Orte, die Anlaß zum Aufenthalt geben, zum In-Kontakt-kommen-mit-anderen, zum Vertraut- und Heimischwerden.

Dazu kommt das Phänomen der „Tag-Siedlung". Abends und nachts geht man nicht raus. Und wenn es doch sein muß, nur in Begleitung.

Nicht nur die Töchter werden dort, bis sie einen Führerschein haben, gebracht und geholt.
Der Unterschied z.B. zum Innenstadtquartier ist, daß eine derartig monostrukturierte Siedlung keine Abpufferungsmöglichkeit über viele andere Aktivitäten bietet, die die Inanspruchnahme des öffentlichen Raums zur Folge haben.
Was in diesen Siedlungen an Identität inzwischen geschaffen wurde, ist ausschließlich von den Bewohnern und vor allem den Bewohnerinnen der Siedlung geschaffen worden, die aus nichts etwas gemacht haben. Räumlich wurde ihnen keinerlei Hilfestellung dabei geboten, im Gegenteil.

In den bereits in Planung befindlichen Stadterweiterungsgebieten gibt es unter den Ansässigen eine starke Sensibilisierung für die geplanten Veränderungen. Der mehr intern formulierte Vorwurf an die Bevölkerung, St.Florian sei das immer wiederkehrende Argument, ist sicher allen bekannt. Auch das hat eine Mißtrauensgeschichte.
Ein Schlaglicht aus Wien:
Bei einer Bürgerversammlung wurden die Planer von einer Teilnehmerin nach ihrer Ortskenntnis befragt:
„Wissen sie eigentlich, wo das ist? Da sagen sich die Füchse gute Nacht. Da fährt ein Autobus nur alle Stunde, und alle fahren dann wieder mit dem Auto in die Stadt. Und was ist, wenn der Winter kommt, der ist dort nämlich hart. Und die Kinder, wo sollen die in die Schule gehen? Ich habe ein paar Orte aufgezählt, ob sie die kannten, nichts kannten sie, alles nur vom Plan. Und wo ist der nächste Kindergarten, den erreichen sie auch nur mit dem Auto, und die Rettung, die findet noch nicht einmal dorthin."
Vertrauen vermittelt diese Unkenntnis sicher nicht.
Und trotzdem wird konstruktiv daran gearbeitet, mit der planenden Verwaltung für alle, und nicht nur für sich selbst einen tragfähigen Kompromiß zu finden.

Ein wichtiges Anliegen war und ist mir bei den Untersuchungen die Einblicke in die jeweiligen Alltagsstrukturen auf Begriffe zu bringen, die wir für ein anderes, effektives Herangehen an Planung dringend benötigen. Ich möchte sie abschließend noch vorstellen.

Alltagsprinzipien für ein verändertes Planungsverständnis

Das erste Prinzip ist die *„Einheit des Sozial-Räumlichen"*: Orte werden immer mit Menschen, mit sozialen Erfahrungen verbunden. Dies meint nicht die vordergründig herausragende Attraktion, sondern die vielen Kleinigkeiten, die für den Prozeß der räumlichen Aneignung erforderlich sind, die zu alltäglichen „Institutionen" werden. Dies sind bestimmte Gesichter aus bestimmbaren Häusern, es sind Gesten, Gerüche, Farben, eingespielte Verhaltensweisen an speziellen Orten des Alltags.

Die *„Priorität der sozialen Kompetenz"*: Von entscheidender Bedeutung für zukünftige Planungen ist der vorrangige Erwerb von sozialer Kompetenz im Umgang mit allen Beteiligten. Durch die nach wie vor bestehende Dominanz von technischem Denken und Handeln in der Planung sind z.B. die Bemühungen, Betroffenenbeteiligung zu praktizieren oft wenig erfolgversprechend.

Der *„Anschluß an das Bekannte"* : Alltag konstituiert sich entlang des Bekannten und Vertrauten. Jedes Alltagshandeln hat seinen Beginn in bereits vollzogenen Handlungen. Hieraus bezieht es seine Sicherheit, es bildet den Boden für Bekanntes und Neues. Die Garantie der Wiederholbarkeit ist gegeben. Nicht bei jedem alltäglichen Tun steht die Grundsatzfrage nach dem Sinn zur Disposition, sondern die vorab getroffenen, für sinnvoll erachteten Handlungsabläufe werden schlicht wiederholt. Hieraus entsteht eine sichere Basis, auf der auch Veränderungen zugelassen werden können. Für Planung erscheint dies als ein wesentliches Grundprinzip. Es stellt den Dreh- und Angelpunkt für die Akzeptanz weiterer Planung dar.

Die *„allmähliche Verfertigung, im Bewußtsein, nie fertig zu werden"* (vgl. Hülbusch, 1982): Verantwortung endet nicht mit der Bauabnahme oder dem Ablauf der Gewährleistungsfrist. Sie beinhaltet Verantwortlichkeit auf Dauer, und dies nicht als Last, sondern als positive Grundeinstellung.

„Versuch und Irrtum auf der Basis von Erfahrungswerten" bedingt das Eingeständnis der Fehlbarkeit und der möglichen Widersprüchlichkeit. Alltag lehrt dies nicht nur, er gibt auch Hilfestellung zum Aushalten von Widersprüchen. Der Rest, der oft bleibt, der unerträglich vor allem für

Planende erscheint, ist oftmals der Anfang des Neuen, weil man sich an ihm reibt. Von ihm geht letztlich die innovative Kraft aus.

Das *"Prinzip des bewußten Dilettierens"*: Ein Dilettant ist zunächst nichts anderes als ein Laie. Das Anliegen der interdisziplinären Zusammenarbeit ist vom Grundsatz zunächst das laienhafte oder auch dilettantische, das bewußte Einmischen in die jeweils andere Disziplin. Gerade das verspricht Innovation zu einem Zeitpunkt, in dem sich die sektorale Herangehensweise überholt hat. Es geht also um das Salonfähigmachen des bewußten Dilettierens, unter dem klaren Vorzeichen der Unsicherheit. Hier treffen sich die Ebenen der LaiInnen, die zu ExpertInnen werden und umgekehrt.

Die *"Alterungsfähigkeit von Struktur und Material"*: Erst Strukturen und Materialien, die altern können, die Spuren des Gebrauchs aufnehmen können, sind nachweisliche Träger von für jeden lesbare Geschichten der Quartiere. Gerade junge Siedlungen sind darauf angewiesen, als Hilfestellung zur Identitätsfindung, alterungsfähig und damit aneignbar zu sein. Zu lernen ist dies aus Vorhandenem, aus den Gebrauchsgeschichten des Alltags.

Das wichtigste Prinzip aber ist das des *" Vertrauens gegen Vertrauen"*. Viele schlechte Erfahrungen wurden gemacht, wie kann man jemandem glauben oder gar vertrauen, der einen bisher links liegen ließ.

Bewundernswert bei meinen Untersuchungen fand ich, mit wieviel Offenheit, Ehrlichkeit und Vertrauen mir begegnet wurde, obwohl ich auch zu „denen" gehöre. Es war sehr deutlich, daß der Wunsch nach positiver Erfahrung, nach Ernst-genommen-werden und nach konstruktiver Zusammenarbeit da ist, unter einer Bedingung: der gegenseitige ehrliche Umgang.

Literatur

Hülbusch, Inge Meta (1982): Innenhaus - Außenhaus, Umbauter und sozialer Raum. Schriftenreihe der OE Architektur-Stadtplanung-Landschaftsplanung der Gesamthochschule Kassel, Heft 39, Kassel

Mitscherlich, Alexander (1965): Die Unwirtlichkeit unserer Städte, Frankfurt

Rau, Petra (1993): Zum planerischen Dialog zwischen Stadt und Stadtrand, Gutachten im Auftrag der Stadt Wien (in Vorbereitung)

Feministische Reflexionen und Utopien

Städtische Lebensqualität und soziale Gerechtigkeit als Determinanten feministischer Verkehrspolitik

Verkehrsbeteiligung von Frauen

Die wissenschaftliche Beschäftigung mit dem Thema Verkehr aus der Sicht und dem alltäglichen Erleben von Frauen hat wichtige Erkenntnisse ans Licht gebracht. Frauen besitzen seltener einen Führerschein als Männer und können seltener über ein Auto verfügen als Männer (Spitthöver 1989, 1993, Flade 1991), d.h. die vielfach angenommene Vollmotorisierung ist eine männliche Vollmotorisierung. Aufgrund der hohen Komplexität ihres Alltags legen Frauen kürzere Wege zwischen verschiedenen Orten zurück und verbinden diese Wege zu komplexen Wegeketten (Lichtenthäler-Reutter/Preis 1989, Klamp 1992). Für die Bewältigung ihrer alltäglichen Wege sind Frauen aufgrund ihrer geringeren Zugriffsmöglichkeiten auf einen eigenen Pkw auf die öffentlichen Verkehrsmittel angewiesen (captive riders), während Männer sehr viel häufiger wählen können zwischen der Nutzung des eigenen Pkw und des öffentlichen Nahverkehrs (choice riders) (Wekerle/Rutherford 1989). Gleichzeitig ist die Organisation des ÖPNV am Mobilitätsmodell des männlichen Pendlers ausgerichtet, der einer Vollzeiterwerbstätigkeit außer Haus nachgeht und von Reproduktionsarbeit weitgehend freigestellt ist. Der ÖPNV wird als zusätzliches Angebot zur Entlastung für die Spitzenzeiten des Individualverkehrs betrachtet: „Based on our review of the literature on women's travel to work, we would argue that women have been negatively impacted by public transportation systems designed for full-time male wage earners, many of whom are assumed to have access to a private automobile. These are often the choice riders who choose public transport largely for reasons of speed and convenience. Captive riders, who include a high proportion of women, are negatively impacted by poorer service at off-peak hours or in the evenings and weekends, and by system design which provides transport largely to employment locations but not as well to shopping and recreational facilites." (Wekerle/Rutherford 1989:167)

Gleichzeitig ist eine deutliche Veränderungstendenz bei der Verkehrsmittelwahl von Frauen festzustellen: Der Anstieg der Pkw-Nutzung seit Mitte der siebziger Jahre ist in erheblichem Maße auf die Motorisierung von Frauen zurückzuführen (VDV/Socialdata 1991:28). Dies ist nicht allein mit der Strategie der Automobilindustrie zu erklären, mit der Losung „Frauen bestimmen die weitere Motorisierung"[1] das Nachfragepotential der Frauen zu erschließen. Vielmehr ist danach zu fragen,

Christine Bauhardt
Politologin, geb. 1962, Wiss. Mitarbeiterin im Fachbereich Raumplanung der Universität Dortmund, Fachgebiet Frauenforschung und Wohnungswesen, Promotion zum Thema „Stadtentwicklung und Verkehrspolitik aus feministischer Perspektive".

warum es für Frauen subjektiv sinnvoll oder notwendig ist, sich des eigenen Pkw zu bedienen, um ihre Mobilität zu realisieren.
Der Stadtumbau zur autogerechten Stadt mit allen seinen Folgen - Unfälle, Abgas- und Lärmemissionen, Zerstörung von sozialem Raum durch Verkehrsflächen für den fließenden und ruhenden Verkehr - ließ die Fortbewegung zu Fuß oder per Fahrrad unattraktiv und gefährlich werden. Die funktionale Zonierung der Städte und die Zentralisierung von Wohn-, Arbeits- und Versorgungsstätten stehen in einem engen Wechselverhältnis von Motorisierungs- und ökonomischer Entwicklung, allem voran der Bodenpreise. Damit einher geht die sozialräumliche Segregation, die auch auf der geschlechtshierarchischen Arbeitsteilung beruht. Die Integration dieser räumlich getrennten Sphären kennzeichnet die Mobilität von Frauen. Je schwieriger sich diese Integration gestaltet, desto größer scheint der Wunsch nach beschleunigter Fortbewegung zu sein.
Die Organisation des ÖPNV als Zusatz- und Entlastungssystem für die Verkehrsspitzenzeiten, die durch das Erwerbsmuster männlicher Vollzeitbeschäftigung bestimmt werden, ist der Alltagsmobilität von Frauen nicht angemessen. Deshalb entscheiden sich Frauen, die als choice riders die Wahl zwischen Pkw und ÖPNV haben, für den Pkw, weil dieser ihren individuellen Wünschen nach Flexibilität, Beschleunigung, Flächenerschließung und Sicherheit entgegenkommt. Virginia Scharff (1988) weist darauf hin, wie eng die Motorisierung von Frauen mit dem bürgerlichen Leitbild der Familie verzahnt ist: „The choice of low-density neighborhoods on the outskirts of cities reflected concepts of ideal familiy life and community which included domesticity as women's identity and vocation. The sources cites here indicate that many women shared such ideas. As the problem of social isolation began to manifest itself, the automobile appeared to provide a way to link home with social life. At the same time, the suggestion that the motor car provided women with 'an open door to wider contacts' implied the possibility that automobility might enable women to transcend the domestic sphere and grasp opportunities for public achievement. That possibility, however, went largely unfulfilled." (Scharff 1988:143).
Auch wenn die zunehmende Motorisierung von Frauen nicht geleugnet werden kann, ist jedoch nach wie vor der weitaus größte Teil der Frauen, nämlich alle diejenigen, die aufgrund finanzieller oder sozialer Ausschlußmechanismen in patriarchalen Gesellschaften zu den captive riders zählen, auf die Nutzung des ÖPNV angewiesen.[2]
Aus dieser Erkenntnis heraus wird von kommunalen Frauenbeauftragten (Hannover 1990, Lünen 1991) und manchen Gleichstellungsministeri-

en der Länder (NRW 1991, Rheinland-Pfalz 1992) die frauengerechte Gestaltung des ÖPNV gefordert.
Aus meiner Sicht ist diese Herangehensweise aus zwei Gründen verkürzt und problematisch.
1. Frauen werden hier wiederum als eine spezielle Gruppe mit besonderen Interessen und Ansprüchen gesehen. Sie werden als Einheit aufgefaßt und mit Normalitätsunterstellungen über einen für alle Frauen verbindlichen „weiblichen Lebenszusammenhang" belegt.
2. Der ÖPNV ist nur ein Teilbereich des Gesamtsystems Verkehr: Ihn losgelöst vom Individualverkehr zu betrachten bedeutet, die Wechselwirkungen der beiden Teilsysteme außer acht zu lassen. Änderungen in der Verkehrsorganisation sind nur zu erreichen, indem systematische Eingriffe zur Eindämmung von Individualverkehr vorgenommen werden.

Feministische Argumente in der Verkehrspolitik müssen deshalb über die Analyse und Interpretation des Verkehrsverhaltens von Frauen hinausgehen. Feministische Verkehrspolitik muß in meinen Augen dreierlei leisten:
▷ die Infragestellung der technisch-ökonomischen Rationalität in der Verkehrspolitik
▷ die Verabschiedung vom Individualverkehrsmittel Auto als handlungsleitende Größe in der Verkehrsplanung
▷ die Orientierung an sozialer Gerechtigkeit als Maßstab städtischer Lebensqualität

Ich werde im folgenden Abschnitt mein Verständnis einer feministischen Verkehrspolitik entwickeln, das grundlegende Alltagsbedürfnisse aufgreift, die auf die Nutzungs- und Aufenthaltsqualität des öffentlichen Raumes angewiesen sind: Kommunikation, Körperlichkeit, Zeit.

Ein feministisches Verständnis der Alltagswelt: Kritik der formalen Rationalität

In der raumbezogenen Frauenforschung gilt der Alltag von Frauen als bedeutsamer Bezugsrahmen (Dörhöfer/Terlinden 1987, Greiwe/Wirtz 1988, Reich 1989, Rau 1991). Der Alltag von Frauen gilt als der komplexere, umfassendere und im Gegensatz zum Männeralltag alle Lebensbereiche integrierende Alltag. Die Alltagserfahrungen von Frauen werden deshalb zum Ausgangspunkt für planerische und bautechnische Nachbesserungen „aus Frauensicht" erklärt (Alltag 1991, Hagen 1992). Damit einher geht allzuleicht die Positivierung einer unbefriedigenden Realität: die Festlegung von Frauen auf die Bewältigung der „Tücken des Alltags".

In meinem Verständnis von Alltag lehne ich mich an die von der amerikanischen Soziologin Dorothy E. Smith entwickelte Perspektive der „Alltagswelt als Problematik" (Smith 1989) an. Smith definiert:

„Die Alltagswelt ist jene Welt, die wir unmittelbar erfahren, es ist die Welt, in der wir physisch und sozial lokalisiert sind. (...) Sie ist notwendigerweise lokal (...) und notwendigerweise historisch" (Smith 1989: 404).

Raum und Zeit werden hier als systematische Voraussetzung der Alltagswelt verstanden. Gleichzeitig impliziert ihre Auffassung der Alltagswelt nicht die Befassung mit dem Alltag als soziologischem Untersuchungsgegenstand.[3] Die direkte Erfahrung des Alltags kann keine ausreichende Grundlage für die Untersuchung der sozialen Organisation des Alltags sein, denn die sozialen Beziehungen, die den Alltag strukturieren, sind in der Alltagswelt selbst nicht beobachtbar:

„Denn die Alltagswelt ist weder transparent noch liegt sie offen vor uns. Es ist ein fundamentales Merkmal der Art und Weise, wie sie für uns in dieser Form von Gesellschaft organisiert ist, daß ihre inneren Bestimmungsgründe nicht entdeckt werden können, wenn man sich in ihr befindet (...). Die Alltagswelt ist innerhalb ihres eigenen Horizontes nicht völlig verstehbar. Sie wird von sozialen Beziehungen organisiert, die in ihr weder vollständig zutage treten noch in ihr enthalten sind" (ebd.: 407f.).

Ich greife dieses Verständnis der Alltagswelt auf, um auf die Ambivalenz des Alltagslebens von Frauen hinzuweisen. Die Erfahrung von Frauen im Alltag allein reicht nicht aus, um die soziale Organisation des Alltagslebens zu durchdringen und infragezustellen. Dorothy Smith verweist darauf, daß das Alltagsleben aus sich heraus nicht erklärbar ist. Die Alltagsorganisation besteht in der Vermittlung vom abstrakten Handlungsmodus der formalen Rationalität und dem abgespaltenen Konkreten der leiblichen Existenz.

In der Verkehrspolitik gelten Zeit und Raum als ökonomische Ressourcen, deren Bewirtschaftung durch technische Infrastrukturen gewährleistet wird. Die Prinzipien formaler Rationalität in der Infrastrukturplanung lassen sich auf die Begriffe Beschleunigung, Raumüberwindung und

Mobilität zuspitzen. Diese Prinzipien abstrahieren von konkreten Menschen und den konkreten räumlichen und zeitlichen Bezügen ihrer Handlungen. Sie haben sich im Laufe der kapitalistischen Entwicklung gleichsam verselbständigt; ihre Dynamik liegt in der gegenseitigen Beeinflussung und Verstärkung (vgl. Bauhardt 1993a).
Aus dem kritischen Verständnis der „Alltagswelt als Problematik" (Smith) heraus läßt sich ein Verständnis von Zeit und Raum formulieren, das diese Kategorien als Rahmen für die Befriedigung konkreter und partikularer Bedürfnisse der menschlichen Existenz voraussetzt. Ich betrachte diese Formulierungen als Determinanten einer feministischen Verkehrspolitik, weil sie die verdeckten und abgespaltenen Seiten der formalen Rationalität zur Sprache bringen. Damit sage ich nicht, daß es Aufgabe von Frauen ist, diese Determinanten in praktische Politik umzusetzen. Ich meine aber wohl, daß eine Verkehrspolitik, die der Lebensqualität aller Menschen in der Stadt verpflichtet ist, sich einer Reformulierung ihrer Ziele in diesem Sinne nicht entziehen kann.

Determinanten feministischer Verkehrspolitik

Entschleunigung und Langsamkeit

Die Zeitstrukturen des Alltags umfassen unterschiedliche Zeitsysteme, die einander widersprechen und miteinander kollidieren (vgl. Wendorff 1988). Sie sind durch einen scharfen Dualismus voneinander getrennt und untereinander hierarchisiert: öffentliche und private Zeit, Arbeitszeit und Freizeit, Erwerbsarbeitszeit und Reproduktionsarbeitszeit. Das Primat der Tauschrationalität bestimmt die gesellschaftliche Privilegierung der jeweiligen Zeitsysteme. Die Trennung und Zuweisung der Zeitsysteme verläuft entlang der Geschlechterlinie - die „beiden Seiten des Lebens" (Ravaioli 1987) werden den Geschlechtern zugeordnet. Die Zuständigkeit von Frauen wird ex negativo definiert. Ihnen werden die der Zeitrationalisierung nicht zugänglichen Bedürfnisse des sozialen Zusammenlebens zugewiesen.
Geschwindigkeit und Beschleunigung sind gesellschaftliche Zeitmuster, die die Verkehrspolitik dominieren. Eine veränderte Verkehrspolitik verlangt nach einer Neuorientierung sozialer Zeit. Ich betrachte Langsamkeit und Entschleunigung als Bewegungsformen einer Verkehrspolitik, die die reproduktiven Bedürfnisse der Menschen in den Mittelpunkt

rückt. Dabei gilt Langsamkeit nicht als Prinzip eines als komplementär zur Kapitalverwertung gedachten privaten oder reproduktiven Alltags. Ich sehe die Entschleunigung prinzipiell aller gesellschaftlichen Prozesse als notwendig für die Befriedigung der Bedürfnisse menschlicher Existenz an. Die Verkehrspolitik hat hierbei eine Schlüsselfunktion inne.

Von der Raumüberwindung zur Ortsbezogenheit

Verkehrstechnik und beschleunigte Verkehrsmittel ermöglichen die Überwindung des Raumes in zunehmend kürzerer Zeit. Der Raum als Störfaktor für ökonomische Expansion verflüchtigt sich mittels beschleunigender Technologien. Diese ökonomistische Sichtweise des Raumes reproduziert sich in der Blindheit einer Perspektive globaler kapitalistischer Vergesellschaftung, die vom Raumbezug politischer und ökonomischer Prozesse absieht. Dieter Läpple definiert dagegen in seinen Überlegungen zur „materiell-räumlichen Struktur des gesellschaftlichen Raumes" (Läpple 1992:197): „Als Resultat der materiellen Aneignung der Natur ist ein gesellschaftlicher Raum zunächst ein *gesellschaftlich produzierter Raum*. Seinen gesellschaftlichen Charakter entfaltet er allerdings erst im Kontext der *gesellschaftlichen Praxis der Menschen,* die in ihm leben, ihn nutzen und ihn reproduzieren" (ebd., Hervorhebung im Orig.).
Da Läpple das Kapitalverhältnis als das dominante gesellschaftliche Verhältnis betrachtet (vgl.ebd.:200), entgleitet ihm für die Bestimmung raumstrukturierender gesellschaftlicher Praxis die Dimension des hierarchischen Geschlechterverhältnisses. Der gesellschaftlich produzierte Raum als abstrakter ist auf den Ort konkret-leiblicher Lebensvollzüge verwiesen. Die Trennung der Sphären in einen abstrakten Raum und einen konkreten Ort benennt auch Läpple:
„Der konkrete 'Ort' ist zwar Teil des globalen 'Raumes', geht jedoch nicht in ihm auf. Die jeweilige Besonderheit des 'Ortes' reproduziert sich in Abhängigkeit von der Artikulation der spezifischen lokalen oder regionalen Bedingungen mit den nationalen und globalen Tendenzen und damit letztlich über die durch die lokalen Klassen- und Machtverhältnisse geprägte Praxis der in diesem Raum lebenden Menschen" (ebd.:201).
Strukturmoment der lokalen Klassen- und Machtverhältnisse ist das hierarchische Geschlechterverhältnis, das die Bedürfnisse des Konkreten und Partikularen ausgrenzt und in die Zuständigkeit von Frauen verweist. Der abstrakte globale Raum kann nur aufgrund des Ausschlusses des Konkreten konzipiert werden.
Die Philosophin Elisabeth List versteht Konkretheit, Lokalität und Leiblich-

keit als Kategorien der Kritik:
„Leibhafte Existenz vollzieht sich immer in bestimmten räumlichen, zeitlichen und sozialen Strukturen. Die gebaute Welt, der umbaute Raum sind gewissermaßen die zu Architektur 'geronnene' soziale und kulturelle Lebensform, innerhalb derer sich die Produktion und Reproduktion unseres Lebens, und zwar materiell-leiblichen Lebens, vollzieht" (List 1993:65).
Kapitalistische und patriarchale Raumaneignung vollzieht sich durch die Enteignung und Entfremdung der leibhaften Existenz durch die Kolonialisierung und Kontrolle der Körper (ebd.:66). Die Erfahrung von Körperlichkeit ist damit eng verbunden mit der Wiederaneignung von sozialem Raum für die Bedürfnisse menschlicher Existenz.
Für die Verkehrspolitik bedeutet die Orientierung auf körperliche Raumaneignung zunächst die Vorrangigkeit der körperlichen Fortbewegung. Darüber hinaus ist der konkrete Ort Bezugspunkt zur Wiedergewinnung von gesellschaftlichem Raum für soziales Zusammenleben. An die Stelle der Vernichtung des Raumes durch die beschleunigte Verkehrstechnologie muß die Ortsbezogenheit materieller Existenz treten.

Qualitative Mobilität

Das hier entfaltete Verständnis von Zeit und Raum als sozialen Kategorien ist die Grundlage für qualitativ bestimmte Mobilität. Mobilität definiert sich danach nicht durch die möglichst schnelle Überwindung möglichst großer Distanzen. Ein qualitatives Mobilitätsverständnis stellt die Bedürfnisse menschlicher Existenz in den Mittelpunkt. Entschleunigung und Ortsbezug sind in dieser Auffassung Leitlinien einer veränderten Verkehrspolitik.
In der kritischen Verkehrswissenschaft ist unumstritten, daß die Motorisierungszunahme keinen Mobilitätszuwachs für die Menschen erbracht hat, sondern Mobilitätschancen in der Folge höchst ungleich verteilt wurden. Trotz Erhöhung der Geschwindigkeit und Zunahme der Distanzen in der Folge des Ausbaus der Schnellverkehrsinfrastrukturen (vgl. Bauhardt 1993b) ist die Hälfte aller Autofahrten schon nach fünf Kilometern beendet, jede zehnte Autofahrt endet nach spätestens einem Kilometer, und nur ein Viertel aller Autofahrten führt weiter als zehn Kilometer (VDV/socialdata 1991:22). Der alltägliche Bewegungsradius ist also trotz drastisch angestiegener Motorisierung weitgehend im Nahbereich angesiedelt. Die hier entwickelte feministische Perspektive in der Verkehrspolitik hat demnach keineswegs die Mobilitätsprobleme des nichtmotorisierten Teils der Bevölkerung im Blick, sondern sie orien-

tiert sich an den Mobilitätsbedürfnissen des Alltags und den Verkehrsproblemen der Mehrheit der Bevölkerung.

Die Abspaltung und Ausblendung des Konkreten und Partikularen menschlicher Existenz hatte zur Folge, daß der abstrakte Modus in der Verkehrspolitik handlungsleitend war und ist. Beschleunigung, Raumüberwindung und ein quantitatives Mobilitätsverständnis beherrschen nach wie vor die politischen Strategien zur Bewältigung von Verkehrsproblemen. Kritisch-feministische Positionen in der Verkehrsplanung und Verkehrspolitik müssen die Bedürfnisse leiblich-materieller Existenz thematisieren. Gleichzeitig sollten sie sich aber davor hüten, Langsamkeit und Ortsbezug zu einer „weiblichen Sichtweise" zu stilisieren. Diese Zuschreibungen setzen die Polarisierungen zwischen konkretem und abstraktem Handlungsmodus fort und legitimieren ihren impliziten Herrschaftscharakter.

Literatur

Alltag (1991): Alltag in der Stadt - aus der Sicht von Frauen. Begleitbuch zur Foto-Plakat-Ausstellung und Texte des Symposiums vom 24.4.1991 in Darmstadt. Darmstadt

Bauhardt, Christine (1993a): Zeit und Raum in der Infrastrukturpolitik. Eine feministische Perspektive. In: Mettler-Meibom/Bauhardt (Hg.), S.17-25

Bauhardt, Christine (1993b): Regionalentwicklung und Verkehrspolitik im Ruhrgebiet. In: FREI-RÄUME 6: Regionalentwicklung - feministische Perspektiven. Dortmund, S.77-89

Dörhofer, Kerstin/Terlinden, Ulla (Hg.) (1987): Verbaute Räume. Auswirkungen von Architektur und Stadtplanung auf das Leben von Frauen. Hamburg

Flade, Antje (1991): Frauenalltag im Straßenverkehr. In: der städtetag, Heft 1/91, S.7-12

Gildemeister, Regine/Wetterer, Angelika (1992): Wie Geschlechter gemacht werden. Die soziale Konstruktion der Zweigeschlechtlichkeit und ihre Reifizierung in der Frauenforschung. In: Knapp, Gudrun-Axeli/Wetterer, Angelika (Hg.): TraditionenBrüche. Freiburg, S.201-254

Greiwe, Ulla/Wirtz, Birgit (1988): Frauenleben in der Stadt: durch Planung behinderter Alltag. 2.Aufl. Dortmund

Hagen (1992): Stadt Hagen (Hg.): „Das geht uns an". Stadtplanung und Stadterneuerung aus der Sicht von Frauen. Hagen

Hannover (1990): Die Gleichstellungsbeauftragte des Zweckverbandes Großraum Hannover (Hg.): Frauen im öffentlichen Personennahverkehr. Hannover

Klamp, Heike (1992): Den Wegen auf der Spur. Wegeprotokolle in der Verkehrsforschung. Vortrag im Rahmen der Tagung „Mobilität von Frauen im ländlichen Raum" am 7.11.1992 in Mainz
Läpple, Dieter (1992): Essay über den Raum. In: Häußermann, Hartmut u.a.: Stadt und Raum. Soziologische Analysen. 2.Aufl. Pfaffenweiler, S.157-207
Lichtenthäler-Reuter, Ulrike/Preis, Ute (1989): Frauen unterwegs - Wege für eine weibliche Stadt. In: Die Grünen im Bundestag (Hg.): Welche Freiheit brauchen wir? Zur Psychologie der AutoMobilen Gesellschaft. Berlin, S.104-121
List, Elisabeth (1993): Gebaute Welt - Raum, Körper und Lebenswelt in ihrem politischen Zusammenhang. In: FreiRäume Sonderheft 1992/93: Raum greifen und Platz nehmen. Dortmund, S.54-70
Lünen (1991): Stadt Lünen/Büro für Gleichstellungsfragen (Hg:): Frauengerechter Öffentlicher Personennahverkehr in Lünen. Dortmund/Lünen
Mettler-Meibom, Barbara/Bauhardt, Christine (Hg.) (1993): Nahe Ferne - fremde Nähe. Infrastrukturen und Alltag. Berlin
NRW (1991):Ministerium für die Gleichstellung von Frau und Mann des Landes NRW (Hg.): Frauen und ÖPNV. Ein frauenspezifisches Programm für den öffentlichen Nahverkehr. (Dokumente und Berichte 14) Düsseldorf
Rau, Petra (1991): Der Alltag als Maßstab für Infrastrukturplanung. Strukturelle Gewalt durch Planung, eine vorläufig letzte Zustandsbeschreibung. Berlin
Ravaioli, Carla (1987): Die beiden Seiten des Lebens. Von der Zeitnot zur Zeitsouveränität. Hamburg
Reich, Doris (1989): Verbaute Städte - weiblicher Blick auf Wohnen und Planen. In: Keim, Karl-Dieter (Hg.): Arbeit an der Stadt. Plädoyers für eine selbst-produktive Politik der Stadtentwicklung. Bielefeld, S.116-136
Rheinland-Pfalz (1992): Ministerium für die Gleichstellung von Frau und Mann (Hg.): FrauenLeben auf dem Land. Mobilität, Versorgung, Kinderbetreuung im Landkreis Bitburg-Prüm. Zwischenbericht (Bearbeitet von Sylvia Körntgen). Mainz
Scharff, Virginia J. (1988): Putting wheels on women's sphere. In: Kramarae, Cheris (Hg.): Technology and Women's Voices. Keeping in Touch. New York/London, S.135-146
Smith, Dorothy E. (1976): K ist geisteskrank. Die Anatomie eines Tatsachenberichts. In: Weingarten/Sack/Schenkein (Hg.), S.368-415
Smith, Dorothy E. (1989): Eine Soziologie für Frauen. In: List, Elisabeth/Studer, Herlinde (Hg.): Denkverhältnisse. Feminismus und Kritik. Frankfurt, S.353-424
Spitthöver, Maria (1989): Frauen in städtischen Freiräumen. Köln
Spitthöver, Maria (1993): Macht und Raum - Über die Verfügbarkeit des öffentlichen Raums für Männer und Frauen. In: Mettler-Meibom/Bauhardt (Hg.), S.69-78

VDV/Socialdata (1991): Mobilität in Deutschland. Köln

Weingarten, Elmar/Sack, Fritz/Schenkei, Jim (Hg.) (1976): Ethnomethodologie. Beiträge zu einer Soziologie des Alltagshandelns. Frankfurt/M.

Wekerle, Gerda R./Rutherford, Brent (1989): The mobility of capital and the immobility of female labor: responses to economic restructuring. In: Wolch, Jennifer/Dear, Michael (Hg.): The Power of Geography. How Territory Shapes Social Life. Boston, S.139-172

Wendorff, Rudolf (1988): Konflikt und Koexistenz verschiedener Zeiten. In: Zoll, Rainer (Hg.): Zerstörung und Wiederaneignung von Zeit. Frankfurt, S.628-640

Zimmermann Don H./Pollner, Melvin (1976): Die Alltagswelt als Phänomen. In: Weingarten/Sack/Schenkein (Hg.), S.64-104

Anmerkungen

1 So die Shell-Prognose von 1987 für den Pkw-Bestand bis zum Jahr 2000.
2 Die empirische Untersuchung der Verkehrsmittelwahl erwerbstätiger Personen auf dem Weg zur Arbeit in Toronto ergab z.B. im Jahr 1983, daß 20% aller Frauen und 4% aller Männer auf den ÖPNV angewiesen sind (vgl. Wekerle/Rutherford 1989:153). Besondere Beachtung verdient die Tatsache, daß es sich um *erwerbstätige* Frauen und Männer handelt, nicht um die „klassische" verkehrswissenschaftliche Unterscheidung zwischen „Hausfrauen" und „erwerbstätiger Bevölkerung".
3 Smiths erkenntnisleitende Fragen sind im Kontext ethnomethodologischer Forschungen entstanden (vgl. Smith 1976). Die Forschungsperspektive der Ethnomethodologie untersucht kategoriale „Selbstverständlichkeiten", die in der Alltagswelt verankert sind und in der Wissenschaft unhinterfragt aufgenommen und reproduziert werden. Danach richtet die Soziologie „zu wenig ernsthafte Aufmerksamkeit auf das 'Offensichtliche'" (Zimmermann/Pollner 1976:78): Alltagsweltliche Deutungen gehen als „normal" und „natürlich" in die sozialwissenschaftliche Kategorienbildung ein. Im Zusammenhang mit der alltäglichen (Re-)Produktion der sex/gender-Relation („doing gender") wird dieser Ansatz in der neueren Frauen-/Geschlechterforschung aufgenommen (vgl. Gildemeister/Wetterer 1992).

Feministische Reflexionen und Utopien

Vom Fleischverbrauch der Vegetarierinnen
Anmerkungen zu einigen weitverbreiteten Argumentationslinien der feministischen Verkehrsplanungsdiskussion

„Schon heute zeichnet es sich ab, daß ein weiteres Anhalten des Motorisierungsbooms verkehrspolitisch nicht mehr tragbar ist. Die Städte sind dicht, die Umwelt verdreckt. Deshalb kommt es darauf an, Frauen Alternativen zu bieten, die nicht nur, wie bisher, Notlösungen sind" (fairkehr 12/1989:13). Denn, so erfahren wir aus der Überschrift des betreffenden Artikels (aus der Zeitschrift des alternativen Verkehrsclubs VCD): „Frauen bestimmen die Zukunft der Motorisierung".

Letzteres verblüfft, zeigt doch sowohl der Blick aus der Straßenbahn wie der in die Statistik, daß zumindest bisher nicht Frauen, sondern ganz überwiegend Männer über den Grad der Motorisierung entschieden haben: 73% der Privat-PKWs gehörten 1992 Männern und nur 27% Frauen (Kraftfahrt-Bundesamt, 1993:XXVI). Und wenn Frauen ein Auto haben, dann handelt es sich mit großer Wahrscheinlichkeit um einen Kleinwagen: 1985 fuhren zwei Drittel der Autobesitzerinnen mit weniger als 1,5 l Hubraum, während zwei Drittel der Männer mehr als 1,5 l Hubraum brauchten.[1] Mit diesen Kleinwagen legen Frauen zudem noch deutlich kürzere Wege zurück als Männer. Kurz: Frauen sind weit weniger aufs Auto fixiert, ihr Verkehrsverhalten ist zumindest bisher ökologisch weit verträglicher als das von Männern.

Doch gerade deshalb sind Frauen, so die auch in der feministischen Verkehrsdiskussion weit verbreitete Argumentationslinie, diejenigen, die über die Zukunft der Motorisierung entscheiden: „Weil Frauen im Vergleich zu Männern 'untermotorisiert' sind, sind Frauen auch zwangsläufig diejenige Gruppe, die die weitere Entwicklung der PKW-Zahlen bestimmt. Daraus folgt, daß die Mobilitätsbedingungen nicht autofahrender Frauen, die als captive riders die Hauptnutzergruppe des ÖPNV bilden, so verbessert werden müssen, daß die Anschaffung eines Autos ihnen als nicht mehr erforderlich erscheint" faßt Antje Flade diese Position zusammen (Flade, 1992:58).

Um Mißinterpretationen vorzubeugen: Die Forderung nach einer Verbesserung des ÖPNV und nach einer stärkeren Berücksichtigung der spezifischen (Alltags-)Erfordernisse von Frauen ist ohne jeden Zweifel richtig und wichtig. Aber die damit verbundene Schlußfolgerung, daß

Ruth Becker
Geb. 1944, seit Oktober 1993 Professorin für „Frauenforschung und Wohnungswesen in der Raumplanung" an der Universität Dortmund. Davor langjährige, überwiegend freiberufliche Arbeit zu Problemen des Wohnungs- und Bodenmarkts, der Stadtentwicklung, feministischer Planungsansätze und (punktuell) zur feministischen Theoriebildung. Daneben verschiedene politische Aktivitäten inerhalb der autonomen Frauen- und Lesbenbewegung.

die Zukunft der Motorisierung nur oder vor allem von denjenigen abhinge, die bisher nicht motorisiert sind, die ist in meinen Augen viel zu defensiv. Kämen wir denn allen Ernstes auf die Idee zu behaupten, über den zukünftigen Fleischkonsum entschieden ausschließlich die VegetarierInnen? Würde nicht jede Politik, die sich die Reduktion des Fleischkonsums zum Ziele setzt, vor allem das Verhalten der Fleischesser zu beeinflussen suchen?

Allerdings: Unbegründet ist die Befürchtung, immer mehr Frauen könnten in Zukunft ihre ökologische Unschuld verlieren und zum Fleisch respektive Auto greifen, tatsächlich nicht. Denn Frauen kommen gewaltig, auch im Verkehr: Lag der Anteil der Frauen an den privat zugelassenen PKW im Jahr 1960 noch bei 4,4% und 1985 bei 22% (fairkehr 12/1989:13), so waren es 1993 bei den unter 30-Jährigen bereits 32,4% (Kraftfahrt-Bundesamt, 1993:XXVI). Die Tendenz, es den Männern nachzumachen ist also zumindest bei den jungen Frauen unverkennbar, wenngleich der Hauptanteil der Autonutzung immer noch eindeutig beim Mann liegt.

Nicht wenige Feministinnen sehen diese Entwicklung mit Skepsis oder gar mit Unmut, ist die zunehmende Motorisierung vor allem junger Frauen für sie doch kein Beispiel der Aufhebung geschlechtsspezifischer Unterschiede und der Emanzipation, sondern ein Beispiel für jenen (vergeblichen) Versuch der „nachholenden Entwicklung", der Eroberung der „Privilegien des weißen Mannes", der, wie es Maria Mies immer wieder betont, nur dazu führen könne, daß „einigen Frauen in den Industrieländern ein größerer Anteil an der Beute zugestanden wird", während dies für das Gros der Frauen ebenso unmöglich sei wie die nachholende Entwicklung der Länder der sogenannten Dritten Welt (Mies, 1989:9). Noch drastischer formuliert es Ynestra King, wenn sie die „Mit-dabei-sein-wollen-Mentalität" als ein „Kapitulieren vor einer Kultur (entlarvt), die die Natur verrät ... und zugleich misogynisch und antiökologisch ist"[2]. Demnach wären Frauen, die versuchen, eine zumindest punktuelle Gleichstellung mit weißen Männern zu erreichen, geradezu fraufeindlich.

Auch viele feministische Verkehrsplanerinnen scheinen auf diese Kritik zu rekurieren wenn sie, wie z.B. Antje Flade und Simone Fey-Hofmann[3] darauf hinweisen, daß jede Frau, die ein Auto nutzt, nicht nur die Umweltbelastungen durch den Verkehr erhöht, sondern noch mehr Ungerechtigkeit erzeugt, da immer noch einige Verkehrsteilnehmer und vor allem Verkehrsteilnehmerinnen als „verkehrliche Randgruppe", als von Autos gejagte, durch Lärm und Gestank geplagte und auf unzulängliche öffentliche Verkehrsmittel angewiesene FußgängerInnen übrig bleiben (Flade/Fey-Hoffmann, 1990:57). Kurz: Falls die Nutzung eines Autos Emanzipation bedeuten sollte, so gibt es diese Emanzipation nie für alle, vielmehr verschlechtert die Emanzipation der einen die Situation der anderen.

Damit wird Autofahren zum moralischen Problem - und es dürfte hinlänglich bekannt sein, daß solche Probleme von Männern und Frauen in unserer Gesellschaft unterschiedlich angegangen und gelöst werden.

Mit ziemlicher Wahrscheinlichkeit werden sich eher Frauen hierbei an den mütterlichen Ratschlag von der Klügeren, die nachgibt erinnern - wenn nicht genug für alle da ist, ist es am besten, großzügig zu verzichten. Frauen folgen erstaunlich häufig diesem Motto, obwohl sie natürlich wissen und täglich erfahren, daß es sich unklug bzw. „dumm" in dieser Gesellschaft zumindest bequemer leben läßt. Männer dagegen scheinen auch bei der PKW-Nutzung mehr nach Wilhelm Busch zu handeln: „Ist der Ruf erst ruiniert, fährt es sich ganz ungeniert". Frauen denken also häufiger an die Umwelt und die Nachbarskinder - Männer aber handeln dagegen. Auch das ist eine Form der geschlechtsspezifischen Arbeitsteilung, die, wie ich behaupte, für unsere Gesellschaft weit wichtiger, patriarchale Strukturen weit mehr stabilisierend ist als die leidige Frage danach, wer den Müll hinausträgt oder die Spülmaschine ausräumt.

Radikalfeministinnen wollen, im Gegensatz zu den Ökofeministinnen, diese Arbeitsteilung nicht länger hinnehmen. „Die Gleichheit zu fordern, heißt aber auch immer, die Privilegien derjenigen, die im hierarchischen Modell oben angesiedelt sind, in Frage zu stellen", hält Claudia Pinl denjenigen entgegen, die aus der schlichten Feststellung, daß die Privilegien des weißen Mannes nicht auf alle auszudehnen sind, den Schluß ziehen, daß deshalb auf Konzepte einer Inanspruchnahme eben dieser Priviegien durch Frauen von vornherein zu verzichten sei (Pinl, 1993:179).

Auf den Verkehr übertragen heißt dies: Freie Fahrt hat der freie Bürger vor allem dann, wenn möglichst wenige Bürgerinnen diese stören. Jeder Verzicht auf das Auto ist also auch ein Freibrief für die weniger Sensiblen, weniger Rücksichtsvollen, weniger ökologisch Denkenden. Je weniger ich fahre, desto mehr kann mein Nachbar rasen. Will ich das verhindern, muß ich das gleiche Recht fordern - und mich ebenfalls mit einem Auto auf die Straße begeben. So gesehen ist die Emanzipation über eine exzessive Autonutzung (fast) eine ökologische Tat.

Natürlich ist eine Verkehrsberuhigung über die Erzeugung von Verkehrsstaus durch exzessive Autonutzung höchstens die zweitbeste Lösung. Besser wäre es schon, die Bereitschaft zur Reduktion der Autonutzung auf direktem Wege anzuregen. Vorschläge dazu gibt es genug: Vom Fahrverbot in bestimmten Zonen über Geschwindigkeits- und Parkraumbegrenzungen und Straßenrückbau bis zu den vielfältigen Möglichkeiten der drastischen Verteuerungen des Autobesitzes und der Autonutzung.

Insbesondere letztere finden immer mehr AnhängerInnen, weshalb ich im folgenden untersuchen will, wie sich ein solches Konzept unter den gegebenen gesellschaftlichen Verhältnissen auf männliche und weibliche VerkehrsteilnehmerInnen auswirken würde.

Als erstes ist festzustellen: Nach allem, was wir wissen, würde eine Verteuerung des Autofahrens die PKW-Nutzung von Frauen deutlich mehr reduzieren als die von Männern. So ergab beispielsweise eine Leverkusener Untersuchung, daß Frauen, wenn sie die Wahl hätten, zwar genauso oft das Auto wählen würden wie Männer, daß jedoch hohe Benzinpreise, teure Parkgebühren, billige ÖPNV-Preise wie auch lange Parkplatzsuchzeiten für sie signifikant häufiger als für Männer Grund genug sind, auf den ÖPNV umzusteigen (Flade/Fey-Hoffmann, 1990:58).

Das ist sicher auch ein Zeichen dafür, daß Frauen weit seltener als Männer das Auto als Fetisch betrachten. Es ist aber vor allem ein Zeichen für die höhere Preisempfindlichkeit von Frauen, die wiederum direkte Folge ihres im Durchschnitt immer noch wesentlich geringeren Einkommens ist. Denn wenn die neoklassische Theorie vom abnehmenden Grenznutzen irgendwo gilt, dann sicher beim allgemeinsten aller Güter, dem Geld: Wer 10.000 DM netto im Monat hat, freut sich, das ist unmittelbar einsichtig, weniger über einen zusätzlichen Tausender als eine, die nur über 1.000 DM verfügt - umgekehrt kostet letztere ein 5-DM-pro-Stunde-Parkplatz subjektiv gesehen ein Vielfaches dessen, was der 10.000 DM-Mann subjektiv dafür ausgeben muß.

In München kann frau einem Fernsehbericht zufolge diesen Grenznutzeneffekt seit einiger Zeit besichtigen, denn dort wurden die Innenstadtparkgebühren auf 5 DM je Stunde angehoben. Seitdem, so der Bericht, gibt es zwar weiterhin keine freien Plätze, aber der Anteil der Nobelkarossen an den parkenden Autos ist deutlich gestiegen.

Das Beispiel beleuchtet ein zentrales Problem der Preis- und Ökosteuer-Politik, die vor allem von marktwirtschaftlich orientierten Ökologen propagiert wird: Angesichts der enormen Einkommensdifferenzen in der BRD gibt es keinen (Benzin- oder Autobenutzungs-)Preis, der einerseits für den Großteil der Bevölkerung nicht prohibitiv, andererseits aber für die zahlungsfähigen Schichten ausreichend spürbar ist, um auch sie zu einer Verhaltensänderung zu veranlassen. Wer 200 000 DM für einen Mercedes der S-Klasse ausgeben kann, läßt sich wahrscheinlich auch nicht von einen Benzinpreis von 10 DM pro Liter in die S-Bahn treiben - andererseits kann eine teilzeitbeschäftigte Verkäuferin selbst bei einem Benzinpreis von 50 Pfennig pro Liter aus ihrem Einkommen kaum ein Auto finanzieren.

Einigermaßen gerecht und sozial verträglich kann eine über die Verteuerung der Autobesitz- und -benutzungskosten gesteuerte Verkehrseindämmungspolitik also höchstens dann sein, wenn sie diese Verteuerung in irgend einer Weise an das Einkommen koppelt. Ein gutes Beispiel, wie so etwas gehen könnte, bietet unser Strafrecht. Angenommen ich würde (was natürlich rein hypothetisch zu verstehen ist) zusammen mit einer Studentin in der Walpurgisnacht eine Peepshow mit Buttersäure bespritzen, dann würde uns das beide vielleicht 20 Tagessätze Geldstrafe kosten. Zahlen aber müßte ich dafür wohl 2000 DM, die Studentin dagegen 200 DM, was uns - so zumindest die Intention des Gesetzgebers - subjektiv wegen unseres unterschiedlichen Einkommens beide gleich treffen würde.

Um eine subjektiv gleiche Belastung des als schädlich (an)erkannten Autofahrens zu erzielen, müßten auch Ökosteuern und -preise einkommensabhängig gestaltet werden. Das ist sicherlich nicht ganz einfach, aber zumindest in einigen Bereichen durchaus realisierbar. Warum sollen Parkgebühren, Autobahngebühren, Eintrittsgebühren in Innenstädte, KFZ-Steuern u.ä. nicht wenigstens nach der Autogröße bzw. noch besser nach Autogewicht gestaffelt werden, und zwar drastisch? Im strengen Sinne einkommensabhängig wären diese Gebühren zwar nicht, doch kann eine hohe Korrelation zwischen dem Einkommen und der

Autogröße, allerdings überlagert von einer Korrelation mit dem Geschlecht, unterstellt werden. Sollte eine solche Politik gut verdienende Männer dazu bringen, auf kleinere bzw. leichtere Autos umzusteigen, um Kosten zu sparen, würde dies zwar die beabsichtigte Einkommensabhängigkeit der Gebühren durchbrechen, ökologisch aber wäre ebenfalls einiges gewonnen.

Frauengerecht freilich ist ein solcher Ansatz noch lange nicht. Denn Frauen und Männer unterscheiden sich ja nicht nur bezüglich ihres Einkommens, sondern auch bezüglich der Folgen, die der Verzicht auf die Autonutzung für sie hat. Das zeigt sich sehr deutlich an einem Bericht von Thomas Krämer-Badoni über ein Experiment, in dem 6 Familien für einen Monat auf ihr Auto verzichtet haben. Unter der Überschrift „Emanzipation vom Automobil: Neudefinition des guten Lebens" heißt es dort: „Ähnlich verhält es sich mit der ... Raumwahrnehmung, überhaupt mit der Wiedergewinnung sinnlicher Eindrücke. Kernstück der Raumwahrnehmung ist ... die Erfahrung der eigenen Körperlichkeit, besonders deutlich beim Radfahren und zu Fuß gehen, aber auch bei der Benutzung öffentlicher Verkehrsmittel. ... Teilweise haben die Schilderungen in den Tagebüchern eine regelrecht erotische Qualität" heißt es dort (Krämer-Badoni, 1991:55f).

Die geschilderten Erfahrungen der eigenen Körperlichkeit sind auch Frauen nicht fremd - auch Frauen genießen vielfältige sinnliche Eindrücke beispielsweise beim Radfahren. Doch dieser Genuß ist nicht ungetrübt, wird in der patriarchalen Gesellschaft überschattet von einer anderen, frauenspezifischen Erfahrung: Dem Wissen um die permanent drohende Gefahr sexistischer und sexueller Übergriffe. Anzügliche Blicke, beleidigende Bemerkungen, erniedrigende Gesten auf der Straße, Begrabschen und Betasten in U-, S- und Straßenbahnen sind die alltägliche Realität, sexuelle Nötigung und Vergewaltigung die möglichen Gefahren des Aufenthalts von Frauen im öffentlichen Raum. Diese Erfahrungen lassen Frauen die blecherne Hülle eines Autos nicht nur als die von der sinnlichen Raumwahrnehmung trennende, wie es Krämer-Badoni darstellt, erscheinen, sondern vor allem als Schutz vor den An- und Übergriffen männlicher Passanten und Mitreisender. Ist dieser (zugegeben nur sehr relative) Schutz nicht gegeben, bedeutet dies für manche Frauen, wie wir wissen, zumindest den zeitweiligen Ausschluß aus weiten Bereichen der Öffentlichkeit. Der Verzicht aufs Auto nimmt Frauen deshalb zumindest in einer patriarchalen Gesellschaft weit mehr als Männern - die Formel vom guten Leben durch Emanzipation vom Auto, die nicht nur Krämer-Badoni suggeriert, trifft auf Frauen nicht so ohne weiteres zu[4].

Eine Verkehrsplanung, die auch diese Realität berücksichtigt, müßte zwangsläufig die Privilegierung der Autonutzung durch Frauen vorsehen. Das bedeutet: Wird die Reduktion des motorisierten Individualverkehrs über ein marktwirtschaftliches Preiserhöhungskonzept versucht, so müssen diese Preise nicht nur einkommensabhängig gestaltet, sondern auch geschlechtsspezifisch zugunsten von Frauen differenziert werden. Das ist zwar nicht ganz einfach, doch sind auch hierzu Maßnahmen denkbar, die aus dem bereits bekannten Maßnahmenkatalog zur Eindämmung des Individualverkehrs abgeleitet werden können: Reduktion der Parkgebühren für Frauen (über die Staffelung nach Autogröße hinaus), Reservierung von (Straßen-)Parkplätzen für Frauen ähnlich der reservierten Parkplätze für Behinderte, Ermäßigung aller bereits erwähnten Eintritts-, Strecken- und Haltegebühren für solche Autos, die nur von Frauen benutzt werden und vieles andere mehr. Unserer Phantasie sollten wir da zunächst keine Grenzen setzen.

Notwendig und sinnvoll sind darüber hinaus Maßnahmen im öffentlichen Nah- und Fernverkehr, durch die die Sicherheitsbedürfnisse von Frauen angemessen berücksichtigt werden. Öffentliche Verkehrsmittel müssen nicht nur gut ausgebaut, flächendenkend, pünktlich, hochfrequent und bequem sein, sondern eben auch „sichere" Frauenräume bieten[5], etwa durch für Frauen reservierte Wagen (die es in anderen, weit ärmeren Ländern wie Indien und Mexiko schon längst gibt). Unabdingbar scheint mir darüber hinaus ein echtes, d.h. von Frauen für Frauen organisiertes preisgünstiges Frauen(nacht)taxi. Letzteres ist kein feministischer Luxus, sondern ein notwendiges Element einer ökologischen Entwicklungsplanung in einer patriarchalen Gesellschaft - der Preis für die patriarchale Gewalt und eine unverzichtbare Voraussetzung für Maßnahmen zur Eindämmung des motorisierten Individualverkehrs.
Eine solche Eindämmung liegt, das möchte ich ausdrücklich betonen, durchaus im Interesse von Frauen - auch der bisher autofahrenden. Denn Frauen sind nie nur Autofahrerinnen, sondern sind auch Fußgängerinnen und Radfahrerinnen, sind auch Opfer verkehrsbedingter Krankheiten und Verletzungen. Und sie sind diejenigen, die ganz überwiegend den Verkehr bewältigen müssen, der erst durch die exorbitante Autonutzung entsteht, wie beispielsweise der Kinderbegleitverkehr, der ja inzwischen vielerorts nicht nur bei Kindergarten-, sondern auch bei Schulkindern notwendig geworden ist.

Alle, die die Forderung nach einer geschlechtsspezifischen Differenzierung der Kosten der PKW-Nutzung als „ungerecht gegenüber Männern" oder schlicht als „feministische Spinnerei" abtun wollen (wie dies von der Mainstream-Verkehrsplanung zu erwarten ist), seien daran erinnert, daß die herrschende Verkehrspolitik implizite geschlechtsspezifische Differenzierungen seit langem kennt - allerdings keine zugunsten von Frauen.

Ich will dazu nur ein Beispiel nennen: Zum Jahresanfang 1994 wurden die Benzinpreise um 16 Pfennig je Liter erhöht und gleichzeitig die Pauschale für die PKW-Kosten für den Weg zur Erwerbsarbeit in der Lohn- bzw. Einkommensteuer um 10 Pf je Kilometer heraufgesetzt.

Formal sind diese Regelungen geschlechtsneutral - die Wirkung allerdings sind geschlechtsspezifisch unterschiedlich: Während die Mineralölsteuer alle Autofahrenden bei gleichem Benzinverbrauch gleich trifft, werden bestimmte Fahrten, und zwar die zum Erwerbsarbeitsort, gegenüber allen anderen Fahrgründen steuerlich subventioniert - und zwar umso mehr, je höher das Einkommen der pendelnden Person ist. Das gilt zwar für Männer und Frauen gleichermaßen, doch haben Männer sowohl eine höhere Erwerbsbeteiligung wie auch im Durchschnitt ein höheres Einkommen, so daß sie diese Subvention häufiger und in höherem Maße nutzen können. Der monetäre Effekt mag nicht allzu gravierend sein, doch sind solche Regelungen auch immer Ausdruck eines politischen Willens. Dieser sieht als notwendigen Verkehr immer noch vor allem den sogenannten Berufsverkehr an. Die vielfältigen Verkehrsbewegungen dagegen, die überwiegend Frauen im Zuge der Reproduktionsarbeit bewältigen und zu dem unter anderem auch der stetig wachsende, vor allem durch die exzessive PKW-Nutzung erst notwendig werdende Begleitverkehr gehört, wird unter der statistischen Restgröße „Einkaufs- und Freizeitverkehr" marginalisiert und in gewisser Weise auch diffamiert - was sich nicht zuletzt in der zentrenorientierten Verkehrsführung des ÖPNV, in der Ausdünnung des ÖPNV-Angebots außerhalb der Zeiten des Berufsverkehrs und in der Behinderung aller Fahrgäste, die mehr als eine Aktentasche zu tragen haben, niederschlägt. Eine feministische Verkehrsplanung sollte dem ein Konzept entgegenstellen, das nicht gleiche Rechte, sondern gleiche Möglichkeiten der Teilnahme am öffentlichen Leben unter Berücksichtigung unterschiedlicher Lebensrealitäten von Männern und Frauen in dieser Gesellschaft garantiert. Das kann auch die Privilegierung der PKW-Nutzung von Frauen beinhalten.

Eins auf jeden Fall scheint mir sicher: Wenn Frauen auf eine Emanzipation im Sinne einer Angleichung an männliche Verhaltensweise verzichten und stattdessen schnurstracks zum „Ökologiepunkt" eilen, ist der Natur und damit den Menschen auf dieser Erde noch lange nicht geholfen. Zu leicht kommen Frauen hierbei in die Rolle eines Putz- und Entseuchungsmittels, wie es Christina Thürmer-Rohr formuliert hat, eine Rolle, die ihnen nach den patriarchalen Rollenzuschreibungen einer fürsorglichen Weiblichkeit so gut zu stehen scheint. Doch wer immer nur klaglos den Dreck wegwischt, gibt anderen wenig Anlaß zur Dreckvermeidung.

Dies zu tun verweigern Frauen zunehmend, auch bezüglich ihres Verkehrsverhaltens, wie die eingangs zitierten Zahlen zeigen. Einer ökologisch orientierten Verkehrsplanung bleibt deshalb gar nichts anderes übrig, als ihre Maßnahmen zur Eindämmung des motorisierten Individualverkehrs bei den Gruppen anzusetzen, die immer noch den größten Anteil am Autoverkehr haben, und das sind die relativ zahlungsfähigen Männer. Wie das geschehen kann, darüber ist viel gesagt und geschrieben worden. Erfolgversprechend ist meines Erachtens nur eine Kombination siedlungsstruktureller, kostenbezogener und ordnungspolitischer Maßnahmen, ergänzt um Maßnahmen zur Verbesserung der öffentlichen Verkehrsinfrastruktur - unter Berücksichtigung der, wie gezeigt, notwendigen Privilegierung von Frauen.

Denn eins sollten wir nicht übersehen: Wer den Fleischkonsum der Bevölkerung reduzieren will, muß auf die Fleischesser einwirken und nicht vor allem danach trachten, undogmatischen Vegetarierinnen den Genuß einer Weihnachtsgans vorzuhalten.

Anmerkungen

1   Berechnet aus Maria Spitthöfer, 1992:85.
2   Zitiert nach Claudia Pinl, 1993:56f.
3   In FREI-RÄUME 4 falsch als Frey-Hoffmann angegeben.
4   Das gilt auch noch in einem weiteren Sinn: Wie wir wissen, werden Mädchen in unserer Gesellschaft schon sehr früh in ihrer Raumaneignung gehemmt - der räumliche Bereich, in dem sie sich selbständig bewegen dürfen, ist sehr viel kleiner als der gleichaltriger Jungen (siehe dazu Flade/Kustor-Hüttl, 1993). Davon sind auch erwachsene Frauen noch geprägt, so

daß anzunehmen ist, daß weitere Einschränkungen (wie etwa durch das moralische Verbot der PKW-Nutzung) bei Frauen weit gravierendere Folgen für die Raumaneignung haben als bei Männern.

5 Wirklich sichere Räume für Frauen kann es in einer patriarchalen Gesellschaft allerdings nicht geben, weder im öffentlichen noch im privaten Raum. Deshalb ist die Forderung nach einem „sicheren" ÖPNV, nach „sicheren" Haltestellen usw. durchaus ambivalent, worauf ich an anderer Stelle eingegangen bin (siehe Becker, 1991).

Literatur

Becker, Ruth (1991): Frauen zwischen Privatheit und Öffentlichkeit - zwischen Anpassung und Rebellion? In: beiträge zur feministischen theorie und praxis 30/31, S. 235-241

Flade, Antje (1992): Frauenalltag im Stadtverkehr. Über die Benachteiligung von Frauen im Verkehrsalltag, Politische Ökologie, 29/30, 1992, S.55-58

Flade, Antje/Fey-Hoffmann, Simone (1990): Frauen und motorisierter Individualverkehr, FREI-RÄUME 4/1990, S. 55-60

Flade, Antje/Kustor-Hüttl, Beatrice (Hrsg.) (1993): Mädchen in der Stadtplanung. Bolzplätze - und was sonst? Weinheim

Frauen bestimmen die Zukunft der Motorisierung, fairkehr 12/1989, S. 12-15

Mies, Maria (1989): Die französische Revolution und der Abstieg der Frauen. In: Kommune 6/1989, S. 6-9

Krämer-Badoni, Thomas (1991): Verkehrswende von unten. Eine ökologische Argumentation jenseits von Katastrophenszenarien und asketischer Moral. In: Kommune 7/1991, S. 53-56

Kraftfahrt-Bundesamt (Hrsg) (1993): Bestand an Kraftfahrzeugen und Kraftfahrzeuganhängern am 1.Juli 1992 in den alten Bundesländern, Stuttgart

Pinl, Claudia (1993): Vom kleinen zum großen Unterschied. Geschlechterdifferenz und konservative Wende im Feminismus, Hamburg

Spitthöfer, Maria (1990): Frauen und Freiraum. In: Kerstin Dörrhöfer (Hrsg.): Stadt-Land-Frau. Soziologische Analysen - feministische Planungsansätze, Freiburg, S. 81-103

Vater Staat plant für seine Söhne

Schwerpunkt

Ein Auto für sie allein

Landbewohnerinnen leiden besonders unter schlechten öffentlichen Verkehrsangeboten

Carola Schewe
Geb. 1955, wissenschaftliche Mitarbeiterin der GRÜNEN Landtagsfraktion in Nordrhein-Westfalen, zuständig für Frauenpolitik, Aachen.

Landfrauen? Landfrauen sind irgendwie out - jedenfalls für die Regierungspolitik in Nordrhein-Westfalen. Hier gibt es kaum noch Bäuerinnen: gerade mal zwei von hundert Landbewohnerinnen im erwerbsfähigen Alter arbeiten in der Landwirtschaft. Dies war wohl auch der Grund, der die sozialdemokratische Landesregierung bewog, die „Kampagne zur sozialrechtlichen Gleichstellung der Bäuerin" nicht zu unterstützen. Die anderen 98 Prozent der Landbewohnerinnen wurden dabei gleich mit vergessen: die klassische SPD-Klientel wohnt ja im Ruhrgebiet und in den großen Städten an der Rheinschiene.

Die breit angelegte Kampagne konnte auf Bundesebene inzwischen einige - wenn auch nicht ausreichende - parlamentarische Erfolge erringen. DIE GRÜNEN in Baden-Württemberg und die GRÜNE Landtagsfraktion in Nordrhein-Westfalen reagierten auf die Kampagne mit Anträgen und Veranstaltungen; in NRW reichten sie 1991 eine Große Anfrage zu „Frauen im ländlichen Raum und in der Landwirtschaft" ein[1]. Hier wurde das Thema ausgeweitet: es geht nicht nur um die Bäuerin, sondern um alle Frauen, die auf dem Land wohnen. Was wissen wir über sie? Wenig. Und so stellt die Antwort der Landesregierung das erste Datenmaterial dar, das seit langer Zeit über Frauen im ländlichen Raum zusammengestellt wurde.

Die Daten im Abschnitt zur Mobilität bieten allerdings nur wenige neue Erkenntnisse:

▷ Frauen auf dem Land fahren häufiger Auto als Frauen in der Stadt. Ein eigenes Auto haben 27,7 Prozent der Landbewohnerinnen und 26,9 Prozent der Städterinnen.
▷ Männer in Stadt und Land sind stärker motorisiert und fahren auch häufiger Auto. 75,2 Prozent der Männer im ländlichen Raum verfügen ständig über ein Kraftfahrzeug; im städtischen Raum sind es 67 Prozent.
▷ Fast jeder Mann im ländlichen Raum hat einen Führerschein, aber nur zwei von drei Frauen (90,6 zu 62,7 Prozent). In der Stadt haben beide Geschlechter etwas seltener eine Fahrerlaubnis (87,3 zu 56,3 Prozent).
▷ Es gibt auf dem Land mehr Haushalte mit zwei Autos (22,1% zu 16,8%).

▷ Stadtbewohnerinnen wie Stadtbewohner legen dreimal so viele Wege mit öffentlichen Verkehrsmitteln zurück wie Menschen auf dem Land. Landbewohnerinnen legten 1989 5,2 Prozent ihrer Wege mit dem ÖPNV zurück, Landbewohner 3,4 Prozent; bei den Städterinnen waren es 15,6, bei den Städtern 10,1 Prozent.
▷ Die ÖPNV-Nutzung ging bei beiden Geschlechtern in den letzten Jahren deutlich zurück: von 1982 bis 1989 von 7,2 auf 5,2 Prozent bei den Frauen, von 5,3 auf 3,4 Prozent bei den Männern im ländlichen Raum.
▷ Parallel dazu stieg der Anteil der Frauen mit eigenem Auto auf mehr als ein Viertel aller FahrzeugbesitzerInnen (von 1982 bis 1989 von 21,2 auf 27,7 Prozent). Auf dem Land stieg er stärker als in der Stadt.

Aus den dürren Daten formiert sich das bekannte Bild: Die Frauen hokken zu Hause, weil ihnen kein Verkehrsmittel zur Verfügung steht. Es scheint, als hätte sich in den letzten zehn Jahren kaum etwas geändert. Die Landesregierung zitiert eine Untersuchung aus der Eifel von 1983: „Vor allem Frauen über fünfzig Jahre 'benötigen' sehr 'häufig jemand, der sie fährt'." Ansonsten kann sie keine Aussagen dazu machen, „zu welchen zeitlichen Anteilen derzeit Frauen über einen nichteigenen PKW verfügen". Die Zahlen, die sie 1993 als brandneu verkaufte - die Beantwortung der Großen Anfrage dauerte stolze zwei Jahre - waren mindestens vier Jahre alt. Neuere Daten hat sie nicht, oder sie rückt sie nicht 'raus.

Aber das war es doch eigentlich nicht, was wir wissen wollten. Sondern wir wollten erfahren, was mit den alten Klischees geschehen ist, wie die moderne Landbewohnerin lebt, welche Sorgen sie hat, an welchen politischen Hilfen es ihr mangelt. Können wir beispielsweise aus diesen Daten folgern, daß die Landfrauen noch deutlicher „abgehängt" wurden als früher, während Städterinnen einen Mobilitätszuwachs verzeichnen konnten? Weil nämlich wegen immer schlechterer ländlicher Busverbindungen die nicht-motorisierten Landfrauen noch fester ans Haus angebunden sind? Und sind sie zufrieden damit, auf Fahrdienste ihrer Männer angewiesen zu sein? Wie arrangieren sich die Familien? Wer bestimmt über die Nutzung des Familienautos? Und wie sieht es in jüngster Zeit aus: es heißt doch, daß immer mehr Pendler ihre Autos stehen ließen; fährt dann tagsüber die Frau damit? Wie bewegen sich Kinder fort? Wie kommen Mädchen, wie Jungen in den Verein und zur Disco? Solche Fragen kann die Landesregierung nicht

Schwerpunkt

beantworten. Sie gibt zu, daß „Kenntnisse über die Mobilitätsbedürfnisse von Frauen, Männern, Jugendlichen und Kindern im ländlichen (wie im städtischen) Raum" nicht vorliegen.
Über die Wünsche und den Bedarf an Verkehrsmitteln erfahren wir nur etwas aus der Zusammenschau mit den anderen Kapiteln der Großen Anfrage. Aus den Antworten zu Erwerbsarbeit, Einkommen, Kinderbetreuung, Familienstrukturen, psychosozialen Angeboten ergibt sich - bei einigem Vorstellungsvermögen - ein Bild vom Leben auf dem Land, das eindeutig auf Versäumnisse der Landespolitik hinweist. Und damit auch auf Verbesserungsmöglichkeiten.

Ministerin Ridder-Melchers zeichnete in ihrer Presseerklärung zur Antwort auf die GRÜNE Anfrage ein chices Bild von der Landbewohnerin: sie sei besser ausgebildet und wohlhabender als die Städterin, sie habe bessere Möglichkeiten, ihr Kind betreuen zu lassen, und die schulischen Angebote seien genauso gut wie die städtischen. Also ist die Landbewohnerin von heute eine Frau, der es gut geht - mit kleinen Abstrichen - und die mit der alten Landpomeranze nichts mehr gemein hat? Mit dieser Darstellung schrammt die Ministerin hart an der Unwahrheit vorbei: die Angaben sind unvollständig.

Beispielsweise suchen Frauen auf dem Land wesentlich häufiger Teilzeitarbeit als Stadtfrauen. Ganztagsschulen, Horte und Betreuungsmöglichkeiten für Kleinstkinder gibt es auf dem Land fast gar nicht. Wenn auf dem Land seltener Sozialhilfe bezogen wird, dann hat das vor allem mit der höheren Dunkelziffer zu tun: der Herr Schmitz von nebenan arbeitet ja auf dem Sozialamt; den will man nicht treffen. Auf dem Land sind mehr Frauen als Männer erwerbslos, obwohl Männer die Mehrzahl der Erwerbstätigen stellen. Die Frauenerwerbslosigkeit auf dem Land übersteigt die der Stadt. Und die Einkommen von Städterinnen sind allemal höher: vier von zehn Landbewohnerinnen verdienen weniger als tausend Mark brutto. Die Lohnunterschiede zwischen Stadt und Land sind bei den Frauen deutlicher ausgeprägt als bei den Männern.

Auf der Suche nach den Gründen für den schlechten Frauen-Arbeitsmarkt auf dem Land finden Landesregierung und GRÜNE unterschiedliche Antworten. Die Ministerin macht konservative Kleinbetriebe und althergekommene Familienstrukturen für die materielle Benachteiligung der Landbewohnerin verantwortlich - ohne einen solchen Traditionalismus allerdings belegen zu können. Im Gegenteil: die Familienstrukturen haben sich angeglichen. Es gibt auf dem Land fast genauso viele ledige

Mütter, fast ebenso viele geschiedene Frauen. Stadt- und Landpaare bekommen fast die gleiche Anzahl Kinder.

Wie sich die Betriebsstrukturen in den letzten Jahren verändert haben, erwähnt die Ministerin nicht: die Frauenbranche „Textil und Bekleidung" produziert überwiegend im ländlichen Raum. In den letzten zehn Jahren verlor dort jede fünfte Arbeiterin ihren Arbeitsplatz, ohne daß dies große Resonanz in der Öffentlichkeit fand. Trotzdem beschäftigt diese Branche immer noch mehr als ein Viertel der nordrhein-westfälischen ArbeitnehmerInnen, davon 85 Prozent Frauen in der Bekleidungs- und 56 Prozent Frauen in der Textilindustrie. Stützung durch die öffentliche Hand erhielt diese mittelständisch strukturierte Branche in den letzten Jahren kaum[2]. Wenn also so viele Frauenarbeitsplätze ersatzlos verloren gingen, ist dies auch ein Versäumnis der Landesregierung.

Woran liegt es außerdem, daß Frauen auf dem Land so schlecht Arbeit finden, so mies entlohnt werden? Die GRÜNE Antwort: vor allem an schlechten Angeboten zur Kinderbetreuung und fehlenden Verkehrsmitteln - beides ist ebenfalls Landessache.

Zu diesem Schluß kommen DIE GRÜNEN durch Eliminierung anderer, gängiger Gründe für Arbeitsmarktdefizite. Die Statistik des Landesarbeitsamts weist aus: das Risiko, erwerbslos zu werden, ist niedriger bei guter Ausbildung und permanenter Weiterbildung, bei jüngerem Alter. Diese Indikatoren fallen für die Frauen auf dem Land besser oder genauso aus wie bei Stadtfrauen. Diejenige Altersgruppe, die am stärksten ins Berufsleben eingespannt ist und die besten Chancen hat, einen Arbeitsplatz zu finden, ist auf dem Land besonders stark vertreten: die Zwanzig- bis Vierzigjährigen; alte und ganz junge Frauen gibt es in Stadt und Land genauso häufig. Ausbildung und Weiterbildungsbereitschaft von Frauen sind auf dem Land besser ausgeprägt als in der Stadt. Mädchen auf dem Land wählen die gleichen Berufe wie in der Stadt, am häufigsten kaufmännische. In diesen typischen Frauenberufen ist ihre Chance, Arbeit zu finden, am höchsten; d.h. sie verhalten sich marktkonform. Typische Problemgruppen des Arbeitsmarktes - Ausländerinnen, langzeitarbeitslose Sozialhilfeempfängerinnen - sind auf dem Land seltener (oder werden seltener statistisch erfaßt). Die gängigen Indikatoren taugen hier also nicht. Andersherum wird ein Schuh draus: wenn Stadt- und Landbewohnerinnen gleiche Lebensformen, ähnliche berufliche Ausgangsbedingungen haben und nur teilweise schlechteren Wirtschaftsbedingungen unterliegen, dann muß die Ursache für die höhere (Teilzeit-)Erwerbslosigkeit, die schlechteren Fraueneinkommen in anderen gesellschaftlichen Bereichen zu suchen sein.

Ganz große Unterschiede zwischen Stadt und Land lassen sich dann auch bei dem Komplex „psychosoziale" Angebote und Kinderbetreuungsmöglichkeiten feststellen. Die Versorgung mit Kindergartenplätzen liegt in keinem Landkreis über 85 Prozent. Die bloßen Zahlen sagen zudem nichts über die Öffnungszeiten und die Erreichbarkeit der Einrichtungen. Je weiter entfernt von den Ballungszentren der Wohnort ist, desto schlechter die Versorgung. In keinem einzigen Landkreis Nordrhein-Westfalens liegt die Quote für Kinder unter drei Jahren über 1,6 Prozent, für Hort-Kinder nirgendwo über 3,3 Prozent. Auf dem Land gibt es weniger Elterninitiativen und halbprivate Krabbelgruppen; der ganze graue Markt der Kinderbetreuung, der in den Großstädten blüht, scheitert hier an den weiten Entfernungen. Die können auf dem Land kaum mit öffentlichen Verkehrsmitteln überwunden werden.

Warum die öffentlichen Verkehrsmittel auf dem Land so schlecht sind, wird deutlich, wenn man betrachtet, wieviel Geld das Land Nordrhein-Westfalen in den ländlichen Straßenbau steckt und wie wenig in den öffentlichen Nahverkehr: 1990 wurden 317 Millionen Mark im Rahmen des Landesentwicklungsprogramms für den Bau von Landstraßen aufgewendet, für den ÖPNV nur läppische 14 Millionen Mark - also ein 23stel. In ihrer Antwort auf die GRÜNE Anfrage scheute sich die Landesregierung nicht, diesen politisch blamablen Daten einen noch peinlicheren, erklärenden Satz hinzuzufügen:"Die erbrachten Leistungen (für den Straßenbau) dienen sowohl dem motorisierten Individualverkehr als auch dem ÖPNV, der im ländlichen Raum zu einem großen Teil mittels Buslinien über die Straße abgewickelt wird." Ach so.

Können wir es uns jetzt vorstellen, das Leben einer - sagen wir - dreißigjährigen Frau auf dem Land, deren Kind gerade eingeschult wurde und die in den Beruf zurückmöchte? Sie hat bestensfalls den Vormittag frei für eine Erwerbsarbeit, weil weder Ganztagsschule noch Hort in der Nähe sind. Mit dem Auto fährt ihr Mann morgens zum Bahnhof. Dort steht es den ganzen Tag herum. Sie könnte ihn zwar hinbringen; aber dann ist das Kind noch nicht aus dem Haus. Die Frau sucht deshalb eine Putzstelle in der näheren Umgebung - denn weiter kommt sie zu Fuß nicht. Oder sie sucht eine Stelle für zwei Tage die Woche, an denen dann ihre Mutter kommt und sich um das Kind kümmert; mehr ist nicht zumutbar. Oder sie bringt tatsächlich ihren Mann zur Arbeit, hetzt nach Hause, macht das Kind fertig, saust zur Arbeit in die Kreisstadt, jobbt bis 13 Uhr und holt auf dem Rückweg das Kind von der Nachbarin ab, abends den Mann. Fazit: es geht nicht. Die Ausbildung dieser Frau kann noch so gut sein - ohne bessere Transportmöglichkeiten, ohne bedarfsgerechte Kinderbetreuung, ohne einen partnerschaftlich hausarbeitenden Mann kriegt sie beruflich kein Bein auf die Erde.

Kann eine Gleichstellungsministerin solche Probleme einfach schönreden? Die Antwort auf die GRÜNE Anfrage lautet: im Prinzip nein, aber... Es finden sich sehr sinnreiche Sätze im Antworttext, solche, die wir alle unterschreiben könnten: „Mit der Zunahme der Erwerbstätigkeit von Frauen und dem wachsenden Bedürfnis, Beruf und Familie zu vereinbaren, wird deutlich, daß der ÖPNV insbesondere im ländlichen Raum den heutigen Anforderungen an räumliche und zeitliche Verfügbarkeit stärker gerecht werden muß." Aber auch solche: „Die Forderung nach Schaffung 'gleichwertiger Lebensbedingungen' kann für die räumliche Erschließung des Landes Nordrhein-Westfalen nicht heißen, daß in Außenzonen die gleichen Erschließungsbedingungen vorgehalten werden müssen wie in Kernzonen." Das heißt im Klartext: Der sozialdemokratischen Landesregierung liegt nichts daran, Frauen auf dem Land Stadtbewohnerinnen gleichzustellen, geschweige denn den Männern. Und schon gar nicht ist sie gewillt, dafür ausreichend Geld auszugeben. Vielleicht wäre sie es in einer rot-grünen Koalition?

Anmerkungen

1 Antwort der Landesregierung NRW auf die Große Anfrage der GRÜNEN „Frauen im ländlichen Raum und in der Landwirtschaft" vom 30. April 1993, Drucksache 11/5420, zu bestellen beim Landtagsarchiv, Telefon 0211-884-2439
2 Angaben von Rainer Hack, Bezirkssekretär Nordrhein der Gewerkschaft Textil-Bekleidung, in: GRÜNE Landtagsfraktion NRW (Hg.), Sparen.Macht.Armut. Wer schneidet ins soziale Netz?, Düsseldorf, Februar 1994

Schwerpunkt

Frauen und Stadtverkehr – die ostdeutsche Situation

Helga Gantz
Dr. habil., SAS Regional-, Verkehrs- und Umweltforschung GmbH Dresden, Cunnersdorfer Str. 25, 01189 Dresden.

Die Hoffnung vieler VerkehrsplanerInnen in Ostdeutschland, allen mit dem gesellschaftlichen Umbruch zu erwartenden Veränderungen im Verkehrsverhalten der Bürger rechtzeitig durch verkehrspolitische und verkehrsplanerische Maßnahmen begegnen zu können, haben sich nicht erfüllt. Zu schnell ist der Motorisierungsgrad der Bevölkerung gewachsen, der Wirtschaftsverkehr angestiegen und in hohem Maße von der Schiene auf die Straße verlegt worden (siehe Abb. 1).

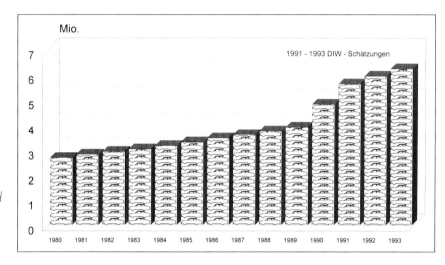

Abb. 1:
Entwicklung des PKW-Bestandes in Ostdeutschland einschließlich der Kombifahrzeuge 1980 - 1993

Wurde vor 1989 in Ostdeutschland noch mit einem wahrscheinlichen Sättigungsgrad von 285 Pkw pro 1000 Einwohner im Jahre 2000 gerechnet, beträgt der Motorisierungsgrad Anfang 1994 bereits 425 Pkw pro 1000 Einwohner. Zu dieser Entwicklung trugen in hohem Maße langjährige Wartezeiten auf den Pkw in der DDR und damit angestaute Motorisierungswünsche aber auch Veränderungen in der Lebensweise und den städtischen Strukturen bei.

Mit diesen Prozessen hat sich auch das Verkehrsmittelwahlverhalten drastisch in Richtung einer deutlichen Verlagerung zum motorisierten Individualverkehr verändert. Hier sind kaum noch Unterschiede zwischen west- und ostdeutschen Großstädten zu vermerken.

Wie Abb. 2 zeigt, sind an den Zuwanderungen zur PKW-Nutzergruppe sowohl Männer als auch Frauen beteiligt. Die gesellschaftliche Differenzierung im Verkehrsmittelwahlverhalten bleibt jedoch bestehen.
Die hohen Belastungen durch den Straßenverkehr beeinflussen die Lebensqualität in den Großstädten wahrscheinlich im Osten noch stärker,

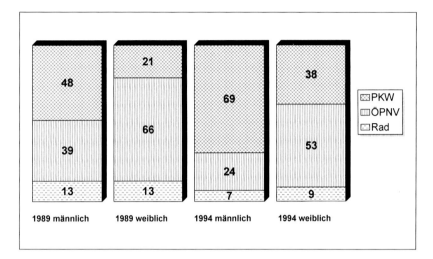

Abb. 2:
Verkehrsmittelwahlverhalten in Dresden 1989 und 1994 differenziert nach Geschlecht

da hier die Verkehrsinfrastruktur unzureichend entwickelt und der Straßenzustand oft noch desolat ist. Über lange Zeiträume werden darüber hinaus Bauarbeiten im Straßennetz eine zusätzliche Belastung darstellen, da sie den Verkehrsfluß behindern und Kraftfahrer veranlassen, in die Nebennetze und damit in die Wohngebiete auszuweichen. Als ebenso problematisch erweist sich die Parksituation in vielen Stadtgebieten.

Die geschilderte Verkehrssituation wird von der Bevölkerung als belastend reflektiert. BewohnerInnen der Dresdner Innenstadt bezeichnen die derzeitige Verkehrssituation z.B. zu 97% als kaum erträglich bzw. chaotisch. Gewachsen ist auch die Lärmbelastung durch den Verkehr sowie die verkehrsbedingte Luftverschmutzung.

Verkehrskonzepte, die durchaus schon oft moderne Auffassungen der Verkehrsgestaltung in Großstädten vertreten, konnten erst zu einem Zeitpunkt vorgelegt werden, als die Städte bereits in „Autostädte" verwandelt waren. Die Veränderung der Situation wird daher einen längeren Zeitraum in Anspruch nehmen und ist jeweils abhängig vom politischen Willen, entsprechende Maßnahmen (z.B. Bevorrechtigungen des öffentlichen Verkehrs) tatsächlich umzusetzen.

Für ostdeutsche Frauen hatte der gesellschaftliche Umbruch vielfältige Zäsuren in der Lebensstrategie und oft eine neue Lebensweise zur Folge. In nahezu allen Lebensbereichen mußten neue Orientierungen gefunden werden. Die Vielzahl der diesbezüglichen Änderungen verstellte oft den Blick auf ihre eigenen Mobilitätsbedürfnisse und Anforderungen an die Verkehrsgestaltung. So sind bislang nur wenige Frauen mit diesem Thema beschäftigt, liegen Anforderungen nur in Ansätzen vor. Eine umfassende Beschäftigung mit Verkehrsproblemen aus der Sicht der Frauen ist jedoch dringend erforderlich, da sie nicht selten in besonderem Maße durch die gegenwärtige Verkehrssituation in ihrer Lebensqualität eingeschränkt werden. Dies wird in verschiedenen Lebensbereichen deutlich:

Beruf

Berufstätige Frauen haben inzwischen einen ebensolangen Arbeitsweg wie Männer. Sie nehmen diese Arbeitswege oft in Kauf, um überhaupt berufstätig sein zu können.
Frauen sind jedoch häufiger auf den öffentlichen Nahverkehr verwiesen, da das Familienauto eher von Männern genutzt wird und alleinstehende, vor allem alleinerziehende Frauen oft keinen Pkw besitzen.
So müssen Frauen eher die Nachteile des Pkw-Verkehrs erfahren, während Männer von den Vorteilen (geringerer Zeitaufwand, Flexibilität, Bequemlichkeit) profitieren. Die im Interesse vieler Frauen liegende Attraktivitätserhöhung des ÖPNV gestaltet sich zögerlich, da damit ein erheblicher Finanzierungsaufwand verbunden ist. In vielen Städten haben sich diese Bedingungen auch verschlechtert. Zuverlässigkeit und Geschwindigkeit des öffentlichen Verkehrs werden nicht selten beeinträchtigt, da der individuelle motorisierte Verkehr Straßenbahnen und Busse behindert. Taktzeiten sind teilweise verlängert worden, insbesondere in den Abend- und Nachtstunden, in denen die Sicherheitsrisiken auf dem Weg zu öffentlichen Verkehrsmitteln und an Haltestellen für Frauen besonders hoch sind.
Die höhere Frauenarbeitslosigkeit bedingt, daß für immer mehr Frauen der vorwiegende Aufenthaltsort das Wohngebiet ist, und auch die Kinder sind häufiger zu Hause. Hier treten oft Probleme der Verkehrssicherheit durch riskantes Fahrverhalten der Autofahrer, durch vorschriftswidriges Parkverhalten (auf Fußwegen und Grünflächen) aber auch durch unzureichende Fuß- und Radwege auf.

Einkauf

Die Stadt/das Wohngebiet der „kurzen Wege" wird vielfach angestrebt, ist in der Realität jedoch nur selten zu finden. In den ostdeutschen Großstädten haben sich dagegen für das Einkaufen und Versorgen die Wege in den letzten Jahren verlängert. Preisgünstige Einkaufsmöglichkeiten befinden sich vor allem in Stadtrandlagen und erzeugen damit ein Verkehrsaufkommen, das vorwiegend an das Auto gebunden ist, da Anbindungen an den öffentlichen Verkehr oft fehlen. Verändert hat sich insbesondere bei Erwerbstätigen auch das Einkaufsverhalten. Es wird seltener, dafür in größeren Mengen eingekauft. Dies zwingt zur Nutzung des Autos als Transportmittel. In Wohngebieten, die eine Mischnutzung aufweisen, entfallen etwa 20% der Autofahrten, da z.B. Einkaufen fußläufig möglich ist oder das Rad genutzt werden kann. Da Frauen häufiger einkaufen als Männer, sind stadtstrukturelle Entwicklungen besonders wichtig, die sich an kurzen Wegen für diese Tätigkeiten orientieren.

Familie

Durch die Schließung zahlreicher Kindertagesstätten hat sich die Erreichbarkeit von Betreuungseinrichtungen erheblich verschlechtert. Auch diese Wege werden in der Regel von Frauen mit ihren Kindern zurückgelegt. Damit hat sich der Zeitaufwand für die Begleitung der Kinder erhöht und es entstehen neue Anforderungen an die öffentlichen Verkehrsmittel.
Oft sind durch veränderte Schulstrukturen auch die Schulwege länger geworden. Auch hier entsteht für jüngere Schüler die Notwendigkeit einer Begleitung, da mit den Schulwegen der Kinder auch die Sorge um ihre Sicherheit im Verkehr verbunden ist.

Die besondere Betroffenheit der Frauen durch die autoorientierte Stadt sollte nur mit wenigen Beispielen angedeutet werden. Die Reaktionen der Frauen sind zur Zeit noch stark auf Anpassung begrenzt. Dies äußert sich zum Beispiel darin, daß immer mehr Frauen beginnen, selbst Auto zu fahren. Seit 1990 hat es eine erhebliche Zunahme von Frauen mit Führerscheinbesitz gegeben. Auch die wachsende Anzahl von Zweitwagen verweist darauf, daß die Anzahl der kontinuierlich mit dem Pkw fahrenden Frauen steigt.
Die überwiegende Anzahl der Verkehrsteilnehmerinnen nutzt jedoch weiterhin für die meisten Wege Verkehrsmittel des Umweltverbundes. Attraktive Angebote des öffentlichen Verkehrs entsprechen daher in hohem Maße den Interessen von Frauen.
Um Frauen stärker auf ihre spezifische Situation bei der Realisierung von Mobilität und auf ihre spezifischen Mobilitätsbedürfnisse aufmerksam zu machen, bedarf es einer umfassenden Information darüber, daß eigene Probleme keine individuellen Schwierigkeiten andeuten, sondern viele Frauen betreffen. Um mehr Frauen für die Durchsetzung ihrer

Schwerpunkt

Interessen bei der Gestaltung des Verkehrs zu aktivieren, müssen diese ihre Situation wahrnehmen und Anforderungen an die Verkehrspolitik formulieren. Dies betrifft zum Beispiel:

▷ Forderung nach Attraktivitätserhöhung des öffentlichen Verkehrs
▷ Forderung von Verkehrsberuhigungsmaßnahmen, vor allem in den Wohngebieten und häufig genutzten Lebensräumen (Stadtzentren)
▷ Orientierung auf eine „Stadt der kurzen Wege"
▷ Reduzierung der verkehrsbedingten Umweltbelastungen
▷ Verkehrssicherheit und Sicherheit vor Kriminalität im Verkehrsraum

Diese Themen müssen auch aus dem Blickwinkel der Frauen stärker in die öffentliche Diskussion gebracht werden. Wenn Frauen ihre Ansprüche an die städtische Verkehrsgestaltung gezielt einbringen, werden diese auch wahrgenommen und in die konzeptionelle Arbeit einbezogen. So hat zum Beispiel die kritische Begleitung der Erarbeitung des Verkehrskonzeptes für die Stadt Dresden durch das Frauenbüro dazu beigetragen, daß spezifische Probleme berücksichtigt werden konnten. Für eine langfristige Perspektive ist es jedoch erforderlich, solche sporadischen Einflußnahmen in eine kontinuierliche Arbeit zu verwandeln.

Bahnreform – Schritt zur Verkehrswende oder Bahndeform?

Eine Bahnreform kann langfristig nur erfolgreich sein, wenn sie mit einer Veränderung der verkehrspolitischen Prioritätensetzungen verbunden ist. Diese Erkenntnis ist in der kritischen Verkehrswissenschaft, bei den Umweltverbänden und bei den grünen Parlamentsfraktionen seit langem unbestritten. Im Dezember '93 hat die Bundesregierung die Bahnreform beschlossen, doch von einer Veränderung der Rahmenbedingungen kann nicht die Rede sein. Nach wie vor werden jährlich über 10 Mrd. DM für den Bundesfernstraßenbau ausgegeben, wird der Autoverkehr staatlich subventioniert und orientiert sich Verkehrspolitik mehr an technischen Machbarkeitsutopien und Geschwindigkeitswahn als an sozialen und ökologischen Kriterien.

Dennoch gibt es sehr unterschiedliche Bewertungen der Bahnreform. Während Robin Wood und einige andere Gruppen nur noch von der Bahndeform sprechen und den endgültigen Niedergang der Schiene vor Augen haben, meint eine Mehrheit bei den Umweltverbänden und den Bündnisgrünen, daß die Chancen der Bahnreform größer sind als ihre Risiken.

Nach dem Beschluß von Bundestag und Bundesrat zur Strukturreform und Regionalisierung der Bahn stehen die Länder und Regionen jetzt unter einem unmittelbaren Handlungszwang, bis Ende 1995 flächendeckende und leistungsfähige Verkehrsverbünde zur Übernahme der Angebots- und Finanzierungsverantwortung des regionalen Schienenpersonenverkehrs aufzubauen.

Für eine Politik der Verkehrswende geht es jetzt um die Weichenstellung: Werden die Mittel der Bahnregionalisierung in Höhe von 8,7 Milliarden DM in 1996 und 12 Milliarden DM jährlich ab 1997 dazu benutzt, den Status quo mehr schlecht als recht aufrechtzuerhalten? Wird am Ende sogar noch die neugewonnene Entscheidungskompetenz dazu mißbraucht, ein flächendeckendes Schienenstillegungsprogramm durchzuziehen, und werden die Mittel dann umgeschichtet, um finanzielle Defizite in anderen Bereichen zu auszugleichen? Anzeichen hierfür gibt es zuhauf!

Oder wird es dazu kommen - was wir natürlich wünschen -, daß der Schwung der Bahnregionalisierung zu einer Renaissance der Eisenbahn führt und auf den gesamten Umweltverbund positiv ausstrahlt? Wird die Schiene zum Rückgrat des regionalen Personenverkehrs und

Gisela Nacken
Geb. 1957, Landtagsabgeordnete und verkehrspolitische Sprecherin von Bündnis 90/DIE GRÜNEN im Landtag NRW, Architektin, Aachen.

können Städte und Gemeinden durch einen Verbund von Schiene, Bus und Fahrrad wirksam entlastet werden?

Anlaß zu Hoffnungen gibt die Tatsache, daß zumindest die Schienenwege auch zukünftig im mehrheitlichen Besitz des Bundes bleiben. Der Bau, Ausbau und die Unterhaltung von Schienenwegen, die dem Nahverkehr dienen, ist Aufgabe des Bundes. Bevor Strecken des Nahverkehrs stillgelegt werden, sind sie den Ländern bzw. Kommunen kostenlos zur Übernahme anzubieten.

Das Angebot im Fernverkehr hat sich nicht nur an Gewinnchancen zu orientieren, sondern auch am Gemeinwohl. Zur Gewährleistung des zuschußbedürftigen Nahverkehr bekommen die Länder die entsprechenden Mittel aus dem Gemeindeverkehrsfinanzierungsgesetz (GVFG) und vor allem aus Bundesmitteln für die Regionalisierung. Die Bahn hat garantiert, daß sie mit den zugesagten Mitteln erstmal das gegenwärtige Angebot weiterfahren wird.

Aus unserer Sicht müssen die Länder zunächst einmal sogenannte ÖPNV-Gesetze erlassen. Die wichtigsten Zielsetzungen sind dabei der Ausbau von Angeboten im ländlichen Raum, ein Fördervorrang für Schienenstrecken gegenüber Straßen und Mindeststandards bei der Takt- und Haltestellendichte. Festgelegt werden muß auch die Berücksichtigung von Fraueninteressen, z.B. durch die Einrichtung von Fahrgastbeiräten. Die Chancen, daß gerade im ländlichen Raum die in unserer Gesellschaft notwendige Mobilität durch den ÖPNV garantiert werden kann, wachsen durch solche Weichenstellungen. Profitieren können davon besonders Frauen, Kinder und ältere Menschen, die bisher von der Auto-Mobilität ausgeschlossen waren.

Die Chancen, daß die Bahn als Verkehrsmittel mit Zukunft auch auf kommunaler Ebene wiederentdeckt wird, sind gut. Die finanziellen Probleme der Kommunen haben aber ein so bedrohliches Ausmaß angenommen, daß zusätzliche Leistungen ohne Finanzausgleich von dieser Seite nicht zu erwarten sind. Alle politischen Kräfte und die derzeitigen und künftigen Fahrgäste sind deshalb aufgerufen, sich mit Kraft und Phantasie für die Zukunft der Schiene einzusetzen.

Resolution zur Bahnreform
Bahnfahren darf kein Luxus
werden – schon gar nicht für Frauen

Folgende Resolution wurde im März 1993 von der Landesfrauenkonferenz der Frauenbeauftragten Niedersachsens und im Mai 1993 von der Bundesfrauenkonferenz verabschiedet:

1. Bevor die Bundesverantwortung für die Bahn aufgegeben wird, muß in der Verfassung ein flächendeckender (ökologischer, gleichstellungs-, struktur- und verkehrspolitischer) Leistungsauftrag für die Bahn festgeschrieben werden.

2. Der öffentliche Personen-Nahverkehr muß durch ein Bundesgesetz als gemeinwirtschaftliche Pflichtaufgabe der Daseinsvorsorge (für alle Bevölkerungsgruppen) garantiert werden.

3. Wir fordern Landes-ÖPNV-Gesetze mit klaren qualitativen Vorgaben für Mindeststandards im ÖPNV.

4. Das Schienennetz muß in öffentlicher Hand bleiben.

5. Die Finanzierung des ÖPNV als kommunale Pflichtaufgabe muß durch die Länder gegenüber den Gebietskörperschaften gewährleistet werden. Hierzu sind entsprechende Mittelumschichtungen vorzunehmen.

Begründung: Die Pläne für die Bahnreform lassen befürchten, daß sich der Bund aus der finanziellen Verantwortung für den Nahverkehr zurückzieht und weder die Länder noch die Kommunen diese Finanzierung ohne weiteres übernehmen können. Gerade die Frauen sind aber auf einen funktionierenden öffentlichen Nahverkehr angewiesen.

AdressatInnen: Frauenministerien der Länder und des Bundes; Verkehrsministerien der Länder und des Bundes; Mitglieder der Verkehrsausschüsse von der kommunalen bis zur Bundesebene.

Schwerpunkt

Anregungen zur Berücksichtigung von Fraueninteressen bei der Bahnreform und die Chance für den öffentlichen Personennahverkehr (ÖPNV)

Angela Fuhrmann
Geb. 1961, Diplom-Agraringenieurin, Geschäftsführerin, inhaltlicher Arbeitsschwerpunkt im Seminarbereich des Vereins für Umweltschutz e.V, Hannover: Verkehr.

In der Vergangenheit fehlten dem öffentlichen Personennahverkehr (ÖPNV) ausreichende gesetzliche und finanzielle Grundlagen. Der ÖPNV gehörte weder zu den Pflichtaufgaben der Länder noch zu denen der kommunalen Gebietskörperschaften, was vor allem im ländlichen Raum zu einem steten Abbau des öffentlichen Verkehrs geführt hat. Der Bund war laut Gesetz lediglich für den Betrieb der Bundesbahn und somit auch für den Schienenpersonennahverkehr (SPNV) zuständig, der extrem vernachlässigt wurde. Auch wenn die Ergebnisse der Bahnreform nicht nur positiv zu bewerten sind, so wurde im Zuge der Beschlüsse vom Dezember 1993 mit der Regionalisierung des SPNV endlich klare Verantwortung zugewiesen: Zum 1.1.1996 wird die Aufgaben- und Finanzverantwortung für den SPNV auf die Länder übertragen. Festgelegt wurde die Höhe der Mittel, die den einzelnen Ländern in den nächsten Jahren für diese Aufgabe zur Verfügung stehen. Zudem erfolgte die Auflage, Rahmenbedingungen für die zukünftige Gestaltung des ÖPNV festzulegen (in der Regel in Landes-ÖPNV-Gesetzen). Gemeinhin wird sinnvollerweise davon ausgegangen, daß die konkrete Planung und Durchführung des ÖPNV auf Schiene und Straße unter Berücksichtigung dieser vom jeweiligen Land vorzugebenden Rahmenbedingungen zukünftig in der Region (Landkreisebene bzw. Nahverkehrsregionen) vorgenommen wird.
Die zügige Ausarbeitung von Landes-ÖPNV-Gesetzen (in Bayern und Hessen bereits vorhanden) ist dringend geboten, denn bis zum 1.1.1996 müssen - entsprechend der dort festgelegten Modalitäten - in den Regionen neue Organisationsformen entstehen (Zweckverbände, Regionalverbände...), die in Größe und Struktur geeignet sind ÖPNV-Angebote auf Schiene und Straße koordiniert zu planen und entsprechende Leistungen bei den Verkehrsbetrieben zu bestellen.

Die Chancen der Bahnreform

Es besteht demnach die Chance, daß
▷ die Schiene in der Region wieder an Bedeutung gewinnt und sich

zum Rückgrat eines funktionierenden Umweltverbundes (Bahn, Bus, Fuß, Fahrrad) entwickelt,
▷ die vom Bund bereitzustellenden Mittel zweckgebunden und durch eine Planung vor Ort unter Berücksichtigung der Nutzer/inneninteressen effizient und zielgerichtet eingesetzt werden,
▷ im Zuge der Neuorganisation des ÖPNV, die in gewissem Maße eine „Zerschlagung alter Strukturen" bedeutet, neue Beteiligungsinstrumente geschaffen werden (Mobilitätszentralen, Fahrgastbeiräte etc. s.u.),
▷ in Zukunft stärker als bisher auch der Freizeit- und Einkaufs- bzw. Versorgungsverkehr (meist immer noch Frauensache!) Berücksichtigung findet (wegen der wichtigen Einnahmequelle Betriebskostenzuschuß für Schüler/innenverkehr wurde das Angebot v.a. auf Schul- und Berufsverkehrszeiten ausgerichtet),
▷ und nicht zuletzt bestünde die Chance, daß es endlich zu einer Vereinheitlichung von Tarifgestaltung, Fahrplänen und Fahrgastinformation in einer Region oder sogar in einem Land kommt.

Umgestaltung zugunsten der Nutzerinnen

Mit dem Begriff Chance ist die Aufforderung an alle politischen Ebenen und v.a. an alle engagierten Frauen - sei es in Politik und Verwaltung oder als Nutzerin des ÖPNV - verbunden, sich nach Kräften für diese Ziele einzusetzen. Nur dann wird es gelingen, in den nächsten Jahren die Weichen in diesem Sinne zu stellen.

Grundsätzlicher Handlungsbedarf für den ÖPNV besteht v.a. im ländlichen Raum. Innerhalb von Ballungsgebieten ist die Bedeutung eines leistungsfähigen ÖPNVs zur Verhinderung von Verkehrsinfarkten inzwischen anerkannt. Dennoch müssen auch dort von Frauenseite Verbesserungen z.B. in bezug auf den Komfort der Fahrzeuge, auf Transportmöglichkeiten, auf die subjektive Sicherheit durch freundlichere und helle Gestaltung von Halte- und Umsteigestellen und durch Präsenz von Personal immer wieder eingefordert werden.

Verkehrsplanung ist ein orginär abstraktes Thema, das von Ingenieuren (meist gleichzusetzen mit Nicht-Nutzern des ÖPNV) geprägt wird und dominiert ist von Expertentum und Undurchschaubarkeit der Entscheidungsstrukturen. Frauen als Hauptnutzerinnen des ÖPNV haben aber ein Recht auf Beteiligung und beginnen zunehmend, dies wahrzunehmen.

Bedingungen für die Einflußnahme von Frauen schaffen!

Die Beteiligung von Frauen bei der Umgestaltung des ÖPNV ist auf zwei Ebenen möglich und wichtig:
1. Auf der Fachebene: Es müssen sich mehr Frauen, Planerinnen u.a. in die Expertengespräche einmischen, sich der „Fachsprache" bedienen, um die planenden Männer von ihrem Thron herunterzuholen. Hierbei ist eine gegenseitige Unterstützung und Vernetzung der Frauen untereinander unerläßlich.
2. Auf der Nutzerinnenebene:
    a) Nutzerinnen können einfordern, in Fahrgastbeiräten mit quotierter Besetzung (wie in Berlin oder beim Rhein-Main-Verkehrsverbund - s. den Beitrag von Pia Gattinger in dieser Ausgabe) beteiligt zu werden.
    b) Nutzerinnen können die Einrichtung von Mobilitätszentralen einfordern, die ihnen durch Beratung im Alltag dienlich sind, die aber auch einen Ort der Kommunikation und der Rückkopplung mit der Planungsinstanz darstellen. Letztlich sind Fachleute nicht unbedingt nur die, die ein Fach studiert haben, sondern ebenso die, die täglich damit umgehen.
    c) Nutzerinnen können zu Aktionen einladen, Initiativen anleiern - es seien nur einige Beispiele aufgezählt:
    ▷ Bahnhofs- bzw. Bahnhofsumfeldgestaltung „Unser Bahnhof soll schöner werden"
    ▷ Frauen erobern sich Halte-/Umsteigestellen bzw. U-Bahnstationen, z.B. mit Trommeln und Kleinkunst - wie in Hannover am 8. März 94 in der zentralen U-Bahn-Station Kröpcke geschehen.
    ▷ Durchführung von Workshops für Bürgerinnen, organisiert über Volkshochschulen, Frauenbeauftragte oder Frauenprojekte.
    ▷ Aktionen in öffentlichen Verkehrsmitteln bzw. an Haltestellen (kombiniert mit Workshop) zum Thema „Gewalt gegen Frauen" mit dem in in Lateinamerika entwickelten „Theater der Unterdrückten". Diese Form des Theaters setzt alltägliche Belästigungen in Szene (ohne daß die Zuschauer/innen diese als Spiel erkennen) und zieht Unbeteiligte ein, macht es Ihnen unmöglich, diesen Vorgang zu ignorieren.

▷ Mit Phantasie und Spaß lassen sich vielfältige Aktionen entwickeln, die z.B. in Fußgängerzonen durchgeführt werden, um dem ÖPNV ein positives Image zu geben. Nach dem Motto: Was Menschen, die Auto fahren, doch alles verpassen ...!

Literatur

Felten, Barbara/Nutz, Manuela 1994: Projekte zwischen Bewußtseinsbildung und (Gegen-) Planung, Schriftenreihe Frauen und räumliche Umwelt, Bands 1, Hannover/Göttingen

Niedersächsisches Frauenministerium (Hg.) 1992: Mobilität für Frauen im ländlichen Raum, Hannover

Niedersächsiches Ministerium für Wirtschaft, Technologie und Verkehr (Hg.) 1994: Dokumentation: Umdenken. Umlenken. Niedersachsen Forum - Verkehr, 11. September 1993, Hannover

Schwerpunkt

Frauen in Bewegung

Schwerpunkt

„Empfehlungen zur besonderen Berücksichtigung der Belange von Frauen"[1]

...machen noch keine gleichberechtigungsorientierte Verkehrsplanung

Rosemarie Ring
Dipl. Ing. Raumplanung, geb. 1954, Tätigkeitsschwerpunkt: soziale und ökologische Stadterneuerung für und mit Frauen. Langjährige Mitarbeiterin von FOPA Dortmund und Mitglied der FREI-RÄUME Redaktion.

Mit den „Empfehlungen zur besonderen Berücksichtigung der Belange von Frauen bei der Verkehrsplanung" des hessischen Ministeriums für Wirtschaft, Verkehr und Technologie im August 1993 hat erstmals eine Landesbehörde Anforderungen aufgegriffen, die Frauen seit etlichen Jahren an die Gestaltung von Verkehrsstrukturen formulieren[1]. Diese Planungsempfehlungen sollen die verkehrliche Organisation von komplexen Tagesabläufen erleichtern, die Wegeketten also, die charakteristisch für die Verkehrs- und Transportarbeit sind, die Frauen leisten.

Weil Belange von Frauen in der Verkehrsplanung bisher zu wenig Beachtung fanden, sind ihre Interessen „in einem wesentlich höheren Umfang sowie in einem möglichst frühen Stadium der Planung und Angebotsgestaltung einzubringen. Dazu ist es sinnvoll, Beratungsgremien einzurichten, in denen auch Frauen ihre spezifischen Belange vertreten. Dafür ist eine gezielte Öffentlichkeitsarbeit erforderlich." (Hess. Staatsanzeiger 1993: 2158)

"Frauenfreundlich, kinderfreundlich und familienfreundlich" sollten Kriterien bei Ausschreibungen, Wettbewerben, Lastenheften und Angebotsgestaltungen sein. „Es genügt nicht, einmal einen Kriterienkatalog oder ein Anforderungsprofil zu erstellen. Vielmehr ist die Kriterienfindung und -festlegung als Entwicklungsprozeß zu verstehen." (Hess. Staatsanzeiger 1993: 2158)

Unter „Hinweise zur Verbesserung der Mobilität von Frauen" - eigentlich geht es doch um die Bedingungen, oder? - wird Verkehrsplanung als Bestandteil einer interdisziplinären Raumordnung, Stadt- und Infrastrukturplanung postuliert, die auch für die Einbeziehung von Sicherheitsaspekten bei Architektur und Grünplanung sorgen soll (Aufenthaltsqualität).

Was als Inhalt des Dekrets für die Straßen- und Wegeplanung innerorts und für den Öffentlichen Personennahverkehr folgt, ist aber mitnichten bindend: „Im einzelnen kann die Prüfung folgender Maßnahmen empfohlen werden":

Bei der Straßen- und Wegeplanung in Ortslagen geht es um den Aufbau von direkten Fuß- und Radwegeverbindungen: Vermeidung von Unter- und Überführungen, wo nötig Rampen oder einsehbare Aufzüge, ausreichende und verkehrssichere Querungsmöglichkeiten über

Hauptverkehrs- und Durchgangsstraßen, kurze Wartezeiten an Ampeln und „genügend lange Grünphasen auch für Personen mit Kleinkindern und Kinderwagen", Unterbindung von Behinderungen durch den ruhenden Verkehr. Diese sind bekanntlich massiv und trotz Verbots durch die Straßenverkehrsordnung nicht abzustellen. Wie also soll diese Empfehlung eingelöst werden?

Der innerörtliche Verkehr soll vor allem in Wohngebieten auf Tempo 30 reduziert und Durchgangsverkehr durch verkehrsberuhigende Straßengestaltung behindert werden.

Gehwege sollen mindestens zwei-Kinderwagen-breit sein und genügend beleuchtet. Die herkömmliche Beleuchtung ist nämlich auf die Ausleuchtung der Fahrbahn ausgerichtet!

Bei der Straßenraumgestaltung können Sitzmöglichkeiten, Gepäckdepots und öffentliche Toiletten an zentralen Orten geschaffen werden. Dies ist besonders für Kinder und alte Frauen ein nicht unerheblicher Aspekt für die Nutzbarkeit des Außenraums, der allzuleicht ignoriert wird, wie die ersatzlose Schließung solcher Anlagen vielerorts zeigt - Männer finden bekanntlich überall eine „Pißecke".

Empfohlen wird die Einrichtung kleiner, überschaubarer Parkplätze und gut einsehbarer Frauenparkplätze in Parkhäusern.

Für den Öffentlichen Personennahverkehr werden Anforderungen an das Linien- und Fahrplanangebot, an die Haltestellen und Bahnhöfe, an die Fahrzeuge und an die Personal- und Öffentlichkeitsarbeit formuliert.

Das Linien- und Fahrplanangebot soll in dünn besiedelten Räumen und/oder in verkehrsschwachen Zeiten ein Grundangebot gewährleisten. Leider fehlt hier die erforderliche Definition. Die Erreichbarkeit von Infrastruktureinrichtungen und Arbeitsstätten, ihre Verbindung untereinander (Tangentialverbindungen) soll berücksichtigt und Fahrpläne auf Betriebs- und Öffnungszeiten abgestimmt werden.

Umsteigevorgänge sollen durch bauliche und betriebliche Abstimmung erleichtert werden. Durch Kombination mit anderen Nutzungen, z.B. Läden, Cafés, Nachbarschaftstreffpunkten, Bibliotheken sind Haltestellen und Bahnhöfe aufzuwerten. Ihre Zuordnung zur Wohnbebauung, sichere Zuwege, hell beleuchtet, übersichtlich, mit Abstellflächen für Fahrräder und Kinderwagen, überdachte Sitzmöglichkeiten, Sicherheitsausstattungen sowie Möglichkeiten der Kontaktaufnahme zum Personal soll den Aufenthalt dort sicherer und angenehm machen.

Für die Fahrzeuge wird ein bequemer Ein- und Ausstieg und die problemlose Mitnahme von Kinderwagen, Gepäck, Fahrrad gefordert und ebenso die Möglichkeit, Kontakt zum Personal aufzunehmen. Die Per-

Gegen Unwirtlichkeit von Bundesbahn-Nahverkehrshaltestellen hat die GABL Hannover die Konzeption eines Systems modularer Service-Stationen entwickelt mit Sanitätseinrichtungen, Kiosken, Telefon, Briefmarkenverkauf etc. Bezug: GABL-Großraumfraktion, Postfach 6649, 30066 Hannover, Tel. 0511/ 3661303)

sonal- und Öffentlichkeitsarbeit soll nicht nur geschultes Personal für Auskünfte und Hilfeleistung vorsehen sondern auch einen Fahrgastbeirat.

Die wesentlichen Forderungen sind damit benannt, allein die Erfolgsaussichten dieser Planungsempfehlung sind noch zweifelhaft. Nicht nur die unverbindlichen „Kann-Formulierungen" lassen das vermuten, sondern auch die fehlende Bezugnahme auf Planungsebenen und -institutionen. Ist die Landesstraßenbauverwaltung gemeint, die kommunale Bau-, Planungsverwaltung, das Nahverkehrsunternehmen? Auch fehlen Frauen in Entscheidungsgremien, die kontinuierlich betreuen und kontrollieren. Zudem ist weder die Finanzierung der erforderlichen Untersuchungen und Modellprojekte und der gezielten Öffentlichkeitsarbeit noch die Finanzierung der Organisation von Beteiligungsverfahren und -gremien in der Richtlinie geregelt.

Für die Integration von gleichstellungspolitischen Zielen in die Verkehrspolitik ist es nicht nur „sinnvoll, Beratungsgremien einzurichten, in denen auch Frauen ihre spezifischen Belange vertreten", sondern es ist unerläßlich, um die Priorität der genannten Belange durchzusetzen.

Einen guten Ansatzpunkt bieten dabei Fahrgastbeiräte, die entsprechend der Fahrgaststruktur überwiegend von Nutzerinnen gebildet werden, wie das inzwischen für den Rhein-Main-Verkehrs-Verbund geschieht (siehe Artikel von Pia Gattinger in dieser Ausgabe.) - sofern durch eine Geschäftsstelle die Durchsetzungsfähigkeit dieses Gremiums sichergestellt wird.

Bedenklich ist in diesem Zusammenhang, daß das im Dezember 1993 verabschiedete ÖPNV-Gesetz des Landes Hessen die Empfehlungen dieser Richtlinie offenbar nicht berücksichtigt hat und bei seiner Aufstellung (so die Aussage einer Frauenbeauftragten) die Beteiligung von Fachfrauen - selbst die des Frauenministeriums - weitgehend versäumt wurde.

Das allerdings wirft kein gutes Licht auf die Reichweite der neuen Richtlinie und dämpft die Hoffnungen, darüber eine gleichstellungsorientierte Umgestaltung der Verkehrsplanung forcieren zu können. Dazu sind vor allem mehr Frauen in Entscheidungspositionen vonnöten.

Anmerkung

1 Hessisches Ministerium für Wirtschaft, Verkehr und Technologie: Empfehlungen zur besonderen Berücksichtigung der Belange von Frauen bei der Verkehrsplanung. In: Staatsanzeiger für das Land Hessen, 30. August 1993, S. 2158f.

Frauennachtfahrten – eine Antwort auf Gewalt gegen Frauen im öffentlichen Raum

Inzwischen wird in vielen Städten der Bundesrepublik Deutschland die Forderung nach einem Frauennachtfahrangebot, als ein Beitrag für mehr Sicherheit von Frauen und Mädchen im öffentlichen Raum, erhoben und durchgesetzt. Zwar erhöhen Modelle von Frauennachtfahrangeboten die Mobilität und damit die Teilnahme am öffentlichen Leben, die strukturelle Gewalt gegen Frauen kann hierdurch nicht abgebaut werden.

Die Konzipierung jedes einzelnen Modells ist abhängig vom politischen Willen der Verantwortlichen und den kommunalen Gegebenheiten wie der Finanzkraft, Länge der Fahrstrecken innerhalb der Stadt, Anzahl der Benutzerinnen, etc. Insofern existiert kein Idealmodell.

Die Auswertung des Kieler Modells „Frauennachtfahrten" für den Zeitraum 6.Juni bis 31.August 1992 veröffentlichten Dagmar Sachse und Annegret Bergmann für das Referat für Frauen.

Eine Dokumentation über alle existierenden 19 Modellprojekte und geplanten weiteren sieben Nachtfahrangeboten für Frauen stellten Sabine Klemp und Liane Nolte vom Verein FrauenBewegung - Frauenauto für Mädchen und Frauen e.V. zusammen.

Bezugsadresse
Landeshauptstadt Kiel, Die Frauenbeauftragte, Referat für Frauen, 24103 Kiel.

Bezugsadresse
(gegen DM 5,-):
FrauenBewegung e.V.; c/o Notruf und Beratung für vergewaltigte Mädchen und Frauen, Frauen gegen Gewalt e.V. Knooper Weg 32, 24103 Kiel

Schwerpunkt

Das Lübecker Frauennachttaxi – Modell, Entwicklung, Erprobung, Ergänzung[1]

Sabine Haenitsch
Dipl.-Soziologin,
geb. 1953,
Frauenbeauftragte
der Hansestadt
Lübeck.

Politische Grundlage

In ihrer Sitzung vom 29. 6. 1989 beschloß die Lübecker Bürgerschaft mit den Stimmen von SPD und GRÜNE einen Berichtsauftrag zwecks Vorlage zur Verbesserung und Attraktivitätssteigerung der örtlichen Verkehrsbetriebe, den Stadtwerken. Ziffer 4 des Auftrages betraf die Entwicklung eines sog. „Frauennachttaxis" innerhalb des städtischen ÖPNV-Angebotes. Aus Sicht des Frauenbüros war dieser Beschluß richtungsweisend - sollte doch erstmalig ein Frauennachttaxi (kurz: FNT) integrierter Bestandteil des nächtlichen Nahverkehrsangebotes einer Kommune werden!

Ein Konzept zu diesem Auftrag wurde am 16. 8. 1989 vom Senat federführend an das Frauenbüro gegeben.

Lübecker Verkehrsbetriebe und 'FNT' – zwei Welten prallen aufeinander

Nach schwierigen und langen verwaltungsinternen Diskussionen legte das Frauenbüro dem Stadtwerkeausschuß in der Zeit zwischen November 1989 bis Mitte 1990 unterschiedliche Alternativen eines kommunal betriebenen Frauennachttaxis vor. Unsere Vorschläge waren auf der Basis bzw. in Anlehnung an das Modell „Frauen in Fahrt" (Hamburg-Bergedorf)[2] auf Lübecker Verhältnisse geplant und umgerechnet. Die seitens der Stadtwerke dafür vorgelegten Berechnungen für ein Angebot auf der Grundlage von 10 Kleinbussen (für jeweils 7 Fahrgäste) beliefen sich auf ca. 1 Million DM jährlich. Hierfür gab es keine politische Mehrheit.
Aus unserer Sicht haben die PolitikerInnen hier die Chance vertan, ein frauenpolitisch richtungsweisendes Projekt zu etablieren, das sich deutlich gegenüber den Nachttaxi-Modellen anderer Städte herausgehoben hätte. Der berechtigte Anspruch von Frauen auf Berücksichtigung ihrer nächtlichen Sicherheit sowie die Erhöhung ihrer Mobilität in den Abend- und Nachtstunden wären endlich als planungsrelevante Kriterien bei Überlegungen zu ÖPNV-Verbesserungen in der Hansestadt mit einbezogen worden.

Das zweijährige „Übergangsmodell"

In der Folge hat das Frauenbüro - nach dem Muster anderer Gemeinden - Vertragsverhandlungen mit dem örtlichen Funktaxen- und Mietwagengewerbe aufgenommen. Mit Hilfe eines zweijährigen „Übergangsmodelles" sollte aufgezeigt werden, daß der (häufig negierte) Bedarf für ein sicheres nächtliches Fahrangebot für Lübeckerinnen vorhanden ist und daß es sehr wohl Modellformen gibt, die als Ergänzungangebot in den kommunalen ÖPNV integrierbar sind.

Unserem Modell liegen folgende Prämissen zugrunde:

▷ Flächendeckendes Angebot (Ausnahme: Ortsteil Travemünde);
▷ Fahrzeiten: im Winter (15. 10. - 14. 4.) = 18 - 5 Uhr, im Sommer (15. 4. - 14. 10.) = 21 - 5 Uhr;
▷ Fahrten gehen von Tür zu Tür;
▷ Nur Frauen fahren Frauen;
▷ Kosten müssen sich am ÖPNV-Angebot orientieren (Einheitspreis 3,-, Kinder 1,50);
▷ Koordinierte Sammelfahrten.

Wir haben die Vergabe öffentlicher Mittel an die Schaffung neuer Arbeitsplätze für Frauen geknüpft. Fünf neue Fahrerinnen erhielten eine Festanstellung nur für die Frauennachtfahrten.

Außerdem sollten sog. „Sammelfahrten" erstmals in Lübeck als neue Technik der Fahrtenkoordinierung erprobt werden. Wir haben zum einen damit unsere gutachterlichen Interessen verbunden, nämlich aufzuzeigen, daß dieses Prinzip bei entsprechender technischer Unterstützung auch für andere Linienergänzungen funktionieren kann. Zum anderen sollte der ÖPNV-Charakter (entsprechend dem Bürgerschaftsbeschluß!) durch gemeinsame Nutzung dokumentiert werden. Last but not least erschien uns eine bessere Auslastung der Taxen ökologisch sinnvoll. Beide Bedingungen wurden im Vertrag mit den Lübecker Funktaxen verpflichtend aufgenommen.

Die Lübecker Bürgerschaft hat pro laufendem Modelljahr eine Summe von 496.000 DM aus Haushaltmitteln zur Verfügung gestellt. Diese Summe beinhaltet die Gehälter der Fahrerinnen, Regiekosten der Taxenzentrale sowie Betriebs- und Fahrgelder.

Schwerpunkt

Bisheriger Verlauf des Modells

Aufgrund heftiger politischer Debatten vor Aufnahme des Frauennachttaxi-Angebotes wird der Verlauf des Modells kritisch verfolgt (besonders von der örtlichen Presse und den Parteien in der Bürgerschaft). Der vom Frauenbüro im Oktober 1993 vorgelegte Bericht zur Entwicklung innerhalb des ersten Jahres (13. Juli 1991 - 12. Juli 1992) wurde mit Spannung erwartet und - überraschend positiv aufgenommen.

Die Auswertung der vorgelegten Statistiken ergab im Grundsatz bekannte Aussagen zum subjektiven Sicherheitsgefühl der Nutzerinnen. Das Angebot wird mit unterschiedlich wechselndem Fahrtenaufkommen je Wochentag nachgefragt, dem Wochenendbedarf kann noch nicht entsprochen werden.

Das Stundenprofil belegt eindeutig, daß das FNT zu jenen Zeiten stark nachgefragt wird, in denen die Busse der Stadtwerke ihren Fahrdienst eingestellt haben. Auch die Auswertung aller geleisteten Fahrten nach Abhol- und Zielort belegt deutlich das Defizit im Linienangebot der Stadtwerke.

Darüber hinaus konnte im Bericht dokumentiert werden, in welchen Stadtteilen dem Mobilitätsbedarf von Frauen bislang kaum entsprochen wurde und zu welcher Uhrzeit hier jeweils das ÖPNV-Defizit durch das FNT abgemildert wurde. Auf dieser Grundlage sind im Bericht bereits erste Vorschläge zur Verbesserung der nächtlichen Linienführung gemacht worden.

Die Auswertungen der Sammelfahrten waren deutlich: Durch Koordinierung konnten ca. 30 % mehr Frauen befördert werden. Insgesamt waren im 1. Modelljahr ca. 25 % aller geleisteten Fahrten Sammeltouren. Erkennbar war auch, daß bei steigender Nachfrage sich die Zusammenstellung koordinierter Touren verbesserte.

Wichtigste Erkenntnis aus unserer Sicht ist jedoch, daß die Koordinierungsarbeit per Hand stark abhängig ist von den DisponentInnen. Beim FNT heißt dies entsprechende Ortskenntnis (Taxenschein!) und Motivation zur Unterstützung des Modells. Am Wochenende ist offenbar die Grenze der durch eine Person leistbaren (handbetriebenen) Dispositionsarbeit erreicht. Die telefonische Bestellannahme, schriftliche Zusammenstellung und die (zeitlich länger als im üblichen Taxenfunk andauernde) Weitergabe an die Fahrerinnen unterscheidet sich deutlich von der üblichen Funkarbeit im Taxengewerbe.

Das Lübecker FNT aus der Sicht der Nutzerinnen

Während des ersten Modelljahres wurde eine Befragung der Nutzerinnen durchgeführt, die sowohl Aussagen zum FNT wie auch zum örtlichen Busangebot macht. Interessant aus unserer Sicht ist der hohe Anteil an Erwerbstätigen sowie der bislang eher geringe Prozentsatz an Nachfragerinnen ab 50 Jahren.
Das FNT wird besonders stark von Frauen aus Stadtteilen mit relativ geringem Einkommensniveau sowie mit einem nachweislich relativ geringem Grad an (eigener) Individualmotorisierung angefordert: 87 % der Nutzerinnen haben kein eigenes Auto.

Kritik am FNT bezog sich auf die häufig besetzte Telefonannahme, die lange Wartezeit und darauf, daß die Fahrten häufig ausgebucht waren.

Die Beschwerden bezüglich der sonstigen ÖPNV-Versorgung in der Hansestadt betrafen überwiegend die Linienführung, die geringen Taktdichten (insbesondere ab 20 Uhr!) sowie die fehlenden direkten Verbindungen zwischen den Stadtteilen bzw. lange Umsteigezeiten. Ca. 30 % gaben auch an, daß ihnen der Weg zur Haltestelle zu unsicher sei.

Zukünftig: AST statt FNT

Die bisherigen Erfahrungen mit dem FNT haben gezeigt, daß eine stärkere Kooperation zwischen ÖPNV und Taxi als Ergänzungsangebot machbar ist. Wir schlagen nach Ablauf des Modells (im Juli diesen Jahres) die Einführung eines Anruf-Sammeltaxis (AST) auch in Lübeck vor. Dieses Angebot gibt es bereits seit ca. 10 Jahren in anderen, wenn auch überwiegend kleineren Kommunen[3] und wird im Rahmen der Verkehrsplanungsdebatte als Teil einer „mehrstufig differenzierten ÖPNV-Bedienung"[4] diskutiert.

Die politischen Gremien haben aufgrund des vorgelegten Nachttaxi-Berichtes im Oktober 1993 beschlossen, ab kommenden Herbst ein solches Angebot - bei möglichst weitgehender Übernahme der Bedingungen des FNT - zu etablieren. D. h., die Lübecker Stadtwerke sollen unter Mitwirkung des Frauenbüros auf der Basis von Anruf-Sammeltaxen einen adäquaten Frauennachttaxi-Ersatz anbieten.

Seit Januar 1994 wird dieser Auftrag gezielt angegangen, Gutachten sind bereits an (männliche) VerkehrsplanerInnen vergeben.

In der ersten Stufe soll das Lübecker AST zu festen Zeiten und nach Fahrplan vorerst von den Haltestellen der Innenstadt ab ca. 0 Uhr nach Busbetriebsschluß in 8 vorgesehene Richtungen (sog. „Korridore") linienergänzend fahren. Grundlage hierfür ist die Auswertung der Zielorte der Frauennachtfahrten.

Wie beim FNT muß der Fahrtenwunsch ca. 1/2 Stunde vorher unter einer speziellen Telefonnummer angemeldet werden. Die Nutzerin geht dann gezielt zu der ihrem Wohn- bzw. Aufenthaltsort nächsten (Bus-)Haltestelle. Sie steigt entweder allein oder mit weiteren Fahrgästen ein und wird bis zur (Haus-)Tür befördert.

Und wo bleibt das Frauenspezifische?

Das Lübecker AST wird - als erste Gemeinde dieser Größenordnung - die Disposition, d. h. die Koordinierung der angemeldeten Fahrtwünsche, per EDV vornehmen. Die computergestützte Tourenplanung soll über einen zentralen Tourenplanungsrechner erfolgen. Derzeit wird für Lübeck die erforderliche Software erstellt. Der Zentralrechner arbeitet auf der Grundlage einer Datenbank von Straßeninformationen. Vorgeschlagen für Lübeck wird u. a. zum Beispiel die digitalisierte Karte des „Bosch-Travel-Piloten"[5]. Diese Karte teilt den Straßernraum in 8 - 9 Kategorien, die die Straßen sogar nach Qualität und Ausbaustandard ordnen.

Unsere Forderung zur Integration des FNT in das vorgesehene AST lautet: „Geschlechtsspezifische Dispositonsmöglichkeit." Bei entsprechender Software wird es künftig möglich sein, bei der telefonischen Vorbestellung sowohl den Wunsch nach einer Fahrerin wie auch nach einer Frauen-Tour anzumelden.

In einem 2. Schritt, so fordern wir, soll das AST auch Haus-zu-Haus-Beförderung dort ermöglichen, wo der Weg zur (Bus-)Haltestelle mehr als 350 m beträgt. Dennoch bleibt vorerst ein Nachteil gegenüber dem derzeit noch laufenden FNT-Modell bestehen: Der für viele mit Unsicherheitsgefühlen zurückzulegende Weg zur Abholstelle. Dieser negative Aspekt steht in Abwägung einem besseren Service gegenüber: Jede Frau, die sich anmeldet, wird auch gefahren. Anders als das Frauennachttaxi besteht kaum Gefahr, daß das Anruf-Sammeltaxi ausgebucht ist.

Anmerkungen

1 Bericht vorgelegt im Oktober 1993, erhältlich beim Frauenbüro der Hansestadt Lübeck, Kanzleigebäude, 23552 Lübeck
2 „Ein Jahr Frauen-Nacht-Auto", Renate Ruhne, Frauen in Fahrt e. V., HH-Bergedorf, Februar 1991
3 Vgl. „10 Jahre Anruf-Sammeltaxi", Dokumentation zur Festveranstaltung am 19./20. 11. 1992 der Lehr- und Forschungsgebiet Öffentliche Verkehrs- und Transportsysteme in der Bergischen Universität - Gesamthochschule Wuppertal
4 Joachim Fiedler, „Stop and Go, Wege aus dem Verkehrschaos", Köln 1992
5 „Gemeinsam besser fahren!", Computergestützte Tourenplanung PPS/EDV GmbH, Rüdiger Sengebusch, Lübeck 1993

Schwerpunkt

Erhöhung der sozialen Sicherheit als integraler Bestandteil von sozial- und umweltverträglichen Stadt- und Verkehrskonzepten

Juliane Krause
geb. 1953, Dipl.-Ing. Verkehrsplanerin, Arbeitsschwerpunkte: Stadtverträglicher Verkehr, Betroffenenbeteiligung, Frauen und Stadtplanung. plan & rat, Braunschweig.

Problemstellung

Unsere heutige Siedlungsstruktur ist überwiegend geprägt durch den autogerechten Um- und Ausbau der Verkehrsinfrastruktur mit den mittlerweile allseits bekannten negativen Auswirkungen und Begleiterscheinungen wie: Lärm- und Abgasbelastung, Flächenverbrauch, Versiegelung, steigende Unfallzahlen. Im Bewußtsein sind ebenfalls das Problem der Zersiedelung des städtischen Umlandes sowie die alarmierende Umweltsituation. Die Erreichbarkeit von Orten des täglichen Lebens hat sich durch die autofixierte Verkehrs-, Siedlungs- und Stadtentwicklungspolitik der langen Wege und der Zentralisierung von Versorgungs- und Dienstleistungseinrichtungen verschlechtert.

Die Hauptbetroffenen der Auswirkungen unserer automobilen Gesellschaft sind die, die sich ohne Auto bewegen, sich häufig im Straßenraum aufhalten bzw. dort ihre „tägliche Arbeit" verrichten (z.B. Einkaufen oder Beaufsichtigen von Kindern). Dies sind hauptsächlich Frauen, Frauen mit Kindern und ältere Menschen. Unter dem Aspekt der Sicherheit sind öffentliche Räume, Verkehrsmittel und -anlagen von Frauen nur eingeschränkt nutzbar. Die Einschätzung einer Verkehrsanlage als „Gefahrenort" hat zur Folge, daß Frauen sie nachts meiden - sie nehmen längere Wege in Kauf, sie lassen sich bringen bzw. abholen oder sie verzichten ganz auf ihre Aktivität.

Untersuchungen haben gezeigt, daß gerade Räume mit geringer sozialer Kontrolle sozial unsicher sind und zu Angsträumen und potentiellen Tatorten werden. Mit dem Verlust der sozialen Funktion des Straßenraums als Aufenthalts-, Begegnungs- und Kommunikationsort verliert das autogerecht geplante Wohnumfeld seine Aufenthaltsqualität. Es fehlt die soziale Kontrolle durch anwesende Menschen, die Räume sind sozial unsicher. Die Auswirkungen der sozialen Unsicherheit auf Mobilität und Verkehrsmittelwahl sind ebenso wie die Anforderungen an die Gestaltung sozial sicherer Räume hinlänglich erforscht, wenn es auch noch wenig Beispiele gibt, die diese Frage bei der Aufstellung von Verkehrsentwicklungsplänen, integrierten Radverkehrskonzepten oder der Ausbildung von Verkehrsanlagen berücksichtigt haben.

Stadt- und Verkehrsentwicklung der letzten Jahrzehnte: Auswirkungen auf die Mobilität von Frauen und strukturelle Gewalt

Sollen Handlungskonzepte zur zielgerichteten Beeinflussung einer sozial- und umweltgerechten Verkehrsentwicklung erarbeitet werden, so sind vor allem auch Kenntnisse über die grundlegenden Zusammenhänge zwischen Stadt-/Siedlungsentwicklung auf der einen Seite und Verkehrsentwicklung auf der anderen Seite erforderlich. Von besonderer Bedeutung ist dabei die gegenseitige Abhängigkeit von Siedlungsstruktur und Verkehr: Die Charta von Athen mit der Trennung der Funktionen Wohnen, Arbeiten und Erholen ist beispielsweise im Zusammenhang mit den bereits vorhandenen Verkehrsmitteln und der entstehenden Verkehrsinfrastruktur zu sehen.

Bei der Analogie dieser Zusammenhänge sind die Auswirkungen vorhandener Stadt- und Verkehrskonzepte auf räumlich-soziales Verhalten, subjektives Sicherheitsempfinden, Mobilität und Verkehrsteilnahme von Bedeutung. Die Beschneidung individueller Mobilitätschancen bis zum Mobilitätsverzicht durch die Ausrichtung der Städte auf den Bedarf des automobilen (in der Regel männlichen) Teils der Bevölkerung trifft insbesondere Frauen, Kinder und ältere Menschen.

Im Hinblick auf das Mobilitätsverhalten von Frauen sind jedoch strukturelle Gewaltmechanismen auf gesellschaftlicher Ebene und die damit verbundene soziale Unsicherheit in unseren städtischen Räumen ausschlaggebend. In bezug auf Planung wird von strukturellen Gewaltverhältnissen gesprochen, wenn baulich-technische Gegebenheiten und sozialräumliche Normen (Verbote, Gebote, zeitlich-räumliche Regulierungen) die Einschränkung physischer Bewegungsfreiheit, die Determinierung bestimmter Verhaltensweisen und die Beschneidung von Entscheidungsmöglichkeiten bewirken. Die Ausübung struktureller Gewalt, die sich insbesondere und ausschließlich aufgrund des Geschlechts gegen Frauen richtet, bindet Frauen in ihrer Bewegungs- und Entscheidungsfreiheit (vgl. Rau, 1991:9).

Hinsichtlich der Aneignung des öffentlichen Raumes gibt es geschlechtsspezifische Unterschiede. In der Regel wird zwischen typischen „Männerräumen" (Arbeitsstätten, Straßen abends in der City, Vergnügungsviertel) und typischen „Frauenräumen" (Wohnung, Wohngebiet) unterschieden. Gerade der gesamte Freizeitbereich repräsentiert die klassische Männerstadt (vgl. Benard/Schlaffer, 1980:1; Schreyögg, 1986: 12).

Daraus ergibt sich die Frage, inwiefern sich soziale Unsicherheit zum einen durch bauliche Strukturen und zum anderen durch die unterschiedliche Aneignung von Räumen durch Männer und Frauen beschreiben läßt, um daraus entsprechende Handlungskonzepte zur Erhöhung der sozialen Sicherheit abzuleiten.

Begriff und Kriterien der sozialen Sicherheit

Der Begriff „soziale Sicherheit" oder „soziale (Un)Sicherheit" kommt aus den Niederlanden und ist ein relativ neuer Begriff in der Stadt- und Verkehrsplanung. Dabei bezieht sich die als Problem erfahrene „soziale (Un)Sicherheit" auf die Einrichtung und Gestaltung der gebauten Umwelt und des Lebensmilieus und wird von den NutzerInnen als eine Verminderung der Lebens- und Wohnqualität erfahren. Der Begriff enthält Faktoren der Aneignung von Räumen, der Akzeptanz von Verkehrsanlagen und Aspekte des subjektiven Sicherheitsempfindens[1]. Eingeschlossen ist darin auch die subjektive Empfindung des Straßenverkehrs, d.h. Sicherheit, Erreichbarkeit von Einrichtungen, Belästigung durch Lärm und Abgase und die kognitive Verarbeitung verhaltensprägender Erfahrungen im Straßenverkehr. Verhaltensweisen und Erfahrungen, die beispielsweise dazu führen, daß alte Menschen nicht mehr auf die Straße gehen und Frauen Angst vor Belästigungen und Vergewaltigungen haben.

Angsträume lassen sich nach stadtstrukturellen Gesichtspunkten (z.B. monostrukturierte Gebiete wie reine Wohnsiedlungen, Büroviertel, Gewerbegebiete oder die Kernstadt) und nach Art der öffentlichen (Verkehrs)Räume unterscheiden. Im Verkehrsbereich sind das vor allem
▷ Tiefgaragen, Parkhäuser
▷ Parkplätze
▷ Unterführungen, Fußgängertunnel

▷ Haltestellen und Bahnhöfe des öffentlichen Nahverkehrs
▷ schienengebundene öffentliche Verkehrsmittel
  (vorwiegend U- und S-Bahnen)
▷ unübersichtliche Wege durch Parks und Grünanlagen
▷ wenig belebte Straßen, Fußgängerzonen
▷ große, unübersichtliche Plätze

Belebtheit

- Nichtvorhandensein von Menschen (Menschenleere)
- Vorhandensein von Männern in einsamen Bereichen oder mehr Männer als Frauen in belebten Bereichen

räumliche Situation

- Unübersichtlichkeit, fehlende Ein-Sicht
- Versteckmöglichkeiten
- fehlende Ausweich- oder Fluchtmöglichkeit
- Dunkelheit
- mangelhafte Beleuchtung
- Verschmutzungen und Zerstörungen
- Monostrukturen (Gewerbegebiete, Gebiete des tertiären Sektors)
- Nähe zu Vierteln für "männliches Vergnügen"

Merkmale von Angsträumen - Kriminalitätsbegünstigende Gelegenheitsstrukturen. (Krause, 1993a)

Gute Erreichbarkeit
(kurz, attraktiv, sicher)

Übersichtlichkeit

Einsehbarkeit

ausreichende Beleuchtung

soziale Kontrolle
(Belebung durch anwesende Menschen)

gute Orientierung

keine dunklen Ecken

Kriterien sozialer Sicherheit (Krause, 1993a)

Aus den Merkmalen von Angsträumen bzw. kriminalitätsbegünstigenden Gelegenheitsstrukturen lassen sich im Umkehrschluß Kriterien der sozialen Sicherheit ableiten (s. Abb. 2). Die Erhöhung der sozialen Sicherheit ist in erster Linie dadurch zu erreichen, daß städtische Räume zu belebten Orten werden. So kann durch die Anwesenheit von Menschen soziale Kontrolle ausgeübt werden, die das subjektive Sicherheitsempfinden, aber auch das tatsächliche oder vermutete Entdeckungsrisiko für potentielle Täter erhöhen.

Bausteine zur Berücksichtigung der sozialen Sicherheit[2]

Dieser Leitidee liegen einige grundsätzliche Planungsprinzipien zugrunde, die sich in den unterschiedlichen Lebens- und Funktionsbereichen

Planungsprinzipien zur Berücksichtigung der sozialen Sicherheit.
(Krause, 1993a)

1. **Nutzungsmischung Wohnen - Arbeiten - Erholen**
   Verkehrsreduzierende Siedlungsstrukturen
   Wohnungsnahe Versorgung mit Gütern des täglichen Bedarfs
2. **Priorität für die Verkehrsmittel des Umweltverbundes**
3. **Abbau von Angsträumen**
   Abbau von Behinderungen/Beschränkungen

   sichere und attraktive Rad- und Fußverkehrsnetze
   möglichst ebenerdige Überquerungsstellen (sichere Gestaltung von Unterführungen)
   sichere Gestaltung von Haltestellen, Umsteigepunkten und ihren Zugängen
   sichere Gestaltung von Parkplätzen, Parkhäusern, Tiefgaragen
4. **Stärkere Berücksichtigung der "Arbeitsbedingungen" von Frauen, der Bedürfnisse von älteren Menschen und besonderen Gruppen in ihrem Wohnumfeld**
   Straßenräume als Aufenthalts- und Begegnungsräume wiederbeleben

   Tempo 30-Zonen
   Flächenhafte Verkehrsberuhigung
   integrierte Rad- und Fußverkehrskonzepte
5. **Kontinuierliche und gruppenspezifische Betroffenenbeteiligung**

   Frauen, Kinder, ältere Menschen ... als ExpertInnen in ihrem Lebensumfeld

Stadt der kurzen und sicheren Wege

anwenden lassen. Sie sollen gewährleisten, daß sich Frauen und Männern gleichberechtigte Chancen bieten für
▷ den Aufenthalt in der Stadt
▷ die Nutzung städtischer Funktionen und Räume und
▷ die Aneignung städtischer Strukturen.
Notwendig erscheint dazu eine Stadt-, Verkehrs- und Freiraumplanung, die neben der Integration der verschiedenen Fachbereichsplanungen von einer klaren Ausrichtung auf eine stadtverträgliche, soziale und ökologische Neuordnung der Verkehrsverhältnisse ausgeht mit dem Ziel einer Stadt der kurzen sicheren Wege. Belebung von Räumen und damit Erhöhung der sozialen Sicherheit in öffentlichen Räumen heißt also in erster Linie Mischung der Funktionen Wohnen, Arbeiten, Freizeit, verbunden mit der Revitalisierung des Straßenraums und dessen sorgfältiger Gestaltung, dem Abbau von Angsträumen und einer kontinuierlichen, gruppenspezifischen und ernstgemeinten Betroffenenbeteiligung.

Die Bausteine (in Form von Kriterienlisten) beziehen sich auf folgende Bereiche:

▷ Raumordnung und Städtebau
Festschreibung der grundsätzlichen Anforderungen an verkehrsreduzierende Siedlungsstrukturen, Nutzungsmischung und Chancengleichheit der verschiedenen Bevölkerungsgruppen in Landesraumordnungsprogrammen, regionalen Raumordnungsprogrammen und anderen regional bedeutsamen Konzepten, Bauleitplanung und städtebaulichen Rahmenplänen; Überprüfung städtebaulicher Konzepte anhand der Kriterien zur sozialen Sicherheit.

▷ Rad- und Fußverkehrsnetze
Ausbau eines attraktiven und sozial sicheren Netzes zwischen den Wohnbereichen, Arbeitsplatzschwerpunkten, Haupteinkaufs- und Freizeitbereichen (Hauptverbindungen); Erstellen von „Gefahrenortkarten"; Abbau von Angsträumen.

▷ Öffentlicher Personennahverkehr
Ausbau eines zusammenhängenden Netzes, das auch die Randbereiche von Stadtteilen und Außenbezirke erschließt (Querverbindungen). Bei der Gestaltung des Netzes und der Verkehrsanlagen sind die Anforderungen zu berücksichtigen, die sich aus dem Alltag von Frauen ergeben; Überprüfung von alternativen Beförderungsmöglichkeiten in den Abend- und Nachtstunden; Erstellen von „Gefahrenortkarten"; Abbau von Angsträumen.

Schwerpunkt

▷ Anlagen des ruhenden Verkehrs
Abbau von Angsträumen in Parkhäusern und Tiefgaragen; Berücksichtigung der Kriterien der sozialen Sicherheit bei Neuplanungen, dies gilt auch für Parkplätze, P+R-Anlagen und für Anlagen des ruhenden Radverkehrs (z.B. Fahrradstationen).

▷ Strategien zur Umsetzung und Betroffenenbeteiligung
Kontinuierliche und gruppenspezifische Betroffenenbeteiligung während des gesamten Planungsprozesses (Frauen als Expertinnen in ihrem Lebensumfeld); Sensibilisierung durch Formen der Öffentlichkeitsarbeit; informelle Mitarbeit von Bewohnerinnen an konkreten Projekten; Verstärkung der institutionalisierten Formen (Arbeitskreise, Gleichstellungsstellen, Besetzung von Stellen).

Beispiele

Zwei Beispiele für die stärkere Berücksichtigung der sozialen Sicherheit bei städtischen (Verkehrs-) Konzepten werden im folgenden kurz dargestellt.
Beispiel 1. Entwicklung von Tag- und Nachtnetzen für Hauptverbindungen des Radverkehrs (s. Abb. 1).
Beispiel 2. Gestaltung von Haltestellen des Öffentlichen Personennahverkehrs (s. Abb. 2 und 3).

Abb. 1: Geplante Tag- und Nachtroute zwischen einem Wohngebiet und der Innenstadt von Schwerin (BIS/plan & rat, 1992)

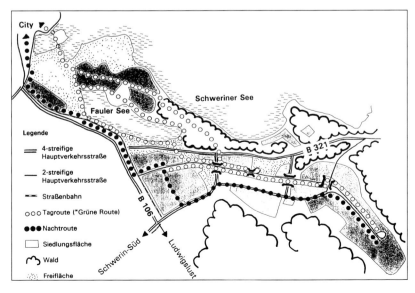

Entwicklung von Tag- und Nachtnetzen bedeutet, daß es zu wichtigen Verbindungen (z.B. von einem Stadtteil zum anderen), die beispielsweise durch Parks oder Grünzonen führen, eine Alternativroute an einer belebten Straße gibt, auf die Frauen in den Abendstunden ausweichen können.

Abb. 2 und 3: Haltestellen des ÖPNV (Krause, 1993a)

Die folgenden Ausführungen beziehen sich auf ebenerdige Haltestellen (Bus, Straßenbahn) im Straßenraum, aber auch auf Umsteigeanlagen oder Busbahnhöfe.

Lage:
▷ Bei der Standortwahl sollte auf möglichst kurze sichere Wege zwischen Quell- und Zielorten der Fahrgäste geachtet werden.
▷ Zuordnung der Haltestellen zu den entsprechenden Nutzungsbereichen, d.h. nicht abseits von Gebäuden und Straßen, sondern in der Nähe von Wohnungen, Geschäften oder Kneipen.
▷ Haltestellen möglichst so anordnen, daß beispielsweise Sicht- und Hörbezug zu den Wohnungen besteht. Haltestellen an abgelegenen Orten sollten verlegt werden.
▷ Haltestelleninseln sollten möglichst ebenerdig erreichbar sein.
▷ Wege zu den Haltestellen müssen sozial sicher sein, d.h. in der Nähe der Haltestellen sollten keine unübersichtlichen Grünflächen, brachliegende Gebiete, ungesicherte Großbaustellen liegen. Auch abends dürfen die Bereiche, durch die Wege zu Haltestellen führen, nicht unbelebt sein.

Gestaltung:
▷ Die direkte Umgebung der Haltestellen soll überschaubar sein (z.B. nicht durch hochwachsende Pflanzen verstellt), um erkennen zu können,

wer sich der Haltestelle nähert.
▷ Ein angenehmes Erscheinungsbild der gesamten Anlage ist wichtig (überschaubar, hell, gut beleuchtet).
▷ Die Haltestellen sollten grundsätzlich über eine Unterstellmöglichkeit verfügen, die vor Witterung schützt, aber dennoch von allen Seiten einsehbar ist (z.B. Wartehäuschen aus Verbundglas).
▷ Wo möglich, sollten Haltestellen mit Aufenthaltsräumen des betriebs- und Wartungspersonals, Taxistand, Kiosk o.ä. kombiniert werden.
▷ An Haltestellen sollten öffentliche Fernsprecher vorhanden sein.

Schlußfolgerungen

Die vorgestellten Konzepte und Maßnahmen beziehen in ihren stadtplanerischen und infrastrukturellen Vorgaben die Zusammenhänge zwischen Stadtstruktur, struktureller Gewalt und sozialer Unsicherheit mit ein. In bezug auf das Thema „soziale Sicherheit" muß sich bei den einzelnen Konzepten immer gefragt werden: Was bedeutet das für Frauen und ältere Menschen? Der Schwerpunkt des vorliegenden Artikels ist die Planungsebene. Mit Planung kann das Problem der strukturellen Gewalt gegen Frauen und Mädchen in unserer Gesellschaft nicht behoben werden. Planung kann lediglich dazu beitragen, kriminalitätsbegünstigende Tatgelegenheitsstrukturen im öffentlichen Raum zu vermeiden. Das kann Frauen die (Wieder)Aneignung dieser Räume erleichtern, ihnen aber keine objektive Sicherheit gewähren. Zusätzlich zur Beachtung der planerischen Handlungsempfehlungen ist die Kompetenz der Frauen als Planerinnen und als von Planung Betroffene einzubeziehen.

Anmerkungen

1. Männer nehmen beispielsweise den öffentlichen Raum selbstverständlicher in Anspruch (stehen herum, beobachten...). Frauen legitimieren wesentlich stärker ihren Aufenthalt in diesen Räumen (zielorientierte Wege wie Einkaufen, ins Kino gehen..) (Benard/Schlaffer, 1980:1).Frauen sind stärker auf die Nutzung des Wohngebietes als sozialen Raum orientiert, Männer auf die Innenstadt (vgl. Schäfer, 1992:11).
2. Wesentliche Aussagen beziehen sich auf die Ergebnisse eines Forschungsprojektes im Auftrag des Bundesministeriums für Raumordnung, Bauwesen

und Städtebau im Rahmen des Forschungsfeldes „Städtebau und Verkehr". Im Sinne einer ganzheitlichen Betrachtung von Städtebau und Verkehr werden Zusammenhänge und Auswirkungen auf das Mobilitätsverhalten von Frauen, Kindern und älteren Menschen aufgezeigt und Lösungmöglichkeiten durch städtebauliche und verkehrsplanerische Instrumente aufgezeigt (Krause, 1993:6).

Literatur

Benard, Cheryl/Schlaffer, Edit (1980): Der Mann auf der Straße. Über das merkwürdige Verhalten von Männern in ganz alltäglichen Situationen. Reinbeck

BIS - Büro für integrierte Stadt- und Verkehrsplanung/PLAN & RAT (1992): Radverkehrsnetzplanung für die Stadt Schwerin. Schwerin

Deutsche Shell AG (Hg.) (1987): Frauen bestimmen die weitere Motorisierung: Shell-Prognose des PKW Bestandes bis zum Jahr 2000. Aktuelle Wirtschaftsanalysen Nr. 19, Hamburg

Flade, Antje/Guder, R. (1992): Mobilität und Stadtverkehr aus der Perspektive von Frauen.Institut Wohnen und Umwelt (Hg.), Darmstadt

Hautzinger, H./Tassaux, G. (1989): Verkehrsmobilität und Unfallrisiko in der Bundesrepublik Deutschland. Forschungsberichte der Bundesanstalt für Straßenwesen, Heft 195

Krause, Juliane (1993a): Berücksichtigung der sozialen Sicherheit bei der Entwicklung von städtischen (Verkehrs)Konzepten. Vorläufiger Schlußbericht zum FP F15-097-065.1 im Rahmen des ExWoSt-Forschungsfeldes „Städtebau und Verkehr", Braunschweig

Krause, Juliane (1993b): Empfehlungen zum Verkehrskonzept Budapest aus Sicht der schwächeren Verkehrsteilnehmer und Verkehrsteilnehmerinnen. In: Europäische Akademie für städtische Umwelt (Hrg'in). Umweltgerechte Stadtentwicklung und Verkehr in Budapest, Berlin/Budapest

Polenski, T./Schmelcher, Ch. (1991): Unsichere Orte - sichere Plätze. Handbuch soziale Sicherheit - Verbesserungsvorschläge für vier Kieler Stadtplätze, Hannover

Rau, Petra (1991): Der Alltag als Maßstab für Infrastrukturplanung. Strukturelle Gewalt durch Planung, eine vorläufig letzte Zustandsbeschreibung. Arbeitsberichte des Verkehrswesenseminars der TU Berlin, Bd. 4, Berlin

Siemonsen, Kerstin/Zauke, Gabriele (1991): Sicherheit im öffentlichen Raum, Dortmund

Schäfer, Uta (1992):. Weimar weiblich. In: Lehrstuhl für Stadtsoziologie der Hochschule für Architektur und Bauwesen (Hg.): Europäische Provinz Weimar, Weimar

Schreyögg, F. (1986): „Tatorte". In: Bauwelt Heft 6, S. 196-209

Spitzner, Meike (1993): „Bewegungsfreiheit für Frauen - Aspekte integrierter kommunaler Verkehrsplanung". In: Apel, Holzapfel, Kiepe, Lehmbrock, Müller (Hg.): Handbuch der kommunalen Verkehrsplanung, Bonn

Mach mich nicht an – Sicherheitssysteme in der U-Bahn von Toronto/Kanada

Vorgeschichte

Toronto gilt in den Augen der NordamerikanerInnen als saubere und sichere Stadt. Trotz dieses Images hat auch die Drei-Millionen-Metropole mit der Gewalt gegen Frauen zu kämpfen. Mehrere spannende Frauen- und andere Organisationen setzen sich für mehr Sicherheit im öffentlichen Raum auch durch gestalterische Maßnahmen ein.
Im Jahre 1982 gab es einige Fälle von brutaler Vergewaltigung und Mord, zum Teil im Zusammenhang mit Haltestellen der Verkehrsgesellschaft TTC (Toronto Transit Committee). Der öffentliche Protest und Druck durch Frauengruppen wurde so groß, daß die Stadt 1984 ein politisches Programm gegen Belästigung und sexuelle Gewalt beschloß.
Seither tagt das Safe City Committee (SCC) regelmäßig. In diesem Komitee arbeiten unabhängige Frauengruppen, Verwaltung, politische Gruppen, Polizei und Universität zusammen. Unter anderem entscheiden sie über die Vergabe des jährlichen 500.000 Dollar-Etats an die etwa 50 Frauengruppen, die sich für mehr Sicherheit engagieren. Außerdem haben sie beratende Funktion für das Planungsamt der Stadt.

Marion Koczy
Dipl. Ing. Stadtplanung, geb. 1961, arbeitet derzeit an einer Dissertation mit dem Titel „Das Mobilitätsverhalten von Mädchen.", FOPA Köln.

Sicherheit im öffentlichen Nahverkehr

Das öffentliche Nahverkehrsnetz von Toronto ist mit Bussen, Straßen- und U-Bahn relativ dicht. Eine Ausnahmeerscheinung in Nordamerika/Süd-Ost-Kanada. Die Toronto Transit Committee besitzt eine Abteilung für Sicherheit, die schon 1976 in Zusammenarbeit mit der Polizei eine Anhörung zur Sicherheit durchführte. Daraus resultierten erste Maßnahmen in den U-Bahnwagen und den 65 U-Bahn Stationen (siehe weiter unten).
1987 wurde von der Universität in Zusammenarbeit mit METRAC (metro action committee on public violence against women and children) und Women Plan Toronto (Planerinnenorganisation) eine Studie zu Erfahrungen von Frauen im öffentlichen und halböffentlichen Raum einschließlich des ÖPNV durchgeführt. Im Blickpunkt war die Gestaltung der Stadt aus Frauensicht mit dem Ziel die Sicherheit zu erhöhen. Die Auswertung zeigte, daß Einrichtungen des öffentlichen Nahverkehrs neben Parkplatzanlagen und Straßen am häufigsten als unsicher oder unangenehm empfunden werden.

Schwerpunkt

Foto 1: Ticketverkäufer in gläsernem Häuschen an einem Zugang / Marion Koczy

Foto 2: Gegensprechanlage und Notruf an einem Zugang / Marion Koczy

Foto 3: „Fischaugenspiegel" in U-Bahn-Gängen für den Blick um die Ecke / Marion Kozcy

1988 untersuchte METRAC die Erfahrung von Frauen im ÖPNV mit Belästigung und sexueller Gewalt anhand von Fragebögen. Dabei kamen Vorfälle ans Licht, die die Frauen weder der Polizei noch der Toronto Transit Committee gemeldet hatten. Nur 5 von 23 Vorfällen bei 93 ausgefüllten Fragebögen waren angezeigt worden. Die Verkehrsgesellschaft zeigte sich von den Berichten sehr betroffen und verstärkte ihre Bemühungen, die Sicherheit für ihre Fahrgäste und damit ihr eigenes Ansehen zu erhöhen.

Inzwischen wurden ausführliche Kriterienlisten von der Sicherheitsabteilung in Zusammenarbeit mit METRAC, Safe City Committee, Women Plan Toronto, York University und Frauengruppen erstellt, die personelle, organisatorische, technische und gestalterische Maßnahmen beinhalten. Im folgenden werde ich eine Übersicht über die schon umgesetzten Maßnahmen geben:

1. Personelle und organisatorische Maßnahmen:
▷ Jeder U-Bahn-Zug hat neben der/m FahrerIn eine/n SchaffnerIn an einem festen Platz im mittleren Wagen (jeder Zug hat mehrere Wagen). Fast jede U-Bahn Haltestelle hat eine/n TicketkontrolleurIn, die/der den Platz nicht verlassen darf, aber AnsprechpartnerIn ist.
▷ 30 InspekteurInnen untersuchen die Haltestellen unter dem Aspekt der Verbrechensvorbeugung.
▷ Das Personal, insbesondere SchaffnerInnen und TicketverkäuferInnen, werden in speziellen Fortbildungen zum Thema Belästigung und sexuelle Gewalt gegen Frauen informiert und für den Umgang mit Betroffenen und Streßsituationen geschult.
▷ Es wurde eine Beschwerdestelle für Belästigungen und sexuelle Gewalt bei der TCC eingerichtet, die in Zusammenarbeit mit der Polizei eine genaue Statistik der Tatorte führt, um besonders gefährliche oder schlecht gestaltete Bereiche herauszufinden. Die betroffenen Frauen können ihren Fall melden, ohne die Polizei einzubeziehen.
▷ Ein „Bedarfs-Halte-Programm" erlaubt Frauen, die alleine Bus fahren, auf Wunsch zwischen den regulären Haltestellen auszusteigen. Dies gilt jeden Tag ab 21 Uhr (oder wenn die Straßenbeleuchtung eingeschaltet wird) bis 5 Uhr früh.
▷ Damit Busse und Bahnen der TCC mit „Sicherheit" in Verbindung gebracht werden, wird das Personal aufgefordert, jede Art von Übergriffen oder Unglücksfällen auch außerhalb des eigenen Bereiches sofort per Funk zu melden. Monatlich werden dafür kleine Anerkennungspreise verliehen.

▷ Die Sicherheitsmaßnahmen werden durch die Medien und mit Broschüren bekannt gemacht.
Bei Neu- und Umplanungen, Untersuchungen etc. werden Frauengruppen, METRAC, TCC, Polizei, Universität und interessierte Einzelpersonen mit einbezogen (über die Form läßt sich jedoch streiten).
▷ Frauen werden bevorzugt eingestellt, da das männliche Personal bisher überwiegt.
▷ Eine Fahrplaninformation per Telefon zu jeder Uhrzeit soll helfen, die Wartezeiten an den Haltestellen zu verkürzen.

2. Technische und gestalterische Maßnahmen

▷ In den U-Bahnen gibt es seit 1976 Alarmsysteme entlang der gesamten Wagenseiten mit der ausdrücklichen Aufforderung, diese bei Gefahr, Krankheit, Vandalismus und Feuer zu drücken.
▷ Bei Auslösung des Alarms ertönt ein anhaltender Pfeifton und am nächsten Haltepunkt bleiben die Türen geschlossen, bis die/der SchaffnerIn von aussen festgestellt hat, wo was passiert ist. Währenddessen kann über Funk Hilfe von aussen angefordert werden. Der Mißbrauch dieses Systems ist sehr selten. Oft löst sich die Situation schon durch den Alarmton auf.
▷ Telefone mit kostenlosem Notruf an jeder Haltestelle.
▷ Ein Symbol zur Kennzeichnung von Sicherheitseinrichtungen wurde entwickelt und neben solchen angebracht.
▷ Spezielle schwer zerstörbare Spiegel erlauben in allen unübersichtlichen Bereichen den Blick um die Ecke.
▷ Es werden klarere Beschilderungen zur besseren Orientierung erprobt.
▷ Die Zugänge zu den U-Bahn-Haltestellen werden per Videokamera überwacht (bisher allerdings mehr bezogen auf die Ticketkontrolle).
Gegensprechanlagen und Notrufe an allen Zugängen.
▷ Auf den U-Bahn-Plattformen wurden besonders gestaltete Wartebereiche, genannt DWA (Designated Waiting Area), eingerichtet. Sie sind ausgestattet mit mehr Beleuchtung, Telefon, einer Bank mit Zwischenlehne, Videoüberwachung, einer Informationstafel zu Notfällen, einer Gegensprechanlage (mit TCC Personal) und einem Schild zur Kennzeichnung des Bereichs. Der Wagen mit der/dem SchaffnerIn hält immer in diesem Bereich.
▷ An einigen U-Bahn-Haltestellen wurden Wände durch durchsichtiges Material ersetzt, um einen besseren Überblick und Sichtkontakt zu schaffen.
▷ Die Beleuchtung wurde an allen Haltestellen innen und außen ge-

Fotos 4-6: Blick auf eine DWA (besonders gestalteter Wartebereich)
5: Gegensprechanlage in der DWA,
6: Informationstafel zu Notfällen /
Marion Kozcy

prüft und verbessert, wo sie als unzureichend eingestuft wurde.
▷ Bushaltestellen an Umsteigepunkten zu U-Bahnen wurden von mehreren getrennten Haltebuchten zu einer gemeinsamen Wartezone zusammengelegt.

Trotz aller dieser Maßnahmen bleibt in Toronto noch viel zu tun... und zu befürchten. Weiterhin werden neue U-Bahnlinien geplant an zweifelhaften Standorten, mehr als ein Kind von autofreundlicher und technikfaszinierter Politik denn als frauengerechte Einrichtung. Sparmaßnahmen stellen die vergleichsweise gute Personalausstattung in Frage.
Außerdem beschränken sich bisher durchgeführte Umgestaltungen meist auf die Innenbereiche von U-Bahnhaltestellen. In vielen Fällen eine fast verlorene Mühe, wenn nicht die angrenzende Umgebung mit einbezogen wird. Die Toronto Transit Committee gibt jedoch ein gutes Beispiel mit ihren Bemühungen. Die erarbeiteten Kriterienkataloge und Untersuchungen sind absolut empfehlenswerte Lektüre.

Literatur und Adressen

„Moving forward: making transit safer for women", 1989
„Making transit stops saver for women" 1991
Beide Berichte sind zu erhalten bei METRAC, 158 Spadina Road, Toronto, Ontario M5R 2T8, Kanada.

Hier befindet sich eine Bibliothek mit einer umfangreichen Sammlung von Materialien zu Planung, Gestaltung und Sicherheit für Frauen.

Safe City Committee, City of Toronto, Planning and Development Department, City Hall, Toronto, Ontario, M5H 2N2, Kanada: hat eine Bestellliste mit städtischen Publikationen zum Thema Sicherheit - darunter eine interessante „Arbeitsanleitung für die Planung und Gestaltung einer sicheren städtischen Umwelt" und politische Programme.

Toronto Transit Commission, Safety and Security Department, 1900 Yonge Street, Toronto, Ontario, M4S 1Z2, Kanada.

Better Transportation Coalition, 517 College St., Suite Nr. 325, Toronto, Ontario, M6G 4A2, Kanada: ist eine Koalition vieler alternativer Verkehrsorganisationen, die sich unter anderem gegen neue U-Bahnen und für bessere Fahrradverbindungen einsetzen. Für Unterstützung mit Argumentationsmaterialien und Ideen sind sie dankbar (auch in deutscher Sprache).

Prof. Gerda Wekerle, York University, Faculty of Environmental Studies, 350 Lumbers Building, 4700 Keele Street, North York, Ontario, M3J 1P3, Kanada: lehrt, forscht und schreibt seit 1975 zu feministischer Planung.

Radverkehr in der Stadt

Nur nicht schlapp machen!

Luise Bruns
Dipl.- Geogr., geb. 1962, Stadt Köln - Frauenamt, FOPA Köln.

Vera Rottes
Dipl.- Ing. Raumplanung, geb. 1955, Stadt Solingen - Amt für Stadtentwicklung und Wirtschaftsförderung, FOPA Köln.

Mit der Entscheidung des Bundeskabinetts für den Ausbau des Transrapid wurde deutlich, daß die Bemühungen, das Rad der zerstörerischen Hochgeschwindigkeitspolitik zurückzudrehen gescheitert sind. Nach wie vor hält die traditionelle Verkehrsplanung an dem Prinzip der ausschließlichen Maximierung eines Verkehrsmittels fest. Die Prioritäten liegen bei der Erreichung der Höchstgeschwindigkeiten des jeweiligen Verkehrsmittels. Diese Planungsphilosophie findet bruchlose Anwendung sowohl für Maßnahmen im Bereich des motorisierten Individualverkehrs als auch des öffentlichen Personennahverkehrs (ÖPNV).

Noch so gut gemeinte Forderungen wie „Förderung des ÖPNV" werden wegen der reduzierenden Betrachtung nur dieses Verkehrsmittels systemimmanent umgesetzt, denn die Orientierung der Planung an altbewährten Zielen wie maximale Geschwindigkeit, schnelle Erreichbarkeit zu jedem Preis lassen sich auf alle Transportmittel übertragen. Unseres Erachtens besteht diese Gefahr auch für den Fahrradverkehr.

Entwicklungsperspektiven, die sich ausschließlich auf Verkehrsmittel beschränken, vernachlässigen die Ziele der Stadtentwicklung. Im Zusammenhang mit der Diskussion um die Ziele der ökologisch orientierten Stadtentwicklung wird zunehmend die Forderung nach Erhalt und Stärkung der Funktionsmischung in einer Stadt gestellt. Gerade Frauen haben sich diesen Anspruch zu eigen gemacht, da sie nach wie vor diejenigen sind, die im Verhältnis zu den Männern häufiger verschiedene Funktionsabläufe koppeln (Arbeiten, Einkaufen, Kinderbetreuung, sonstige Pflege- und Betreuungsdienste, familiäre Aufgaben usw.). Öfter als Männer sind sie bei diesen Fortbewegungen auf eigene Füße, Busse, Bahnen oder Rad angewiesen. Natürlich auch deshalb, weil ein Auto nicht zur Verfügung steht, aber auch, weil Frauen in diesen Fragen häufig die Einsichtigeren sind. Der Erhalt und Ausbau der Funktionsmischung in der Stadt oder im Stadtteil, die sogenannte Stadt der kurzen Wege, kann angesichts des bestehenden Verkehrsinfarktes nur die vernünftige Antwort sein. Da dem Verkehrsinfarkt der Umweltkollaps nicht nachsteht, ist die Attraktivierung der Umweltverkehre, also Bus, Bahn, Rad und Fußverkehre zur verträglichen Verknüpfung der Funktionen das Gebot der Stunde. Es geht um die Frage, welche „Mittel" wir dazu brauchen.

Wege zu einer lebenswerten Stadt

Mit der Forderung nach Stärkung der Umweltverkehre in einem integrierten Verkehrskonzept und Reduzierung des motorisierten Individualverkehrs ist mehr als nur eine Änderung der Verkehrstechnik gemeint. Die vorrangige Entwicklung des Umweltverbundes bedeutet Verzicht auf die prioritäre Förderung und Beschleunigung eines isolierten Verkehrsmittels. Die noch immer verfolgte Beschleunigung des ÖPNV hat bei „konsequenter" Umsetzung in einigen Städten zu beträchtlichen Dämmen und Schneisen für Busse und Bahnen geführt, die enorme Zäsuren in den Stadtteilen bilden. Bevorrechtigte Ampelschaltungen für den ÖPNV stehen FußgängerInnen durch längere Wartezeiten aus. Im Geschwindigkeitsvergleich zum Auto war und ist nahezu jede Maßnahme recht. In der zur Zeit zum Fahrradverkehr geführten Diskussion besteht die Tendenz, ähnliche Maßstäbe an die Entwicklung des Fahrradverkehrs zu legen. Denn nachdem die Diskussion über Bevorrechtigung und Beschleunigung des ÖPNV abgearbeitet wurde, wenden sich die Planer (und Planerinnen) mit den gleichen inhaltlichen Vorgaben dem Fahrradverkehr zu. Die Verbindungen zur Stadtentwicklung fehlen und - obwohl der Fahrradverkehr es nahelegt - erfolgt keine kritische Auseinandersetzung mit den oben angesprochenen Planungskriterien. Wesentliche Auseinandersetzungspunkte hinsichtlich der Integration in die Stadtentwicklung sind die Kriterien Geschwindigkeit, maximale Erreichbarkeit und Bequemlichkeit. Warum soll es nicht möglich sein, zumindest auf Stadtteilebene das Primat des schnellstmöglichen Transports zugunsten einer gleichberechtigten und menschlichen, damit auch langsameren Fortbewegung aufzugeben? Dann sollten wir auch aufhören, uns im wesentlichen über die Breite und Länge von Fahrradwegen zu unterhalten. Andere Aspekte wie Sicherheit, sinnvolle Verknüpfung der Umweltverkehre, die auch weniger mobilen Menschen die Benutzung erlauben, sowie Erlebnisqualität und Chancen zur Kommunikation sollten in integrierten Verkehrskonzepten vorrangig beachtet werden.

Angepaßte Konzepte für das Quartier, den Stadtteil, die Gesamtstadt und die Region.

Quartier / Stadtteil
Viele Städte und der Städtetag machen sich für die Einführung des Tempo 30 flächendeckend in den Quartieren und den Stadtteilen stark. Die Tempo-30-Zonen sollten unserer Meinung nach dazu dienen, insgesamt die Bewegungen zu „beruhigen" und anderen Funktionen wie Aufhalten, Spielen, Einkaufen oder Kommunikation genügend Raum zu geben. Für diese Bereiche ist generell eine Bevorrechtigung von FußgängerInnen, RadfahrerInnen sowie Bus- und BahnfahrerInnen vorzusehen. Bei konsequenter Temporeduzierung auf als Mischflächen für die Umweltverkehre gestalteten Verkehrsflächen kann auf eigene Fahrradwege verzichtet werden. Voraussetzung ist, daß diese Flächen nicht den parkenden Fahrzeugen unumschränkt zur Verfügung gestellt werden und die Sicherheitsbedürfnisse der Kinder und älteren Menschen berücksichtigt werden.

Gesamtstadt / Region
Zur Verknüpfung der Stadtteile, zur Schaffung ergänzender gesamtstädtischer Verbindungen auch zur Region und für die damit verbundene Bewältigung größerer Strecken werden sowohl eigene Radwege aber auch insbesondere Maßnahmen zur Verknüpfung von Rad und ÖPNV und besondere Sicherheitsmaßnahmen erforderlich. Im folgenden werden dazu konkrete Vorschläge dargelegt und aus Frauensicht konkretisiert.

ÖPNV und Radverkehr

Zur Stärkung der Umweltverkehre ist es unerläßlich, die Verknüpfung von Verkehrsmitteln des öffentlichen Personennahverkehrs mit dem Radverkehr attraktiver zu gestalten.

Das Verhältnis von Rad einerseits und Bahn/Bus andererseits betrifft zum einen die Transportmöglichkeit eines Rades in diesem Verkehrsmittel, zum anderen die Optimierung der Kombination von Rad- und Bahnfahren. Die Radmitnahme hängt von vielen Faktoren ab, u.a. ist die Entfernung von Start- und/oder Zielort von der Haltestelle des ÖPNV oder der Fahrtzweck zu beachten.

Wie sieht es zur Zeit in den einzelnen Verkehrsmitteln des ÖPNV mit der Radmitnahme aus? Ausgehend vom Bereich des Verkehrsverbundes Rhein-Sieg (VRS) ist die Radmitnahme möglich in allen S-Bahnen, Nah-, Eil- und zuschlagfreien D-Zügen der Deutschen Bahn AG grundsätzlich den ganzen Tag über (Ausnahmen in einigen Linien zu bestimmten Zeiten); in den Stadt- und Straßenbahnen ist es wochentags zwischen 9.00 und 15.30 Uhr und nach 18.00 Uhr sowie am Wochenende ganztags erlaubt, ein Rad bei der Fahrt mitzunehmen. Für den Busverkehr im Bereich der Stadt Köln gelten seit dem 1.1.94 die Bedingungen wie für Stadt- und Straßenbahnen, welche im übrigen VRS-Gebiet schon seit längerem Bestand haben.

Die Räder sollen möglichst im Gepäckwagen, ansonsten in den Einstiegsräumen oder an reservierten Flächen untergebracht werden. Das Festhalten des Rades muß überwiegend stehend geleistet werden. Außerdem läßt die Enge ein gleichzeitiges Ein- und Aussteigen von Fahrgästen kaum zu. Der Einstieg in die Bahn selber ist oft unbequem, da Stufen überbrückt werden müssen. Im Falle einer Gepäckmitnahme oder einer Begleitung durch ein Kind wird es zum Abenteuer. In alten Straßenbahnen versperrt die Mittelstange den ungehinderten Einstieg. Im allgemeinen ist es unklar, in welchem Bahnsteigabschnitt der Gepäckwagen oder der Wagen mit Fahrradeinstieg halten wird, so daß mit dem Rad und Gepäck die entsprechende Einstiegsstelle eilig gesucht werden muß. Normalerweise sind Räder über Treppenanlagen und Unterführungen auf den Bahnsteig zu befördern, wo vorhanden auch über Aufzug oder Rolltreppe.

Der Preis für die Fahrradmitnahme beträgt im VRS 2.80 DM Einzelfahrschein, d.h. es ist immer ein Fahrschein aus dem Automaten zu ziehen, beim InterRegio kostet die Fahrradkarte 8.40 sowie 3.50 DM Reservierung.

Forderungen aus Frauensicht

Verknüpfung Rad und ÖPNV: Die Haltestellen des ÖPNV sind gut an das Radverkehrsnetz anzubinden. Abstellanlagen für Räder sind angemessen vorzuhalten. Die Sicherheitskriterien für die Radverbindung wie für die Haltestelle müssen beachtet werden. Es sollte die Möglichkeit der Fahrradmitnahme im Taxi ab der Haltestelle gegeben sein.

Abstellanlagen: Fahrradabstell- oder -parkanlagen sind in direkter Nähe des Bahnsteigs mit möglichst hoher sozialer Kontrolle anzulegen. Sie sollten wetterfest, aber transparent und übersichtlich sein sowie abschließbare Möglichkeiten anbieten. Eine regelmäßige Wartung und Pflege in bezug auf Beseitigung von Radleichen und Verschmutzungen ist sinnvoll. In zentraler Lage ist die Verknüpfung mit einem Fahrradverleih und/oder einer Service-Station anzustreben, die Aufbewahrung und Bewachung der Räder platzsparend und sicher leisten kann.

Haltestellen: Die Gestaltung der Bahnsteige ist daran auszurichten, daß sie per Rampen oder transparentem Aufzug mit dem Rad erreichbar gemacht werden, ansonsten ist die Möglichkeit des ebenerdigen Überquerens der Bahngleise einzuräumen. Unvermeidbare Treppenanlagen sind mit Rillen für Rad und Kinderwagen auszustatten. Da, wo Unterführungen unerläßlich sind, ist ein gefahrenfreies Passieren sicherzustellen: Personal für Fahrkartenverkauf/Kiosk, Notruf, Beleuchtung, Spiegel usw. Der Bahnsteig selber hat eine angemessene Breite aufzuweisen, damit durch Räder nicht andere Passagiere gefährdet werden. Der Service sollte in bezug auf wettergeschützte Aufenthaltsbereiche, Radabstellgelegenheiten, Notruf und Telefon verbessert werden. Weiterhin ist eine klare Kennzeichnung, in welchem Abschnitt des Bahnsteigs der Gepäckwagen bzw. der Wagen mit Radeinstieg halten wird, erforderlich.

Ausstattung der Verkehrsmittel des ÖPNV: Es ist dringend geboten, die Einstiegsmöglichkeiten in die Bahn / den Bus zu verbessern, am idealsten in Form eines niveaugleichen Einstiegs, um den leichteren Einstieg mit dem Rad und Gepäck oder Kind zu ermöglichen. Ist es schon für jüngere Frauen schwierig und unbequem, das Rad in die Bahn zu bugsieren, wird es für ältere Frauen zur Problemsituation, was den Verzicht auf die Radmitnahme bedeuten kann. Von immenser Bedeutung sind die Abstellmöglichkeiten in dem Verkehrsmittel: es muß multifunktionale Flächen in der Bahn geben, wo das Rad abgestellt, aber auch befestigt und angeschlossen werden kann. Die Notsituationen in den Einstiegsräumen müssen ersetzt werden durch Wagen, die mehr Fläche anbieten. Auf Spitzenzeiten sollte flexibel mit zusätzlichen Gepäckwagen reagiert werden. Die InterRegio-Abteile mit ihren acht Stellplätzen pro Zug bieten nicht ausreichend Platz.

Allgemeines: Die zeitlichen Beschränkungen sollten aufgehoben werden. Eine weitere Möglichkeit, die Radmitnahme zu fördern, besteht darin, einen sog. Garderobentransport von Rädern zu installieren: frau gibt ihr Fahrrad an der Haltestelle / dem Bahnhof an das zuständige Personal ab und am Zielbahnhof / an der -haltestelle nimmt sie es wieder in Empfang. Eine Servicesteigerung bedeutet oft eine Erhöhung des Personals. Gerade in diesem Bereich kann die sehr um Imageverbesserung bemühte Deutsche Bahn AG vielen Anforderungen durch Service-Personal gerecht werden.
Die attraktive Preistarifgestaltung stellt eine weitere Komponente für die Erreichung höherer Kundinnenzahlen dar: im VRS-Gebiet ist der Zwang zum Einzelfahrschein für die Radmitnahme abzuschaffen und durch das Benutzen der gängigen Mehrfahrtenkarten zu ersetzen. Ebenso ist mit Wochen-, Monatskarten oder Karten-Abo eine Mitnahme kostenfrei zu garantieren. Kurzfahrstrecken sollten außerdem preislich ermöglicht werden.
Eine konsequente Prioritätensetzung zugunsten des Umweltverbundes impliziert aber über diese Maßnahmen hinaus eine Radverkehrspolitik, die über intensive Öffentlichkeitsarbeit und Vorbildfunktion der Entscheidungsträger(!) eine Abkehr vom motorisierten Individualverkehr erreichen will. Frauen setzen hier Maßstäbe!

Der Deutsche Städte- und Gemeindebund hat in seinen Orientierungshilfen zur kommunalen Radverkehrspolitik „als wesentliche Elemente der kommunalen Verkehrsentwicklungsplanung die Attraktivierung des ÖPNV und die Schaffung eines sicheren und komfortablen Wegenetzes für Fußgänger- und Fahrradverkehre einschließlich ihrer Begleitkomponenten Wegweisung, Abstellanlagen etc. herausgestellt." (Deutscher Städte- und Gemeindebund 1993) Gleichzeitig hat er aber auch festgestellt : „Gut geführte Radwege im Sinne breiter, leistungsfähiger, komfortabler und möglichst grün eingebundener Radverkehrstrassen können die Sicherheit der Radfahrer(!) deutlich erhöhen" (ebenda). Hier wird die Sicherheit für Frauen überhaupt nicht thematisiert, was wir im folgenden ändern wollen.

Radfahren und Sicherheit für Frauen im öffentlichen Raum

Radelnde Frauen sind unter dem Gesichtspunkt des Vermeidens von Angsträumen bzw. hier Angstwegen sehr in der Auswahl ihrer Radroute eingeschränkt. Häufig fehlen die baulichen und strukturellen Voraussetzungen für eine Wahlmöglichkeit bezüglich des Weges und des Verkehrsmittels. Radwege sind überwiegend schlecht beleuchtet, da die Beleuchtung am Autoverkehr ausgerichtet ist und Wege durch Grünanlagen prinzipiell nicht beleuchtet werden. Grundsätzlich sollten Radwege auch wegen der Geschwindigkeit der Radelnden besser ausgeleuchtet werden.
Radwege werden von parkenden Autos, Absperrungen sowie dichter Bepflanzung, die eine Fluchtmöglichkeit erschweren oder vereiteln, begrenzt. Der Verlauf von Radwegen und ihr Übergang in den Fahrbahnbereich sind oft unübersichtlich, sie werden durch Unter- und Überführungen geleitet. Viele Radverkehrsflächen befinden sich weit abgelegen von belebten Orten oder von Wohnhäusern, begleiten entweder zu wenig befahrene oder zu stark befahrene Straßen.

Welche Anforderungen stellt frau an Radverkehrsanlagen bezüglich der Sicherheit?

Es fängt damit an, daß an der Quelle wie am Ziel des Radverkehrs sichere, ebenerdige Abstellanlagen vorhanden sein sollten: egal, ob es die Wohnung, der Bahnhof, das Kino, die Arbeitsstelle oder das Frauenzentrum ist, Radparkmöglichkeiten müssen in unmittelbarer Nähe des Aufenthaltsortes übersichtlich gestaltet und an stark frequentierten Plätzen gelegen sein. Dies bedeutet, daß Abstellanlagen in Tiefgaragen und Parkhäusern abzulehnen sind.

In den Quartiers- und Stadtteilstraßen mit Tempo 30-Zonen sollten FußgängerInnen, RadfahrerInnen und der Busverkehr auf als Mischflächen gestalteten Verkehrsflächen generell Vorrang vor dem motorisierten Individualverkehr erhalten. Die Bevorrechtigung ist auch in der Dunkelheit durch Beschilderung, Beleuchtung usw. sicherzustellen.
Das Radverkehrsnetz sollte sichere großräumige Verbindungen, die ein klares System durchgehender Routen darstellen, ebenso wie sichere Wegebeziehungen im Wohnumfeld aufweisen, wobei Alternativrouten, die auf Schildern oder Karten für die Dunkelheit gekennzeichnet sein

könnten, vorhanden sein sollten, damit frau zu jedezeit sicher radfahren kann. Um dies zu erreichen, bedarf es einer überschaubaren, eindeutigen Linienführung des Radverkehrs, d.h. keine plötzlichen Verschwenkungen, dichte Begrünung, Möblierung durch Blumenkübel oder Pfosten usw. Die Bepflanzung von Radrouten ist daran auszurichten, daß Sichtkontakt und Fluchtgelegenheit gegeben sein muß, also keine üppige, hochwachsende Begrünung zwischen den Verkehrsarten: hochstämmige Bäume okay, aber keine Hecken. Dazu ist außerdem eine eindeutige und ausreichende Wegweisung, die die Orientierung oft erst ermöglicht und die mit dem Fahrradlicht erkennbar sein muß, erforderlich. Des weiteren ist die Beleuchtung an der tatsächlichen Situation der Radroute auszurichten und nicht an Auto- oder Gehverkehr; an Radwegen außerhalb geschlossener Ortschaften ist für wichtige Verbindungsrouten überhaupt eine Beleuchtung vorzusehen.
Um die entscheidende soziale Kontrolle zu gewinnen, ist die Linienführung an belebten Orten und entlang von Wohngebäuden unerläßlich, die möglichst eine Ausrichtung von Aufenthaltsräumen zum Weg hin und eine übersichtliche Fassadengestaltung aufweisen sollten. Eine Bündelung verschiedener Verkehrsstränge ist der Belebung des öffentlichen Raumes förderlich.

Dabei sind Umwege und Unter- wie Überführungen zu vermeiden. Falls ein Tunnel unverzichtbar ist, muß dieser kurz, breit, ausreichend hoch sowie gut beleuchtet und überschaubar auch an den Ein- und Ausfahrten sein. Wichtige Verbindungswege, die durch Grünbereiche führen, sind zu gut zu beleuchten und ohne Versteckmöglichkeiten in räumlicher Nähe zur Radroute auszustatten. Gerade an den unsichereren Orten könnte eine regelmäßige Fahrrad-Wachstreife der Polizei zweckdienlich sein. Die Freigabe von Einbahnstraßen für den Zweirichtungsverkehr und von Gehzonen für den Radverkehr zu bestimmten Zeiten ist geboten.

Insgesamt bedarf es einer weitgehenden Umstrukturierung der Verkehrspolitik. Dazu gehört aus unserer Sicht eine umfassende Einbeziehung der Bedürfnisse und Interessen von Frauen im Hinblick auf den Radverkehr in den Planungsprozeß und eine intensive Öffentlichkeitsarbeit pro Velo.

Abschließend ein Zitat von Susan Brownell Anthony (um 1900): „Das Fahrrad hat die Frauen mehr emanzipiert, als alles andere auf der Welt. Es gab ihnen ein Gefühl der Freiheit und Selbständigkeit." (Maierhof, Schröder 1992), welches in Verbindung mit der Aussage vom Fahrradbeauftragten der Stadt Köln: „Aber das Rad ist längst unser Verkehrsmittel der Zukunft" (Stadt Köln 1993) ungeahnte Hoffnungen keimen läßt.

Literatur

Deutsche Bundesbahn. 1993. Radler willkommen. Der InterRegio. Mainz.

Deutscher Städte- und Gemeindebund. 1993. Orientierungshilfen des Deutschen Städte- und Gemeindebundes zur kommunalen Radverkehrspolitik. Düsseldorf.

Maierhof, Gudrun / Schröder, Katinka. 1992. Sie radeln wie ein Mann, Madame. Dortmund.

Safe City Comitee of the City of Toronto and City of Toronto Planning and Development with Wekerle, Gerda R.. 1992. A working guide for the Planning and designing safer urban environments. Toronto.

Stadt Köln. Der Oberstadtdirektor. 1993. Fahrradfahren in Köln. Für Sie dabei: Der Fahrradbeauftragte der Stadt Köln. Faltblatt. Köln.

Schwerpunkt

Fahrgastbeiräte – eine Chance zur Demokratisierung der Verkehrsverbünde?

Pia Tana Gattinger
Diplom-Geographin, geb. 1961, zur Zeit Frauenbeauftragte in Rodgau, Gründungsmitglied von FOPA Rhein-Main e.V., Sprecherin des RMV Fahrgastbeirats. Arbeitsschwerpunkte: Beteiligung von Frauen an der Regionalplanung und im ÖPNV.

Der öffentliche Personen-Nahverkehr wird in der Regel von Fachmännern geplant. NutzerInnen werden selten gefragt. Auch in der Rhein-Main-Region finden Fahrgäste bislang selten Gremien zur Vertretung ihrer Interessen. Dies wurde besonders an dem größten Verkehrsverbund, dem Frankfurter Verkehrsverbund (FVV), kritisiert. Mit der Gründung des Rhein-Main-Verkehrsverbunds (RMV) soll das besser werden. Bereits in der Konzeptionsphase wurde ein Fahrgastbeirat installiert.

Fahrgastbeiräte – wozu?

Ein Fahrgastbeirat soll eine kontinuierliche Interessensvertretung von NutzerInnen des ÖPNV ermöglichen. Fahrgastbeiräte stellen eine interessierte Teilöffentlichkeit dar und können z.B. die nutzerInnengerechte Gestaltung der Bedienungsformen des ÖPNV fördern. Ein solches Gremium kann einerseits zur Demokratisierung der Planung des öffentlichen Nahverkehrs führen, birgt aber auch das Risiko einer Pseudo-Beteiligung.

Frauen in den Fahrgastbeirat!

Frauen sind - nicht nur in der Rhein-Main-Region - mit rund zwei Drittel die Hauptnutzerinnen des ÖPNV! Daraus resultiert: ein Anteil von 66% Frauen in den Fahrgastbeiräten sollte die übliche Quotierung sein. Frauen sind die „klassischen" captive riders: Mangels Alternativen sind sie auf den ÖPNV angewiesen, egal wie gut oder schlecht das Angebot ist. Frauen verfügen seltener als Männer über einen Pkw. Die Hälfte aller Autos ist im Besitz von Männern zwischen 25 und 60 Jahren; sie machen aber nur ein Viertel der Bevölkerung aus. (Vgl. Flade/Guder 1992)

Berufstätige Frauen nutzen den ÖPNV doppelt so häufig wie erwerbstätige Männer. Ein weiteres Argument für eine Frauenmehrheit in Fahrgastbeiräten sind die charakteristischen Wegemuster von Frauen, die Wegeketten. Mit der in unserer Gesellschaft immer noch vorherrschenden traditionellen Arbeitsteilung haben Frauen den größten Anteil der Haus- und Familienarbeit zu bewerkstelligen. Zusätzlich sind viele Frauen (teilzeit-) erwerbstätig. Im Gegensatz zu Männer, die mit dem üblichen Pendelverkehr Wohnort - Arbeitsort ausreichend versorgt sind, be-

nötigen Frauen ein differenzierteres ÖPNV-Angebot, das die verschiedenen Wegeketten (Wohnort, Kinderbetreuungsort, Arbeitsort, Einkaufsort etc.) berücksichtigt.
Um diesen Ansprüchen Geltung zu verschaffen, ist es nötig, Fahrgastbeiräte mit einem Anteil von 66% Frauen zu besetzen.
Fahrgastbeiräte können ein Korrektiv zu den üblichen Fahrgastzählungen sein, die gerade die für Frauen typischen Wegeketten ausblenden. Das gilt auch für die KONTIV, die neben dem Weg mit dem Hauptverkehrsmittel keine weiteren Wege erfaßt (vgl. Klamp 1993).

Der Rhein-Main-Verkehrsverbund (RMV)

Der RMV, der die öffentlichen Regionalverkehre von Marburg bis Bensheim in Nord-Süd-Richtung und von Mainz bis Fulda in West-Ost-Richtung koordinieren wird, wurde inzwischen gegründet.
Die künftige RMV GmbH „ist außerdem zuständig für die Schnittstellen mit dem öffentlichen Fernverkehr bzw. für die Verknüpfung mit den lokalen Netzen". Weitere Aufgaben sind die Entwicklung eines einheitlichen Informations- und Tarifsystems, als „wichtige Erleichterung für die Kunden", sowie ein Corporate Design, das jedoch „lokalen Identitäten Raum lassen muß." (RMV 1993a:17)
"Auf der Politik-Ebene sind die Gesellschafterversammlung und der Aufsichtsrat ... angesiedelt. Vertreter sind die beteiligten Landkreise und Städte sowie, soweit gewünscht, die Länder Rheinland-Pfalz, Hessen und der Freistaat Bayern." (RMV 1993a:16)
Nach heftigen kommunalpolitischen Diskussionen wurde der RMV am 30.6.1994 in Hofheim gegründet. Zum Fahrplanwechsel am 28.5.1995 ist der Verbundstart geplant.
Finanziert wird der RMV als Modellprojekt des Bundesministeriums für Verkehr, durch das Land Hessen sowie durch die Beiträge der künftigen Gesellschafter.
Ein sogenannter Softstart mit einigen Linien innerhalb der RMV-Gebietes soll bereits im November 1994 stattfinden.

Der Fahrgastbeirat des RMV

Bereits 1992 beschloß der Aufsichtsrat der Gesellschaft zur Vorbereitung des RMV, „einen Fahrgastbeirat als fachlich unterstützendes Gremium in den RMV zu intergrieren". (RMV 1993b:2)

Die Öffentlichkeitsabteilung arbeitete daraufhin im Frühjahr 1993 ein Konzept für die Einrichtung eines Fahrgastbeirates aus. Dieses orientierte sich an bereits bestehenden Fahrgastbeiräten und formulierte folgende Ziele/Aufgaben:
▷ Öffentlichkeitsarbeit
▷ Imageverbesserung
▷ Berücksichtigung der Fahrgastinteressen
▷ Einbringung von KundInnenwünschen auf regionaler Ebene.
"Der Fahrgastbeirat soll den RMV über das Image und die Qualität des ÖPNV im Verbundraum informieren und ggf. ein Gütesiegel für lobenswerte Leistungen verleihen." (RMV 1993b: 2)
Der Fahrgastbeirat kann die Öffentlichkeit über seine Arbeitsergebnisse informieren. Als beratendes Gremium hat er aber keinerlei Entscheidungskompetenzen.
"Der Fahrgastbeirat soll mit Männern und Frauen nach ihrem Fahrgastanteil (Frauen > 50%) besetzt werden. Es ist sicherzustellen, daß jede Gebietskörperschaft durch mindestens eine Person vertreten wird."
(RMV 1993b:3)
In der Konzeption werden folgende altersspezifischen NutzerInnengruppen bezeichnet:
< 18 als Jahre, 18 bis 25 Jahre (SchülerInnen, Auszubildenden und StudentInnen), 25 bis 60 Jahre (Berufstätige, Nichtberufstätige), > 60 Jahre (SeniorInnen).
Außerdem sollen VertreterInnen aus den Fahrgastverbänden (Pro Bahn, VCD) und anderen Interessenverbände (Frauenverbände und -arbeitsgemeinschaften, Organisationen der Behinderten und SeniorInnen sowie Kinderschutzverbände) beteiligt sein. Der Beirat soll aus 33 „unorganisierten" Mitgliedern und 16 VertreterInnen der genannten Organisationen gebildet werden und sollte ursprünglich erst zeitgleich mit dem Start des Verbunds installiert werden.

Frauen nehmen Einfluß

Die Frauenorganisationen in der Rhein-Main-Region haben sich frühzeitig in die Diskussion eingeschaltet. So hat FOPA Rhein-Main bereits im Juli 1992 in einem Schreiben an die Vorbereitungsgesellschaft Interesse an Zusammenarbeit bekundet. Auch die Frauenbeauftragten der Region haben sich im Vorlauf an der Diskussion zur Gründung beteiligt. Im Januar 1993 erörterten sie im Rahmen eines Informationsgesprächs mit dem stellvertretenden Geschäftsführer der Vorbereitungsgesellschaft eine ver-

besserte Beteiligung der Nutzerinnen. Als Ergebnis der Diskussion unterbreiteten die Frauenbeauftragten folgende Vorschläge:
▷ Der Beirat der NutzerInnen sollte bereits im Planungsstadium installiert werden.
▷ Der Beirat ist mit 66% mindestens aber zur Hälfte mit Frauen zu besetzen.
▷ Der Fachbeirat (Beirat der Verkehrsträger) soll ebenfalls quotiert werden unter Beteiligung von FOPA.

Bis auf die letzte Forderung wurden die Vorschläge positiv aufgenommen. Im Fachbeirat sind derzeit nur 5-10% der VertreterInnen Frauen. Obwohl inzwischen nicht nur die Verkehrsträger sondern auch IHK, DGB und die Handwerkskammer zu den Beiratssitzungen geladen werden, bleibt eine Organisiation wie FOPA außen vor.

Die Vorlaufphase des Fahrgastbeirats

Im Frühjahr 1993, rund ein Jahr vor dem geplanten Start des RMV, rief die Vorbereitungsgesellschaft mit Anzeigen in den Tageszeitungen der Region die Bürgerinnen und Bürger auf, sich für den Fahrgastbeirat zu bewerben. Darin wurde deutlich gemacht, daß mehrheitlich Frauen in dem Beirat vertreten sein sollten. Auch in dem Anschreiben an die Organisationen wurde für die Quotierung geworben: „Da mehr als die Hälfte der Fahrgäste Frauen sind, streben wir auch einen hohen Frauenanteil im Fahrgastbeirat an. Deshalb bitten wir Sie, dieses bei Ihrer Benennung zu berücksichtigen." (Anschreiben 4/93)
Zu einer deutlicheren Formulierung, wie von den Frauenbeauftragten vorgeschlagen, konnte sich die Vorbereitungsgesellschaft offenbar nicht durchringen.
Bereits hier zeigte sich die Problematik eines solchen Beirats:
▷ Risiko der Alibifunktion
▷ keine Gewährleistung einer adäquaten Vertretung der Nutzerinnen
▷ Problem der Arbeitskontinuität, da alle Mitglieder ehrenamtlich arbeiten.

Der Fahrgastbeirat nimmt seine Arbeit auf

Im Juli 1993 fand die erste Sitzung des Beirats statt. Entgegen dem Anspruch waren Frauen nicht mehrheitlich vertreten, sondern bei den 33

NutzerInnen aus der Region waren 17 Frauen, von den 16 vertretenen Organisationen sind nur 6 Frauen benannt worden, d.h. der Beirat setzt sich aus 23 Frauen und 26 Männer zusammen.
Offensichtlich hatten sich die Verbände und Organisationen nicht an die Quotierungsforderung gehalten. Auch in der Gruppe der NutzerInnen hatten sich zuwenig Bürgerinnen gemeldet, weshalb z.B. Frauenbeauftragte des Main-Taunus-Kreises einen weiteren Presseaufruf an die Frauen richtete.
"Der Fahrgastbeirat will mehr sein als ein Feigenblatt" (Offenbach Post 25.6.1993) berichtete die Presse nach der ersten Sitzung. Die Mitglieder des Beirats wollten sich nicht auf zwei Treffen pro Jahr beschränken sondern forderten mit Erfolg mindestens ein Treffen pro Quartal.
Die beiden ersten Sitzungen wurden auf den organisatorischen Aufbau des Beirats verwendet und auf die Einrichtung von Arbeitsgruppen, die sich zwischen den Terminen treffen. Die Stellungnahme der Arbeitsgruppe Infrastuktur und Information zum Regionalen Raumordnungsplan war das erste öffentliche Papier des Fahrgastbeirats. Die AG Tarife erarbeitete einen „Forderungskatalog an ein Tarifsystem des RMV", das der Vorbereitungsgesellschaft zugeleitet wurde.
Es wurde ein SprecherInnengremium (zwei Frauen, ein Mann) gewählt. Die SprecherInnen können an den verschiedenen Fachgruppen zur Vorbereitung des RMV teilnehmen und den Standpunkt der NutzerInnen darstellen. Sie sehen ihre Aufgabe vorwiegend darin, den verschiedenen Sachgebieten (z.B. Marketing, Fachbeirat der Verkehrsunternehmen) in Erinnerung zu rufen, daß sie keine Pakete, sondern Menschen befördern! Die „Fachmänner" tendieren dazu, ihr Klientel hinter den Kosten-Nutzen-Rechnungen zu vergessen. Gerade in dem Fachbeirat der Verkehrsunternehmen dominiert diese Sichtweise. Nach einer ersten Eingewöhnungsphase zeigt sich jedoch zumindest eine Diskussionsbereitschaft auch innerhalb der Fachgremien.

Chancen und Probleme des Fahrgastbeirats

Der Fahrgastbeirat verbessert die Beteiligungsmöglichkeit von NutzerInnen an der Planung und Ausgestaltung des ÖPNV.
Die Konzeption für den RMV-Fahrgastbeirat hat jedoch Defizite:
▷ Der Beirat hat zwar das Recht auf eine eigenständige Öffentlichkeitsarbeit, aber außer der Übernahme von Portokosten u. ä. gibt es

keine weitere materielle Unterstützung. Für eine effektive Arbeit ist diese unerläßlich, etwa in Form der Mitnutzung des RMV-Sekretariats.
▷ Der Fahrgastbeirat hat keine Entscheidungskompetenz, nicht einmal ein Mitwirkungsrecht (der SprecherInnen) in den Fachgremien. Bei den Sitzungen des Aufsichtsrates ist nicht einmal die Anwesenheit eines Beiratsmitglieds gestattet.
▷ Längerfristig läßt das ehrenamtliche Engagement der Mitglieder eine kontinuierliche und effektive Arbeit fragwürdig erscheinen. Zur Zeit wird der Fahrgastbeirat von der Öffentlichkeitsabteilung der Vorbereitungsgesellschaft (d.h. einer Mitarbeiterin und einem Praktikanten) betreut.
Die Organisationsform nach der Gründung des RMV ist noch nicht geklärt.
Aktuell besteht zwar eine sehr große Offenheit der Mitarbeiterinnen der Vorbereitungsgesellschaft gegenüber dem Fahrgastbeirat (und auch anderen KritikerInnen des ÖPNV). Doch unklar ist, wie diese Arbeit in dem neuen Verkehrsverbund fortgesetzt werden kann.
Noch deckt sich die Konzeption für den Beirat in vielen Punkten mit den Anforderungen der NutzerInnen und kann insofern zur Durchsetzung der Interessen der RMV-Planer instrumentalisiert werden - das dürfte bei der frühzeitigen Einsetzung des Fahrgastbeirats eine Rolle gespielt haben.
Aus Sicht der Beiratsmitglieder wäre eine Professionalisierung durch eine Geschäftsstelle wichtig - zur Organisation der Arbeit und als Schnittstelle zwischen Verbund und Fahrgästen.
Ein positiver Effekt des Fahrgastbeirats ist bereits jetzt zu verzeichnen: die lokalen Verkehrsgesellschaften richten auch Fahrgastbeiräte ein und damit wächst die Artikulationsmöglichkeiten der ÖPNV-NutzerInnen.
Zur längerfristigen Sicherung seiner Interessen hat der Fahrgastbeirat in seiner letzten Sitzung vor Gründung des RMV eine Resolution zur „Wahrung der Kontinuität in der Zusammenarbeit zwischen Fahrgastbeirat und RMV" beschlossen. Darin wir vor allem ein gesicherter Informationsfluß und eine umfassende Berücksichtigung der Postionen des Beirats gefordert.
Frauenpolitisch bleibt die Kritik, daß Fachfrauen nicht ausreichend beteiligt werden. Die Fachgremien bleiben überwiegend männlich dominiert (auch auf der politischen Ebene, dem Aufsichtsrat) und im künftigen RMV haben frauenpolitisch engagierte Fachorganisationen -außerhalb des Fahrgastbeirats - keinen Zutritt.

Literatur

Anschreiben an die im Fahrgastbeirat vertretenen Organisationen im April 1993.

Flade, Antje/Guder, Renate (1992): Mobilität und Stadtverkehr aus der Perspektive von Frauen, Institut für Wohnen und Umwelt (Hrsg.), Darmstadt

Gesellschaft zur Vorbereitung und Gründung des Rhein-Main-Verkehrsverbundes mbH (1993a): RMV Heft 1, Hofheim

Dieselbe (1993b): Konzept für die Einrichtung eines Fahrgastbeirates. Hofheim (unveröffentlicht).

Klamp, Heike (1993): Über die Art, Wege zu erforschen - oder Warum Frauenwege in der Verkehrsforschung unsichtbar sind. In: FREI-RÄUME, Heft 6, S. 188ff

Offenbach Post vom 15.6.1993

Literaturtip

Markus Hesse: Verkehrswende. Ökologisch-ökonomische Perspektiven für Stadt und Region, Metropolis Verlag, Marburg 1993, 29,80 DM

Mit Auszügen aus einer Rezension von Gerd Hickmann aus der *Kommune* 4/1994, S. 16 stellen wir diese Veröffentlichung vor: „Die Verkehrspolitik steht am Scheideweg zwischen Wachstum und Wende", so formuliert es Markus Hesse in seinem Buch mit dem programmatischen Titel *Verkehrswende*. Hesse legt in seinem Konzept einen Schwerpunkt auf den wunden Punkt: daß auch im Verkehrsbereich die Wachstumsfrage gestellt werden muß. Er zieht dabei eine Parallele zur Energiewende. Ohne eine Reduzierung der Verkehrsmenge (Verkehrssparen) stoßen Strategien der Verlagerung auf umweltverträglichere Verkehrsmittel und die (umwelt-)technische Optimierung letztlich ins Leere.

Um das motorisierte Verkehrsaufkommen zu vermindern, setzt die Verkehrswende auf die Gestaltung des Raumes. In Abgrenzung zu einer unbegrenzten Beschleunigung und Enträumlichung unserer Lebenswelt, dem ständig größeren räumlichen Auseinanderfallen der Lebensbereiche soll eine Wiederentdeckung der Nähe, eine Neubewertung kleinräumiger Dimensionen und eine Abkehr von der Fixierung auf Ferne, Weltmarkt und globale Transportströme treten. Eine aktive Raumpolitik der Dezentralisierung und Regionalorientierung soll den dazu notwendigen Verkehrsaufwand (!) minimieren.

Hesses Verdienst liegt darin, mit der „Verkehrswende" ein schlüssiges und konsistentes Leitbild für eine ökologisch nachhaltige Entwicklung im Verkehr vorgelegt zu haben, das auch zu den Fragen des ökonomischen Rahmens Schlüssiges zu sagen hat. Es bleibt die Frage, wie die Verkehrswende durchgesetzt werden kann. Oder wie Hesse - eher beiläufig - schreibt: „Skeptisch stimmt, daß es zu einem Gutteil die motorisierten, schnell lebenden Zeitgenossen sind, die das Lob der Langsamkeit und Immobilität predigen - die Konsequenzen einer radikalen Umsteuerung kaum ernsthaft bedenkend."

Zur Debatte um Verkehrsvermeidung und Entschleunigung gibt es eine aktuelle Veröffentlichung, die sich mit den Ursachen und Strukturen des Verkehrswachstums auseinandersetzt.

Schwerpunkt

Rubriken

Rubriken

Auch in Hessen soll in Zukunft frauengerechter gewohnt werden

Zur Vorbereitung eines Realisierungswettbewerbes

Der Realisierungswettbewerb „Frauengerechtes Bauen und Wohnen" im öffentlich geförderten Wohnungsbau geht zurück auf eine Initiative des Hessischen Ministeriums für Landesentwicklung, Wohnen, Landwirtschaft, Forsten und Naturschutz und wurde von der Nassauischen Heimstätte Gesellschaft für innovative Projekte im Wohnungsbau mbH (GIP) und der Stadt Wiesbaden aufgegriffen und umgesetzt. FOPA Rhein-Main nahm im März 1993 Kontakt zur GIP auf um ihr Interesse an der Arbeitsgruppe zur Vorbereitung des Wettbewerbes anzumelden. Begleitend zur Ausarbeitung der Wettbewerbsaufgabe wurde vom oben genannten Auslober eine Arbeitsgruppe mit TeilnehmerInnen - in der Mehrzahl Frauen - aus unterschiedlichen Institutionen (Hochschule, Frauenbeauftragte, externe Fachfrauen aus den Bereichen Soziologie, Architektur und Planung) installiert.

Karin Gerhardt
Geb. 1960; freie Architektin.

Ulla Langer
*Geb. 1948; Kulturanthropologin;
Beide sind Mitglied bei FOPA Rhein-Main.*

Die seit gut 15 Jahren von feministischen Planerinnen und Architektinnen geübte Kritik, der soziale Wohnungsbau müsse an den Bedürfnissen von Frauen orientiert sein, wurden in den neuen Hessischen Wohnungsbaurichtlinie (TWBR) als „Soll-Anforderungen" vorgeschrieben. Bisher fehlten der Hessischen Landesregierung - als Initiatorin des Wettbewerbes - Projekterfahrungen zu frauengerechtem Bauen. Mit den neuen Hessischen Wohnungsbaurichtlinien (TWBR) steht die Hess. Landesregierung unter Beweisdruck, daß frauengerechtes Bauen nicht die Kosten des Sozialen Wohnungsbaus übersteigt. Neu aufgenommen wurden die Wohnküchen ab einem 3-Personenhaushalt anstatt der Funktionsküche und Individualräume für jede Person. Die Gestaltung von Grundrissen soll flexibel, nach „neuzeitlichen Wohnstandards" ausfallen, halböffentliche Räume kommunikationsfreundlich geplant werden (Hess. Ministerium für Landesentwicklung,...1993).

Auswahl des Grundstückes

Für das Bauvorhaben wurde ein Grundstück in dem Neubaugebiet Mainz-Kastel ausgesucht. Das Gebiet ist vom Geschoßwohnungsbau der 70-er Jahre sowohl mit Hochhäusern als auch mit Einfamilien-Häusern geprägt. Die kulturellen Angebote sind mager, Straßencafés, die

den öffentlichen Raum beleben und Frauen Sicherheit im Wohnumfeld geben, fehlen am ausgesuchten Wohnstandort. Ein Billardtreff und ein Bistro wird „ausschließlich von männlichen Jugendlichen frequentiert" (Kustor-Hüttl 1993).
Die Fußgängerbereiche werden abends und nachts von den bisher dort lebenden Frauen „teilweise als bedrohlich empfunden" (Kustor-Hüttl 1993). Der ÖPNV nach Mainz ist relativ gut. Die Anbindung nach Wiesbaden tagsüber äußerst schlecht, abends gibt es keine Verbindung mehr.

Das bisherige Angebot an Kinderbetreuungsmöglichkeiten ist schlecht: 15 freiwerdenden Kindergartenplätzen stehen beispielsweise 200 Vormerkungen gegenüber, Betreuungsmöglichkeiten für Kleinkinder bis zu 3 Jahren existieren überhaupt nicht.

Die vorgeschaltete Wohnumfelduntersuchung zeigte die Defizite, die das Gebiet für Frauen aufweist, deutlich auf. Trotz der angesprochenen Mängel wird der Standort für den Wettbewerb „frauengerechtes Bauen und Wohnen" als „geeignet" angesehen. Die Arbeitsgruppe fordert jedoch, frühzeitig Kontakt mit der Stadt Wiesbaden aufzunehmen und bereits im Planungsstadium mit den entsprechenden Fachbehörden über eine Bebauungsplanänderung zu diskutieren. Dies betrifft konkret die auf dem Grundstück im Bebauungsplan festgesetzte unverhältnismäßig große Parkplatzfläche, die mehr als ein Drittel des zur Verfügung stehenden Baugrundstückes einnimmt ebenso wie die Defizite in der Gestaltung des Wohnumfeldes. Diese Bestimmung wurde nicht gelockert. Es wird gehofft, daß die Wettbewerbsergebnisse Aussagen dazu treffen.

BewohnerInnen

Als wichtige Zielgruppe wurden die erwerbstätigen - vor allem alleinerziehende - Mütter festgehalten, die in ihrem Alltag Erwerbs- und Familienalltag verbinden müssen.

Bauvorhaben

Grundrißlösungen sollen durch die Schaffung von gleichwertigen Räumen eine variable Nutzung zulassen und wie in den TWBR festgehalten, für jede Person einen Individualraum von min. 10 qm vorsehen. Neben den gewünschten Gemeinschaftseinrichtungen forderte die Arbeitsgruppe aufgrund der genannten Defizite die Realisierung von öffentlichen Räumen mit vielfältigen Nutzungen. Denkbar wären Gewerberäume, ein Café, ein Mütterzentrum oder eine Beratungsstelle im Erdgeschoß. Die Freiflächen sollen von den Wohnungen gut einsehbar und so gestaltet sein, daß für Frauen ein angstfreier und kommunikationsfördernder Raum entsteht.

Beteiligung

Die von FOPA vorgeschlagene Beteiligung der Nutzerinnen bereits im Planungsstadium wurde von dem Auslober als zu schwierig und zu kostenintensiv beurteilt und nicht in den Auslobungstext aufgenommen. Hinweise, daß frauengerechtes Bauen nicht anonym sein kann und inzwischen auch im sozialen Wohnungsbau bereits viele positive Erfahrungen mit der Einbeziehung von Mietern in verschiedenen Planungsphasen gemacht wurden - insbesondere was die Entstehung eines nachbarschaftlichen Netzes betrifft - konnten nicht umstimmen. Inwieweit eine spätere Nutzerinnenbeteiligung noch möglich ist, konnte nicht geklärt werden. Durch die interdisziplinäre Arbeitsgruppe, die von der Ausloberin an der Vorbereitung des Wettbewerbs beteiligt wurde, konnten frühzeitig Foueninteressen von Fachfrauen /-männern in das Projekt eingebracht werden.
Anfängliche Begriffsverwirrungen zwischen „frauengerecht" und „familiengerecht" mußten durch einen Vortrag verdeutlicht werden, um die Verwässerungen der Wettbewerbsaufgabe zu vermeiden. Das Fachpreisgericht in weiblicher Besetzung, wurde von der Ausloberin alleine bestimmt. Es wurden keine Architektinnen gewählt, die sich mit dem Thema frauengerechter Wohnungsbau bereits profiliert hatten.
Vorschläge von der Arbeitsgruppe, auch Architektinnen als Preisrichterinnen zu wählen, die in dem Thema qualifiziert sind, wurden unzureichend berücksichtigt. Die von der Ausloberin eingeforderte Zielsetzung frauengerecht zu bauen wird, um es einmal überspitzt auszudrücken, damit zu einem „frauengerechten Torso". Als ein positiver Aspekt bleibt, daß die Arbeitsgruppe in Form eines Beirates weitergeführt werden soll.

Literatur

Hess. Ministerium für Landesentwicklung, Wohnen, Landwirtschaft, Forsten und Naturschutz (Hg) Hessen baut. Technische Wohnungsbau-Richtlinien 1993

Kustor-Hüttl, Beatrice: Expertise „Krautgärten". Wiesbaden Juni 1993

Jämställdhet ist Schwedisch

Jämställdhet ist schwedisch und bedeutet soviel wie Gleichstellung oder Gleichberechtigung. Das Wort begleitete uns elf (im weiteren Sinne) Planerinnen auf einem einwöchigen Bildungsurlaub der VHS- Köln im Sommer 1992 durch Göteborg. „Frauengerechte Planung und Politik" lautete offiziell das Thema der Reise unter der fachkundigen Leitung von Marion Koczy.

Tina Klingberg
Dipl. Ing. Landespflege, geb. 1963, Assistentin TU Berlin Fachgebiet Landschaftsplanung und Freiraumentwicklung, FOPA-Berlin.

Die Stadt

Göteborg, die Dreiviertelmillionenstadt an der schwedischen Westküste mit dem größten Hafen des Nordens, stellt einen wichtigen Knotenpunkt für den Güterumschlag und den Kontakt zum übrigen Europa dar. Die Stadt liegt am Fluß: Noch bis vor einigen Jahren reihten sich am nördlichen Ufer der „Göta Älv" Schiffswerften und Kaie.

Heute ist das Hafengelände in westlicher Richtung näher ans Meer gerückt. Dadurch wurden etwa 250 Hektar Fläche in günstiger Lage zur Innenstadt frei und so steht Göteborg an der Schwelle zu tiefgreifenden städtebaulichen Veränderungen.

Wie andere Flußstädte auch will Göteborg die Flußufer für Wohnen, Gewerbe, Kleinindustrie, Dienstleistung und Kultur erschließen. Für einige Bereiche am „Norra Älvstrand", dem nördlichen Flußufer, sind bereits Wettbewerbe ausgeschrieben oder ausgeführt.

Wir hatten Gelegenheit, einige der städtebaulich oder stadtpolitisch interessanten Orte aufzusuchen - immer natürlich mit der Frauensicht im Hinterkopf.

Neues Wohnen am Fluß. Diese Wohnhäuser gehören zu den ersten realisierten Projekten in attraktiver Lage: Anspruchsvolle Materialien, schöne Wohnungen, aber unbezahlbare Mieten. Foto: Tina Klingberg

Die Frauenvolkshochschule

Einer dieser Orte war die Frauenvolkshochschule. Sie ist die einzige in Schweden an der ausschließlich Frauen lehren und lernen und entstand aus einer Initiative, die Ende der siebziger Jahre Fortbildungskurse für Frauen anbot. Seit 1985 ist die „Kvinnofolkhögskola" selbständig, hat ein Gebäude zu ihrer Verfügung und ist als VHS anerkannt. Dieser Status ist wichtig für die staatliche Anerkennung der Abschlüsse und für das Studiengeld, welches die Teilnehmerinnen bekommen.

Die Kurse sind kostenfrei. Staat, Provinz und Stadt übernehmen die Finanzierung. Neben Kurzzeit- oder Wochenendkursen bietet die Frauenvolkshochschule auch übergreifende Langzeitkurse an, die ein bis drei Jahre dauern und als Qualifikation fürs Studium gelten. Ein besonderes Anliegen der Schule ist es, Einwanderinnen zu integrieren. So ist es kein Zufall, daß die Teilnehmerinnen des Jahres 1990/91 aus 17 Ländern stammten und zwischen 20 und 73 Jahre alt waren.

Bemerkenswert ist die gemeinsame Alltagsorganisation: Jeden Tag wird zusammen gekocht und zu Mittag gegessen. Für's Putzen des Gebäudes sind Lehrerinnen und Schülerinnen zuständig. Eine VHS-eigene Kindertagesstätte bietet kostenfrei Platz für 24 Kinder.

Die Gleichstellungsstelle im Stadtplanungsamt

Das Stadtplanungsamt war aus zweierlei Gründen interessant für uns: Zum einen laufen hier die Fäden für alle städtebaulichen Projekte zusammen, zum anderen gibt es eine sogenannte Gleichberechtigungsstelle. Die 9 Mitglieder, Männer und Frauen, kommen aus allen Abteilungen des Amtes. Sie können als Gruppe beispielsweise Stellungnahmen zu städtebauliche Projekten abgeben; darunter ein Abteilungsleiter, um sicherzustellen, daß Entscheidungen und Informationen auch weitergeleitet werden.

Gleichberechtigungsstellen wie diese gibt es per Gesetz in Schweden nicht nur in Behörden: Seit 1992 das Gleichberechtigungsgesetz von 1980 novelliert wurde, sind alle Betriebe mit mehr als 10 Angestellten dazu verpflichtet, jährlich sogenannte Gleichstellungspläne aufzustellen. Diese müssen erkennen lassen, welche Schritte zur Förderung der Gleichstellung von Mann und Frau geplant sind, sowohl inhaltlich als auch personell.

Die Gleichstellungspläne werden vom Gleichstellungsrat geprüft (auch dort konnten wir übrigens während unseres Bildungsurlaubs einen informativen Vormittag verbringen). Dieser setzt sich aus VertreterInnen der Parteien zusammen: In Göteborg sind es sieben Frauen und zwei Männer. Der Gleichstellungsrat ist eine Art Ausschuß mit eigenem Etat. Er prüft und sammelt die Gleichstellungspläne und gibt sie an die Regierung weiter. Fehlende Pläne werden eingefordert und in Göteborg scheint der Stadtrat solchen Forderungen auch den nötigen Nachdruck zu verleihen. Die ihm zugedachte Kontrollfunktion kann vom Gleichstellungsrat derzeit nur stichprobenartig geleistet werden.

Stadterneuerung – manchmal auch für Frauen

Wie bereits angedeutet, befindet sich Göteborgs Stadtstruktur im Umbruch.

Als Schiff getarnt: Ein Parkhaus auf dem Göta-Fluß. Foto: Tina Klingberg

Uns interessierten aber nicht nur die Pläne für die alten Werftgelände, sondern auch, was aus historischen Stadtteilen wie 'Haga' oder 'Lindholm' wird, oder wie man in Schweden mit 60er-Jahre-Siedlungen umgeht.

Um es gleich vorweg zu sagen: Auf den ersten Blick scheinen die Probleme, in den Trabantensiedlungen außerhalb des Stadtzentrums insbesondere für Frauen nicht anders zu sein als in Deutschland. Wenn es jedoch um die Sanierung solcher Gebiete geht, kommt den SchwedInnen zugute, daß sie etwas haben, was bei uns knapp ist: Platz. 200 Me-

In Göteborgs ältestem Stadtteil Haga wurden viele der alten Holzhäuser saniert nachdem Bürgerinitiativen jahrelang gegen die Zerstörung dieses Stadtteils gekämpft hatten. Heute ist es eines der beliebtesten Viertel in Göteborg. Foto: Rosemarie Ring

ter hinter der Trabantensiedlung gibt es Wald und Wasser, genügend Raum für Freizeit und Erholung. Zentrumsbildung, öffenlicher Nahverkehr und Freizeitanlagen sind einige Stichworte für die Nachbesserung in Siedlungen aus den 60er Jahren, wie zum Beispiel 'Bergsjön', eine Siedlung im Südwesten Göteborgs. In diesem Fall wurde eine Architektin für die Aspekte Sicherheit und Wohlbefinden eingestellt.

Die meisten von uns hatten von Schweden das Bild des Vorzeigelandes in Sachen Gleichberechtigung im Kopf. In den vielen Gesprächen, die wir führten, stellte sich heraus, daß es die meisten der Probleme, mit denen die deutschen Frauen im Arbeitsalltag, in der Familie oder im öffentlichen Raum zu kämpfen haben, auch in Schweden gibt. Trotzdem - irgendetwas ist doch anders. Ich persönlich glaube, daß in Schweden die gleichen Probleme auf einem anderen Niveau bestehen, sozusagen vor dem Hintergrund einer insgesamt etwas „gleichberechtigteren" Gesellschaft als der deutschen.

Wer einmal eine Reise tut – Exkursion der FOPA Kassel in die Niederlande

Schon seit einigen Jahren wollten wir - die Kasseler FOPA - mal „gemeinsam eine Reise tun", die uns sowohl als Fort- und Weiterbildung dient und uns beruflich und persönlich näher bringt.

Die Niederlande waren insofern naheliegend, als es dort modellhafte Projekte im Planungs- und Architektursektor von Frauen für Frauen und auf dem Gebiet der Bewohnerbeteiligung gibt. Über die Kasseler Planerinnentagung und die Hochschule bestanden bereits Kontakte zu vor Ort planenden Frauen. So hat auch die in Rotterdam lebende und beim dortigen Stadtplanungsamt arbeitende Ingrid Lübke-Besch hilfreich unsere Reiseorganisation unterstützt, indem sie uns begleitete und wichtige Kontakte zu ansässigen Architektinnen und Initiativen vermittelte.

Das Programm der Reise im Sommer 1993 sah verschiedene Projekte in Rotterdam, Amsterdam und Den Haag vor.

Rotterdam - 1. Tag

Die Stadtplanerin Karen van Vliet stellte „Kop van Zuid", ein Stadtentwicklungsprojekt auf dem ehemaligen Hafengelände, vor. Ein neuer Stadtteil für 10.000 Menschen soll hier entstehen. Interessant war die Rolle, die der Entwicklung der öffentlichen Räume, Grünachsen, Parks als Initiale zur Entwicklung und Investitionsbereitschaft fürs Wohnen zugesprochen wurde, indem diese mit als erstes gebaut werden sollten. Besuch der BOF - Bewohnerorganisation Feijenoord - und Information über die hier praktizierte Form der Bewohnerpartizipation durch externe Sachverständige.
Die Architektinnen Ineke Hulshof und Lidewij Tummers zeigten zwei Modernisierungsprojekte. Im Bloemhofplein wurde mit umweltfreundlichen Materialien saniert und aus Kleinstwohnungen nach dem Motto „aus drei mach zwei" besserer Wohnraum geschaffen. Mit dem Mathenesserhof zeigten sie uns ein Beispiel der Sanierung eines Altenwohnkomplexes.

Lolita Hörnlein
Dipl.Ing.Landschafts- und Freiraumplanung, geb. 1957, GhK Kassel.

Ulrike Kirchner
Dipl.Ing. Landschafts- und Freiraumplanung, geb. 1954, selbständig in Part-nerschaftsbüro in Kassel.

Renate Pfromm
Dipl. Ing. Architektin HfG, geb. 1936, Regionalplanung, RP Kassel.

Amsterdam - 2. Tag

Besonders erwähnenswert und spannend ist alleine der Ort des ersten Kontakts: die alte „Posthuvenkerk" in der Harlemmerstraat. Besuch im Büro der Architektin Margreet Duinker, in einer ehemaligen Kirche inmitten, bzw. über den Dächern der Stadt. Nach Protesten von Bürgern gegen den geplanten Abriß der Kirche wurden hier Büroräume geschaffen. Die von der Architektin vorgestellten Projekte zeigten Beispiele des Siedlungs- und des sozialen Wohnungsbaus.
Anschließend hat uns Susanne Back über das Amsterdamer Stadterneuerungsprojekt „Bikkerseiland" berichtet. Eine Insel von Hafenarbeiter-, Speicher- und Handelshäusern, die zugunsten von Büro- und Gewerbebauten abgerissen werden sollten. Bürgerproteste führten zum Erhalt und einer behutsamen Stadterneuerung.
Danach hatten einige von uns zwischen ihrem Interesse an der Besichtigung des „Burgerziekenhuis", einem Frauen-Wohn- und Arbeitsprojekt, und der banalen Lust am Bummeln zu kämpfen. In Anbetracht des sonnigen Wetters und der reizvollen Stadt siegte bei den meisten das Vergnügen am Stadtbummel. Auch das muß sein!

Den Haag - 3. Tag

Kasseler FOPAnerinnen mit Ingrid Lübke-Besch in Rotterdam

Aus der von Vera Winjker und anderen Frauen des Büros „Vrowen, Bowen, Wohnen in Den Haag" für uns so liebevoll und gründlich geplanten „Fietsen"(Rad)-Tour durch die Sanierungsgebiete von Schilderswijk wurde ein regennasser und dennoch sehr spannender und informativer Spazierweg.
Mit Zwischenstation im Gemente-Museum von Berlage fuhren wir ans Meer. In der Duin-Laan sahen wir Wohnungsbauprojekte von vier Architektinnen.

Rückblickend: es war spannend, drei Tage lang fast ausschließlich Projekte von Planerinnen zu sehen - zu sehen, wieviel offensichtlich selbstverständlicher hier Frauen den sonst so männerdominierten Beruf in leitender Position ausüben.

Bundesweit, überregional und international! – FOPA-Treffen 1993

„Überregional und international wollen Frauen mehr Einfluß nehmen auf eine frauengerechtere Stadtplanung und Architektur" titelten die RUHRNACHRICHTEN am 3.11.1993 nach der FOPA-Tagung vom 30./31. Oktober 1993 in Dortmund. Alle waren eingeladen und zahlreich erschienen sie: Frauen der FOPA Berlin, Hamburg, Bremen, Köln, Kassel, Rhein/Main und Dortmund waren anwesend, sogar die neugegründete FOPA Freiburg wurde von einer Mitstreiterin vorgestellt. 30 Frauen, Planerinnen, Architektinnen, Pädagoginnen, Sozialwissenschaftlerinnen und Studentinnen waren zusammengekommen, um wichtige organisatorische Fragen für die Zukunft des Vereins zu klären.

Die Vorstellungsrunde wurde dazu genutzt, neben den anwesenden Frauen auch die Struktur der jeweiligen Vereine vorzustellen, womit bereits ein Auftakt gefunden war für die Diskussion über eine gemeinsame Zukunft.

Die Vielfalt der Strukturen, der Arbeitsweisen und der Arbeitsschwerpunkte der einzelnen Vereine erlauben FOPA, auf die unterschiedlichsten Probleme im Planungsbereich zu reagieren, neue Arbeitsfelder zu entwickeln und offensiv mit unseren Belangen an die männliche Planeröffentlichkeit zu treten. Es wurde aber auch deutlich, daß die unterschiedlichen Kapazitäten an Arbeitskraft und an Finanzmitteln ein Hemmschuh sein können, wenn es darum geht, Chancen im nationalen und internationalen Bereich zu nutzen. In Zukunft wird es mehr und mehr darum gehen, neben der unbedingt notwendigen regionalen Arbeit, den planerischen Vorstellungen der Europäischen Union und der Bundesregierung eigene Konzepte entgegenzusetzen. Während feministische Planerinnen seit Jahren für eine Stadt der kurzen Wege eintreten, in der die Grundfunktionen „Wohnen, Arbeit, Versorgung und Freizeit" nah beieinander liegen, denken europäische PlanerInnen schon laut und deutlich über die flexible „Arbeitskraft Frau" nach. Es gibt Überlegungen, den Standort ganzer Industrien durch Europa zu schieben und mit den Industrien auch die Arbeitskräfte. Frauen trifft diese Situation in doppelter Hinsicht, sowohl in der Erwerbsarbeit als auch in der Familienversorgung. Hier kommt eine neue Definition von „kurz" auf uns zu.

Die Tagung hat gezeigt, daß FOPA um diese neuen Themen und Anforderungen weiß und daß der Weg zwischen regionaler Basisarbeit und gemeinsamer Grundsatzarbeit ein sehr schwieriger Weg ist. Was zählt ist ein Anfang.

Aus diesem Grunde haben wir uns entschieden, in einigen Fragen der Planung/Architektur und Politik als Bundesarbeitsgemeinschaft der Fe-

Ursula Heiler
geb. 1965, MA, Studium der Geschichte, Politik und Philosophie in Köln und Bochum, seit dem 1.1.1993 bei FOPA Dortmund für die Öffentlichkeits- und Netzwerksarbeit zuständig.

ministischen Organisation von Planerinnen und Architektinnen an die Öffentlichkeit zu treten. Denn: „Sic transit gloria mundi" (So vergeht die Herrlichkeit der Welt)!

FOPA Aktionen zum Frauenstreiktag in Dortmund und Köln

Weg mit dem Tunnel!

Rosemarie Ring
Dipl. Ing. Raumplanung, geb. 1954, Tätigkeitsschwerpunkt: soziale und ökologische Stadterneuerung für und mit Frauen. Langjährige Mitarbeiterin von FOPA Dortmund und der FREI-RÄUME-Redaktion.

In der westlichen Innenstadt von Dortmund liegt eine Straßenbahnhaltestelle schlecht erreichbar inmitten stark befahrener Straßen. Eine Zumutung für alle PassantInnen und NutzerInnen der Straßenbahn: Die oberirdischen Überwege zur Haltestelle ebenso wie die zum Eingang des Tunnels sind Umwege; ihre Anordnung trägt dem Autoverkehr Rechnung und nimmt auch keine Rücksicht auf gute Fußwegebeziehungen zu den anliegenden Geschäfte. Die vor rund 20 Jahren erstellte - vermutlich ziemlich teure - sprialförmige Unterführung zur Haltestelle ist ein ausgesprochener Angstraum und ekelerregend wegen des penetranten Uringestanks.

Ein gesicherter Überweg über dem Tunnel als direkte Verbindung zwischen der Bushaltestelle und der Straßenbahnhaltestelle würde die Situation dort verbessern. Zumal im Zuge des - unsinnigen - Weiterbaus der U-Bahn unter der Straßenbahntrasse die Unterführung abgerissen wird und aus bautechnischen Gründen ein solcher Überweg hergerichtet werden soll - jedoch erst etwa 1 Jahr nach Baubeginn.

Spiralförmige Unterführung / Helga Steinmaier

Solange wollen wir nicht warten. Den internationalen Frauentag haben wir zum Anlaß genommen, den Tunnel zu bestreiken. Zusammen mit der Frauengruppe des VCD, dem Verein Baufachfrau und dem Stadtteilzentrum Adlerstraße haben wir an diesem Tag für mehrere Stunden einen Überweg mit ausrollbaren Zebrastreifen demonstrativ hergestellt.

Mit einer Plakatwand, die Mitarbeiterinnen des Stadtteilszentrums mit Kindern gestaltet hatten, und mit Handzetteln haben wir PassantInnen informiert und dort um Unterschriften für einen BürgerInnenantrag geworben. Innerhalb von 4 Stunden hatten wir rund 250 Unterschriften für die Schließung der Unterführung und die Schaffung eines gesicherten Überwegs.

Schaffung einer oberirdischen Querungsmöglichkeit / Rosemarie Ring

Diese haben wir nicht nur an den zuständigen Ausschuß für Anregungen und Beschwerden geschickt, sondern auch an die politisch Verantwortlichen vor Ort in der Bezirksvertretung. Beide Gremien werden sich im April bzw. Mai mit unserer Eingabe beschäftigen. Wir werden dies mit Öffentlichkeitsarbeit unsererseits begleiten und auf eine rasche Herstellung des Überwegs drängen. Im Ausschuß für Anregungen und Beschwerden ist eine rasche Herstellung des Überwegs abgelehnt worden, da im Zuge des geplanten U-Bahn Baus an der Stelle die Verkehrsführung sowieso geändert wird. Das Stadtplanungsamt gab inzwischen die Zusage, FOPA in diesem Zusammenhang vorzeitig zu beteiligen.

Bei Sonne Regen Schnee – hab ich Angst in der KVB.

Antje Eickhoff
Dipl. Ing. Raumplanung, geb. 1964, arbeitet im Stadterneuerungsbüro der Großsiedlung Köln-Chorweiler, FOPA Köln und Mitglied der FREI-RÄUME Redaktion.

Mit einer Unterschriftenaktion an einigen gut frequentierten Haltestellen von U- und S-Bahnen in Köln gestalteten vier Frauen der FOPA Köln den Frauentag. Innerhalb von 3 Stunden gelang es uns gegen Belästigungen und Gewalt bei der Nutzung dieser Verkehrsmittel 220 Unterschriften - oft verbunden mit intensiven Gesprächen - zu sammeln. Damit forderten wir von den Verkehrsbetrieben:
▷ Die Einrichtung einer festen Anlaufstelle mit entsprechend geschultem Personal, in der Frauen anonym Fälle sexueller Belästigung und Gewalt melden können.
▷ Eine bessere Schulung des (möglichst weiblichen) Personals im Umgang mit Tätern und Opfern.
▷ Die Aufstockung des Personals.
▷ Eine Untersuchung über die Haltestellen, die aus Angst gemieden werden und entsprechende Maßnahmen zur Umgestaltung.

Fast alle angesprochenen Frauen fühlten sich betroffen und unterschrieben gerne. Viele berichteten von Gewalterfahrungen und Unsicherheitsempfinden und von Fällen unterlassener Hilfeleistungen durch Personal oder MitfahrerInnen. Das vorhandene Sicherheitspersonal (Schwarze Sheriffs) wurde eher als Bedrohung empfunden anstatt als vertrauenswürdige Helfer angesehen. Als überwiegend positiv wurde hingegen die Anwesenheit von Obdachlosen (die vom Personal vertrieben werden) gewertet: „Die helfen einer wenigstens und belästigen niemanden."

Erstaunlich war für uns, wie groß das Mitteilungsbedürfnis der befragten Frauen war und wie viele negative Erfahrungen bei der Benutzung des öffentlichen Personen-Nahverkehrs gemacht wurden.

Die Unterschriftensammlung wurde mit Begleitschreiben, in dem wir unsere Eindrücke schilderten und weitergehende Fragen stellten, an die Deutsche Bahn AG und Kölner Verkehrsbetriebe geschickt. Am 9.6.94 fand ein Treffen zwischen FOPA Köln und der Deutschen Bahn AG (Bezirksdirektion Köln, Bezirksdirektion Essen und Bahnpolizei) statt. Bei diesem Termin wurden zunächst Befugnisse, Zuständigkeiten geklärt und eine Situationsanalyse getroffen. An einer weiteren Zusammenarbeit besteht seitens der GesprächspartnerInnen (zwei Frauen und ein Mann) der DB großes Interesse. FOPA könnte hier sowohl in der Öffentlichkeitsarbeit, als auch in der Schulung der DB-Angestellten oder in der Erstellung von Gutachten tätig werden. Zudem wollen wir im Zuge der Regionalisierung Mitsprachemöglichkeiten - über Fahrgastbeiräte o.ä. - ausschöpfen. Bis zu konkreten Maßnahmen zur Erhöhung der Sicherheit von Frauen und Mädchen sind jedoch noch einige Bahnschwellen zu überwinden.

Rubriken

„Mehr als ein Dach über dem Kopf"

Martina Löw
Geb. 1965, wissenschaftliche Mitarbeiterin am Fachbereich Erziehungswissenschaften an der Universität Halle. Arbeitsgebiete: Soziologie der Bildung und Erziehung, Wohnsoziologie, Lebensformen von Frauen. Mitglied Fopa Rhein-Main.

Die Bedeutung des Raumergreifens für allein wohnende Frauen[1]

Die Mieten steigen, Wohnraum ist rar, Mietverträge werden häufig nur noch über kurze Zeiträume abgeschlossen und bieten daher den BewohnerInnen wenig Sicherheit. Angesichts solcher Ungewißheiten stellt sich für mich die Frage, welche Bedeutung eine eigene Wohnung im subjektiven Empfinden für Frauen hat? Im folgenden sollen einige Aspekte thematisiert werden.

Frau E. wohnt seit vielen Jahren allein in einer 3-Zimmer-Wohnung in dörflicher Umgebung. Das „Wohnzimmer" ist mit rotem Teppich und schwarzen Möbeln gestylt. Die Vorhänge sind so drapiert, daß nur der befreundete Künstler sie nach dem Waschen wieder aufhängen kann. Ein anderer Raum ist nahezu ohne Möbel. Hier will Frau E. sich zurückziehen, ohne abgelenkt zu werden.

„Ich wollte eigentlich immer so einen Raum, wo nichts drin ist. Wo's leer ist. Die Leere, genau. Wo ich mich dann auch zurückziehen kann, wo ich nicht dauernd an irgendwelche Sachen erinnert werde oder hier liegt noch Arbeit und da, das müßte noch und hin und her." (Frau E.)

Frau E. erläutert für jedes Möbelstück, wann sie es erworben hat und welche Bedeutung es für sie hat. Jede Ecke der Wohnung, selbst wenn sie einfach leer ist, hat ihre Wichtigkeit.

„Es gibt viele Sachen in meiner Wohnung, wo ich das Gefühl hab, das sind so Chaosecken. Und das hat sehr viel mit meinen inneren Zuständen zu tun, die möchte ich gern noch beseitigen. Da muß mal Struktur rein oder die werden neu aufgeräumt oder ganz beseitigt." (Frau E.)

Jedes Zimmer wird anders genutzt. Das Wohnzimmer dient bei Frau E. dem künstlerischen Ausdruck. Da dürfen die Farben auch mal etwas kräftiger sein. Ein anderes Zimmer steht für Meditationen zur Verfügung. In der Küche „brodelt das Leben".

Frau E. selbst stellt einen Bezug her zwischen ihrer Persönlichkeit, ihrem psychischen Befinden und der Wohnung. Sie erlebt die Wohnung als ein Abbild ihrer derzeitigen Lebenssituation und als „Rumpelkammer" ihrer Geschichte. Erlebnisse und Erfahrungen aus der Vergangenheit liegen in Form von unaufgeräumten Dingen in der ganzen Wohnung herum.

„Meine ganzen Jobs, meine Uni-Unterlagen, alles fliegt da durcheinander. Meine gesamte Geschichte. Und die auseinanderzuklamüsern, das dauert erstens seine Zeit, zweitens brauche ich da die nötige Loslösungstendenz, die ich nicht immer hatte." (Frau E.)

Diese Rumpelkammer in ein Archiv zu verwandeln, ist ein Vorhaben für die Zukunft. Es sind nicht die Gegenstände selbst, die Bedeutung haben, sondern die Erinnerung an ein mit ihnen verbundenes soziales Geschehen macht sie zum Sinnbild für die eigene Entwicklung. Aufräumen erscheint erst dann möglich, wenn gleichzeitig die Erfahrungen aus vergangenen Lebensphasen be- und verarbeitet werden können. Die Wohnung hat für Frau E. zwei ganz zentrale Funktionen: sie soll die eigene Geschichte lebendig halten und einen Orientierungsrahmen für die Gegenwart bieten.

In Ordnung

Mit der Dauer des Alleinwohnens werden die Gegenstände, die die Vergangenheit repräsentieren, immer mehr. So erzählt Frau P.:

„Zunehmend wird die Wohnung doch zu klein. Das ... sind auch viele Sachen dazugekommen, die mir wirklich was, die mir wirklich, an denen auch meine Erinnerung hängt, also die ich auch nicht wegwerfen will." (Frau P.)

Alte Möbelstücke aus früheren Wohnungen, Erbstücke, Geschenke, neue Anschaffungen oder Selbstentworfenes: mit allen werden bestimmte Ereignisse verbunden. Die eigenen Dinge geben Sicherheit und Wohlbefinden. Es ist die Sicherheit, Trost und Stabilität durch die vertrauten Dinge zu erhalten.

„Das mein Zeug, so Kleinigkeiten von mir, um mich rum sind, das gibt mir schon eine gewisse Sicherheit, also Wohlbefinden." (Frau C.)

Dabei ist auch die Anordnung der Gegenstände von Bedeutung. Viele Frauen beschreiben ihr Wohnerleben und ihre Befindlichkeit anhand der Strukturierung durch Ordnung oder Unordnung. So z.B. Frau N., die lange Jahre in einem pflegerischen Beruf arbeitete, in dem auf Sauberkeit sehr viel Wert gelegt wurde. In ihrer Schilderung spielt „Ordnung" eine wichtige Rolle.

„Ich weiß genau, also ich kann im Dunkeln alles finden, weil ich genau weiß, wo ich es hingestellt hab. Es ist einfach ... ja 'ne Zuflucht. Es ist ne Ordnung da, 'ne Ordnung, die vielleicht außerhalb nicht ist. Ich weiß, diese Ordnung treffe ich in meiner Wohnung an, das gibt mir 'ne Sicherheit." (Frau N.)

Ordnung wird als Zuflucht abgebildet. Frau N. beschreibt ihre derzeitige Lebenssituation als unstrukturiert. Ihren Beruf will sie nur vorübergehend ausüben, ihre Partnerschaft ist vor kurzen in die Brüche gegangen. Ordnung und die eigene Wohnung gewähren ihr in dieser Phase Schutz.

Farbe bekennen

Wohnen, so läßt sich bislang festhalten, ist psychologisch von hoher Bedeutung. Es hält die eigene Geschichte lebendig, gibt Orientierungshilfen in der Gegenwart und unterstützt bei der Verarbeitung von Konflikten. Wie oben bereits angeklungen, findet eine starke Identifikation mit den eigenen Räumen statt. Gerade jüngere Frauen versuchen im Wohnen ihre Individualität zu entwickeln.

„Ich hab angefangen, mit schwarz, weiß und ein paar Grautönen. Weil ich einfach so den ..., ja so den... den Bruch brauchte und eigentlich gar nicht so wußte, wer bin ich selbst und erst, tja, eigentlich erst so vor zwei Jahren bin ich drauf gekommen, daß, welche Farben eigentlich zu mir passen." (Frau P.)

„Ich selbst sein", also Identitätsfindung verbindet Frau P. mit Farbfindung. Um Farbe bekennen zu können, muß die eigene Farbe erst gefunden werden. Selbstverwirklichung wird gleichgesetzt mit räumlichem Ausdruck.

„Die Wohnung ist so eine Ausdehnung meiner Selbst. Meine Wohnung ist für mich ein Raum, wo ich mich selber noch mal verwirkliche, wo ich meine ästhetischen Vorstellungen..." (Frau L.)

„...mich in der Wohnung ausdrücken können, ohne mit anderen absprechen, Kompromisse finden zu müssen. Das ist halt mein Reich, gell." (Frau E.)
„Ich genieße das auch, mehr Platz für mich zu haben und diesen Platz auch alleine gestalten zu können." (Frau I.)

Sich Raum zu nehmen und diesen nach eigenen Wünschen zu gestalten wird als Vorteil des Alleinwohnens verstanden. Unberücksichtigt dessen, daß ästhetische Gestaltung auch bestimmten Moden unterworfen ist, wird Raumdekoration von den interviewten Frauen als Selbstausdruck begriffen. Dabei wird das Wohnen mit Begriffen belegt, die sich um die eigene Person drehen. Frau L. formuliert es besonders explizit als „Ausdehnung meiner Selbst" aber auch Frau Q. erzählt:

„Sie (die Wohnung) ist zum Teil meiner selbst geworden." (Frau Q)

Auch Frau N. stellt die Wohnung als ein „Stück von mir" dar. Etwas anders formuliert es Frau F., für sie ist die Wohnung „Spiegelbild eigenen Ichs." Frau D. wiederum umschreibt sie als „sowas wie meine dritte Haut".

Um die Bedeutung der Wohnung zu erläutern, wird entweder auf das Selbst bzw. das ICH oder auf den eigenen Körper rekurriert. Sowohl das Bild der Wohnung als Teil des Selbst als auch als Ausweitung des Selbst lassen auf eine untrennbare Verwobenheit von Person und Wohnung schließen. Die privaten Räume sind in das Identitätskonzept eingebunden. Die Person erscheint nur „ganz" unter Berücksichtigung ihrer Wohnung und der mit der Wohnung verbundenen Verwirklichung ästhetischer Phantasien und klarer Strukturierungsvorgaben wie Ordnung und Unordnung. Diese Verknüpfung der eigenen Person mit der Wohnung kann so weit gehen, daß die Wohnung Bestandteil des Körpers wird. Sie erscheint als dritte Haut.

Obwohl die Formulierung, daß die Wohnung ein „Spiegelbild des Ichs" sei, wie Frau F. sie gebraucht, auf den ersten Blick nahelegt, daß die Wohnung der eigenen Identität äußerlich bleibt, nämlich Abbild ist, lassen sich bei genauerer Betrachtung andere Schlüsse ziehen. Der Blick in den Spiegel ermöglicht es, die eigene Person zu sehen und in ihrer Ganzheitlichkeit zu erkennen. Das Spiegelbid beschreibt schon E.T.A. Hoffman als „Traum des ICHs"[2] und der französische Psychoanalytiker Jacques Lacon hält das Wiedererkennen im Spiegel für die Voraussetzung, um die Einheit des Körpers wahrzunehmen[3]. Die Wohnung als Spiegelbild beinhaltet die Idee, sich der eigenen Person in den privaten Räumen zu vergewissern. Blickt sie sich in der Wohnung um, so findet sie dort die Anhaltspunkte, wer sie ist.

Der eigene Ort

Das Verfügen über einen Raum, dessen Aneignung durch Gestaltung nach eigenen Phantasien und Kriterien steht dem ansonsten häufig wenig raumeinnehmenden Verhalten von Frauen entgegen. In diesen Kontext paßt auch die Betonung, daß die Wohnung der „eigene Ort" sei: das „Reich" (Frau A., B., D., G., H.) das „Revier" (Frau G. und S.), das „Refugium (Frau E.)". Diese Begriffe benennen deutlich, daß ein Ort kreiert wird, wo man regieren, walten und sich zurückziehen kann. Es sind Vokabeln, die aus dem Umfeld von Herrschaft und Macht stammen. Die Wohnung wird als ein Ort umschrieben, über den uneingeschränkte Verfügungsgewalt besteht, der aber gegen andere verteidigt werden muß. Die Wohnung wird zu einem Symbol für Eigenständigkeit.

Diese Verfügung über eigene Räume ist um so wichtiger, als die Erwerbsarbeit und viele Anforderungen, die von anderen an sie herangetragen werden, häufig als fremdbestimmt erlebt werden.

„Ein Ort, wo ich (...) keinen Anforderungen von außen, so ich mir die nicht selber irgendwie schaffe oder, oder mir reinhole, ausgesetzt bin." (Frau I.)

Die Wohnung wird zur „Rückzugsmöglichkeit aus dem Leben, was da draußen läuft" (Frau M.). Betont wird von vielen, daß sie in der Wohnung „sie selbst sein" und sich zurückziehen können. Während in der Erwerbsarbeit häufig das Gefühl überwiegt, eine Maske zu tragen und eine Rolle zu spielen, verspricht die Wohnung, so die Konstruktion, Authentizität. Sie ermöglicht aber auch Ruhe und die Beschäftigung mit eigenen Fragen. Häufig wird die Wohnung als Nest beschrieben.

„Wenn ich 'ne Wohnung habe, baue ich mir ja irgendwie ein Nest." (Frau C.)
„Die ist für mich ein absolutes Nest, Zuhause und Rückzugsmöglichkeit." (Frau F.)

„... daß ich diese Fluchtmöglichkeit, dieses Nest habe, diesen Aktionsraum, in dem ich lese, werkele und allen möglichen Kram mache." (Frau M.)

„Das war schon damals so, daß ich dachte, 'ach Mensch, das wär schon doll, so ein eigenes Nest ..." (Frau P.)

Mit dem Bild des Nestes drücken die Frauen aus, daß sie sich in ihrer Wohnung zurückziehen können. Es ist ein Ort, der Geborgenheit ermöglicht. „Was ein Tier in seiner Höhle hat" (Frau N.), das wird mit der Wohnung verbunden: eine Zufluchtsstätte, eine Hoffnung auf Sicherheit.

Das Bild vom Nest, so zeigt der Philosoph Gaston Bachelard (1987), enthält immer gleichzeitig den Wunsch nach Sicherheit und das Wissen, daß ein Nest leicht zerstört werden kann. Auch die interviewten Frauen sehen in ihrer Wohnung einen Ort, an dem sie Geborgenheit suchen und gleichzeitig ist ihnen die Wohnung aufgrund der Wohnungsmarktlage nicht sicher[4]. Die bestehende Unsicherheit stellt aufgrund der großen psychischen und biographischen Bedeutung, die der Wohnung zugemessen wird, individuell eine immense Belastung dar:

„Und die (Wohnung M.L.) brauch ich unbedingt und ohne die und wenn die irgendwie gravierend angetastet ist, fühl ich mich ganz, ganz schutzlos." (Frau D.)

Literatur

Laplanche, J./Pontalis, J.B. 1973. Das Vokabular der Psychoanalyse. Bd. 2. Frankfurt/Main.
Bachelard, Gaston. 1987. Poetik des Raumes. Frankfurt/Main.

Anmerkungen

1 Dieser Aufsatz basiert auf Interviewauswertungen, die ich im Rahmen meiner Dissertation im Fach Soziologie an der Universität Frankfurt/M. durchgeführt habe. Sie ist inzwischen als Buch unter dem Titel: „Raum ergreifen. Allein wohnende Frauen zwischen Arbeit, sozialen Beziehungen und der Kultur des Selbst", Bielefeld, 1994, veröffentlicht.

2 Vgl. E.T.A. Hoffmann: Die Geschichte vom verlorenen Spiegelbild.
3 Vgl. J. Laplanche u.a. 1973.
4 Weitere Unsicherheiten entstehen durch Angst vor sexuellen Übergriffen oder Einbruch.

Die Frauenwohnungsbau-genossinnenschaft „Lila Luftschloß"

Wohnungsbau von und für Frauen

Stephanie Bock
Geb. 1963, Diplomgeographin, aktiv bei FOPA Rhein-Main e.V. und Gründungsgenossin bei Lila Luftschloß.

„Die Frau muß sich selbst die Wohnung schaffen, die sie braucht" (Frauenwohnungsbaugenossenschaft Frankfurt/Main 1916). Heute erscheint dieser Anspruch aktueller denn je, denn noch immer sind die allermeisten „Familienwohnungen" ungeeignet für jüngere und ältere Frauen, für allein- oder zu zweitlebende Frauen, alleinerziehende Frauen und Frauen mit Wünschen nach gemeinschaftlichem Wohnen. Außerdem ist der Zugang für Frauen zum Wohnungsmarkt in besonderer Weise erschwert: Sie verdienen nach wie vor weniger und können entsprechend nur niedrigere Mieten bezahlen. Auf der anderen Seite profitieren sie aber auch in geringerem Ausmaß von der momentanen eigentumsfördernden Wohnungspolitik. Als Resultat sind auch Frauen zunehmend von Wohnungslosigkeit und Obdachlosigkeit betroffen.

Aus den Anforderungen an ideales Wohnen und aus den Wünschen und Vorstellungen, die Frauen in unterschiedlichen Lebenszusammenhängen (junge Frauen, sogenannte „alleinstehende Frauen", ältere Frauen, Frauen unterschiedlicher Nationalität und häufig mit Kindern) an Wohnraum formulieren, können konkrete Vorstellungen zu frauengerechtem Wohnen entwickelt werden. Hierbei spielen Grundrißplanung und andere architektonische Kriterien ebenso eine Rolle wie Aspekte der Stadtplanung. Alle Räume einer Wohnung sollten beispielsweise annähernd gleich groß sein, zudem sollte eine große Wohnküche vorhanden sein. Flexible Bauweise mit je nach Bedarf veränderbaren Zimmergrößen und Eingängen sollte Wohnen in größeren und kleineren Einheiten bzw. Gemeinschaften ermöglichen.
Wohnungsbau für Frauen muß neue Lebensqualitäten beinhalten, z.B. Formen des Zusammenlebens, die der Vereinzelung und der Vereinsamung entgegenwirken. Zu diesen Lebensqualitäten gehört auch der Genossenschaftsgedanke, der aktive Einflußnahme, Mitbestimmung und gemeinsame Verantwortung ermöglicht und fördert und somit zu einem Wohnungbau von Frauen für Frauen wird. Dieser Gedanke schließt die Selbsthilfe bei der Bauausführung und die Selbstverwaltung eines Projektes, d.h. Beteiligung der zukünftigen Mieterinnen zum frühest möglichen Zeitpunkt mit ein.

In Frankfurt zeigt sich das Problem der Wohnungsnot in besonders eklatantem Ausmaß. Schon länger sind nicht mehr nur noch die sozial Schwächsten von Wohnungslosigkeit bedroht. So finden z.B. auch viele der in Frauenhäuser geflüchteten Frauen keine neuen Bleiben, der Übergangszustand wird zum Dauerzustand. Mädchen und junge Frauen, die ihre Familien verlassen wollen oder müssen, können aufgrund fehlenden Wohnraums keine eigenen Lebensperspektiven entwickeln. Für andere Lebensformen, wie Wohngemeinschaften mehrerer Frauen oder das bewußte Alleinewohnen sowie z.B. generationsübergreifende Wohnformen etc., scheint in dieser Stadt keinerlei Platz mehr vorhanden zu sein.

Drei Frankfurter Frauenprojekte, Frauen helfen Frauen e.V., feministische Mädchenarbeit e.V. und Lila Luftschloß, eine Selbsthilfegruppe junger wohnungssuchender Frauen, schlossen sich deshalb im Frühjahr 1991 zusammen, um sich diesem Mißstand, dem sie vor allem in ihrer täglichen Projektarbeit gegenüberstehen, nicht länger resignativ zu beugen, sondern innovative Ideen entgegenzusetzen. Mit tatkräftiger Unterstützung des Wohnbundes sowie in Diskussionen mit dem Frauenreferat und dem Amt für Kommunale Gesamtentwicklung und Stadtplanung wurde die Idee einer Frauenwohnungsbaugenossinnenschaft entwickelt, bei der zudem auf ein historisches Vorbild zurückgegriffen werden konnte (Treske 1993). Gegründet wurde die Genossinnenschaft Lila Luftschloß Ende 1992 von dreizehn Frauen aus den genannten Frauenprojekten sowie einzelnen Interessierten. Die Satzung konnte inzwischen mit Unterstützung des Verbandes der südwestdeutschen Wohnungswirtschaft e.V. verabschiedet werden.

Mittlerweile ist beabsichtigt, zwei Baulücken im Rahmen des öffentlich geförderten Wohnungsbaus zu bebauen. Vorerst sollen 11 Wohnungen in den unterschiedlichsten Größen - ein bis vier Zimmer - errichtet werden, in denen Frauen mit und ohne Kinder, gemeinsam oder alleine leben können. Im Parterre eines Wohnhauses ist zudem eine Kindereinrichtung geplant. Bezüglich der Bauträgerschaft besteht das Angebot einer traditionellen Wohnungsbaugesellschaft, uns zu unterstützen. Die Verhandlungen mit der Stadt Frankfurt verliefen bisher mit den verwaltungsüblichen Verzögerungen und Unwägsamkeiten erfolgreich, so daß eine Realisierung spätestens 1995 glücken könnte.

Zur Finanzierung des im Rahmen des geförderten Wohnungsbaus erforderlichen Eigenanteils von 15 % stehen auf der einen Seite die Genossinnenschaftsanteile zur Verfügung, die von den zukünftigen Mieterinnen entsprechend der Satzung eingebracht werden müssen (1.000 DM pro Frau) sowie die von jeder Mieterin zu erbringende Selbsthilfe im

Gegenwert von etwa 5.000,- DM. Mit entsprechender Öffentlichkeitsarbeit müssen nun Genossinnen und FörderInnen oder GeldanlegerInnen gefunden werden, um den erforderlichen Betrag aufzubringen.

Jetzt heißt es, viele tat- und finanzkräftige Unterstützerinnen zu finden, damit das Lila Luftschloß recht bald eine feste Adresse bekommt.

Kontaktadresse:
Lila Luftschloß
(Frauenwohnungs-
baugenossinnen-
schaft i.Gr.)
c/o Appelsgasse 12
60487 Frankfurt

Literatur

Flugblatt der Frauenwohnungsbaugenossenschaft Frankfurt am Main 1916
Monika Tresken: „'Die Frau muß sich selbst die Wohnung schaffen, die sie braucht.' Frauenwohnungsbaugenossenschaften im Frankurt/Main der 10er und 20er Jahre", in: FREIRÄUME Heft Nr.6

Rubriken

Die Wiederentdeckung der Gartenstadt und welche Rolle denkt man(n) den Frauen zu!

Regina Mentner
MA, geb. 1959, Bauzeichnerin und Historikerin, Schwerpunkt: Frauengeschichtsforschung.

Bedingt durch die Auseinandersetzungen mit der FOPA Dortmund und anderen Frauengruppen versucht die „Internationale Bauausstellung (IBA) Emscher-Park" verstärkt, die Belange von Frauen zu berücksichtigen. Als Beispiele seien hier nur das Modellprojekt „Bergkamen", die „Werkstatt: Frauen- und Geschlechtergeschichte im Ruhrgebiet" und die Arbeitsgruppe „Frauen und IBA" genannt.

Dies sind positive Ansätze, die jedoch in der Dokumentation der IBA zur Verleihung des Robert-Schmidt-Preises 1992 anläßlich eines europäischen Studentenwettbewerbs zum Thema „Gartenstadt heute" anscheinend vergessen wurden.

Diese Dokumentation beschreibt die Geschichte der Gartenstadt als Siedlungsmodell im ersten Drittel des 20. Jahrhunderts und würdigt den Befürworter dieses Konzeptes, den Raum- und Landesplaner Robert Schmidt (1869-1934). Sie versucht einen Ausschnitt dieser Geschichte zu rekonstruieren und entwirft aus der Perspektive von Männern ein männerzentriertes Geschichtsbild. Bereits das Grußwort von Ministerpräsident Johannes Rau zeigt, wie unreflektiert mit Architektur- und Planungsgeschichte umgegangen wird. Rau legte den TeilnehmerInnen nahe, sich z.B. an den städtebaulichen Utopien des Ingenieurs und Stadtentwicklers Theodor Fritsch (1852-1933) zu orientieren. Daß Fritsch sich durch eine antisemitische Haltung auszeichnete und mit seinem Gartenstadtkonzept völkisch rassistische Ziele verfolgte, bleibt unerwähnt (Frank/Schubert 1983, Hafner 1988).

Um den Beitrag der Gartenstadtbewegung zum gesellschaftlichen Leben und Bewußtsein zu verstehen, bedarf es einer feministischen Aufarbeitung des von ihr entworfenen Frauen- und Familienbildes.

Die „Deutsche Gartenstadtbewegung" entwickelte sich neben der Boden- und Wohnungsreformbewegung zu Beginn des 20.Jahrhunderts entlang der baulichen Vorbilder des englischen Stadtplaners Ebenezer Howard (1850-1928). Gemeinsam war der englischen und deutschen Gartenstadtbewegung das sozialreformerische Ziel einer Siedlungsreform, die auf dem Prinzip der Dezentralisierung bei gleichzeitiger Verschmelzung der Vorteile des Stadt- und Landlebens basierte. Die Wohnungsnot und die miserablen Wohnbedingungen, eine Folge der Industrialisierung und der Verstädterung, sollten durch die Errichtung von

Gartenstädten beseitigt werden. Diese Vorstellung war, gekoppelt mit sozialhygienischen Absichten, bezogen auf die Wohnverhältnisse der ArbeiterInnenschaft, welche für die angebliche Zersetzung von Moral, Sitte und Produktivität verantwortlich gemacht wurden. So schrieb der Gründer der „Deutschen Gartenstadt Gesellschaft", Hans Kampffmeyer, daß die Schaffung von „gesunden und schönen Heimstätten in Gartenstädten" als Frage der Volkswirtschaft erst einen Aufschwung erfahren könnte, wenn die „kulturelle, hygienische und ästhetische" Bedeutung der Gartenstadt erkannt würde. Krankheiten, Alkoholkonsum und Kriminalität könnten so reduziert und einer wirtschaftlichen Schädigung der/des Einzelnen, der Familie und der ganzen Gesellschaft vorgebeugt werden. Die Siedlungsform der Gartenstadt würde durch die Kombination von Wohnungen und Gärten zur allgemeinen Hebung der „Volksgesundheit beitragen" (Kampffmeyer 1909:87f). In diesem Sinne erhoffte sich auch Schmidt, eine „Erneuerung unserer Volkskraft" durch das Kleinhaus als der „ursprünglichen Hausform der 'Seßhaften'" zu erreichen (Schmidt 1919:3 aus IBA 1993:16).

Kampffmeyer als Sprachrohr der Gartenstadtbewegung sah in den Frauen eine Zielgruppe, die besonders am Zustandekommen von Siedlungen interessiert sein müßte. Denn gerade die Frauen hätten ein tiefergreifendes Interesse an der Verbesserung der Wohnverhältnisse. Er begründete diesen Zustand mit der an das Haus gebundenen weiblichen Reproduktionsarbeit. Die Frauen litten direkter unter den schlechten Wohnverhältnissen, da sie sich mehr dort aufhielten und erführen unmittelbar, wie sich diese Situation negativ auf ihre Kinder auswirkte. Die Gartenstadtbewegung stellte nicht nur eine Verbesserung der Wohnbedingungen für Frauen und Kinder in Aussicht, sie versprach weiterhin ein breites Feld sozialer, frauenspezifischer Aufgaben, z.B. ihr Einsatz in der Wohnungsinspektion (Kampffmeyer 1909:90f).

Ein solches System sozialer Kontrolle innerhalb einer Siedlung, in der bürgerliche Frauen die Arbeiterinnen auf angebliche häusliche und wirtschaftliche Mißstände aufmerksam machen sollten, konnte nur dazu führen, Klassenwidersprüche, Konkurrenzen und Hierarchien herauszubilden. Gleichzeitig sollte die bürgerliche Familienideologie weitergegeben und stabilisiert werden mit dem Ziel, aus ArbeiterInnen BürgerInnen zu machen.

Die Reformer der Gartenstadtbewegung stellten den Frauen ferner die Perspektive von Zentralhaushaltungen mit genossenschaftlicher Wasch-

küche, eine Genossenschaftsgärtnerei zur Anzucht junger Pflanzen für den Garten, Kindergärten u.ä. in Aussicht. (Kampffmeyer 1909:91)
Ob die Initiatoren der deutschen Gartenstadtbewegung die Verwirklichung von Reformmodellen, wie das Einküchenhaus, anstrebten oder ob sie es nur in ideologischer Absicht zur Verbreitung ihrer Ideen benutzten, ist weitgehend unerforscht. Da ein solches Konzept nicht verwirklicht wurde, hatten diese Ideen wohl vorwiegend die Funktion erzieherisch zu wirken, in dem Sinne, daß Gemeinschaftsgeist geweckt und die Identifikations- und Reparaturbereitschaft der BewohnerInnen erhöht würde. (Uhlig 1981:24f)

Da die Grundlage für ein „friedliches Familienleben" nach Einschätzung der Gartenstadtbewegung nicht das Wohnen in der Stadt darstellte, sollte das „Familienleben in seiner alten Reinheit und Schönheit" neu entfaltet werden. Um dieses Ziel zu erreichen, wollte die Gartenstadtbewegung explizit die Frauen für ihre Ideen gewinnen, denn sie galten als „Hüterinnen des Hauses" zwar als schwer reformierbar und konservativ, aber mit einem besonderem Interesse an nicht-städtischen Siedlungsformen.(Altmann-Gottheiner 1911:95f)
„Wenn die *Frau* nicht *selbst* für den Gedanken der Gartenstadt gewonnen ist, wird die Familie aus der Großstadt nicht herauskommen. Wenn die Frauen aber sich bewußt als Trägerinnen der Gartenstadtidee machen, wenn sie einsehen lernen, daß nur unter ganz neuen Verhältnissen Gesundheit, Glück, Wohlstand und Befriedigung für weite Bevölkerungsklassen zu finden ist, dann hat die Gartenstadtbewegung gewonnenes Spiel..." (Altmann-Gottheiner 1911:96)

Vor diesem geschichtlichen Hintergrund erscheint das Siedlungsmodell der Gartenstadt als ein konservatives und Frauenemanzipation einschränkendes Konzept. Wenn wir Fouriers berühmten Ausspruch, daß die Emanzipation der Frauen der Index der allgemeinen Emanzipation eines Zeitalters ist -, anwenden, sind Gartenstadtbewegung und sich darauf beziehende Projekte wie das der IBA keineswegs ein Vorbild für Emanzipation und Frauenfreundlichkeit.

Literatur

Altmann-Gottheiner, Dr.Elisabeth (1991): "Frau und Gartenstadt". In: Deutsche Gartenstadt-Gesellschaft (Hg.), Die deutsche Gartenstadtbewegung. Zusammenfassende Darstellung über den heutigen Stand der Bewegung, Berlin.

Frank, Hartmut/ Schubert, Dirk (1983): Lesebuch zur Wohnungsfrage, Köln.

Kampffmeyer, Hans (1909): Die Gartenstadtbewegung, Aus Natur und Gesellschaft, Sammlung wissenschaftlich-gemeinverständlicher Darstellungen Bd. 259, Leipzig.

Kommunalverband Ruhrgebiet, Essen/ IBA Emscher Park GmbH (Hg.) (1992): Dokumentation zum Thema „Gartenstadt heute", Robert-Schmidt-Preis.

Rubriken

Wie weiblich ist die Platte?
Umgestaltung eines Marzahner Wohnhochhauses

Sabine Flohr
Dipl.Ing., geb. 1963, z.Zt. Arbeit als Architektin in der Altbausanierung, Berlin.

Im Rahmen des experimentellen Wohnungs- und Städtebaus (EXWOST) fördert das BMBau seit 1991 das Forschungsfeld „Städtebauliche Entwicklung großer Neubaugebiete in den fünf neuen Bundesländern und Berlin-Ost"[1]. Einen Teil dieses Programms bildet das Modellvorhaben Berlin-Marzahn, dessen Ziel die Erarbeitung eines integrierten Entwicklungskonzeptes für dieses größte Neubaugebiet der ehemaligen DDR wie der BRD ist[2]. Als einen Baustein des Vorhabens lobten im November 1992 Bausenatsverwaltung, Bezirk und die Wohnungsbaugesellschaft Marzahn einen beschränkten Realisierungswettbewerb für die Umgestaltung eines Plattenbau-Wohnhauses mit elf Geschossen, Typ QP 71, aus. Teil des Wettbewerbs war ein begleitendes Beratungsverfahren des Frauenbeirats bei der Senatsverwaltung für Bau- und Wohnungswesen.

Basierend auf der durch die Auslober und das BMBau vorgegebenen, relativ eng gefaßten Aufgabenbeschreibung setzte sich der Beirat folgende Ziele für das Beratungsverfahren:
▷ frauenspezifische Belange im Wettbewerbsverfahren zu thematisieren und ihre Berücksichtigung einzufordern
▷ die Bewohnerinnen des Wohngebäudes dazu anzuregen, ihre Anforderungen an die Umgestaltung zu formulieren und sich für die Berücksichtigung ihrer Interessen in Wettbewerb und Ausführungsphase einzusetzen
▷ prozeßhaft Erfahrungen mit der Institutionalisierung der Mitsprache von Bewohnerinnen bei der Umgestaltung bestehender Bausubstanz zu sammeln und diese für zukünftige Planungen in den Plattenbausiedlungen der ehemaligen DDR auszuwerten.

Getragen wurde die Arbeit des Beirats von einer Arbeitsgruppe aus fünf Beirätinnen und von der Verfasserin als freier Mitarbeiterin. Neben dem Beratungsverfahren des Frauenbeirats bei SenBauWohn gehörte zum Konzept des Wettbewerbs auch der Aufbau einer „gemischten" MieterInnenvertretung, mit dem ein bereits im Gebiet arbeitendes Sozialplanungsbüro beauftragt wurde.

Im Wettbewerb waren sieben Büros - bis auf eines alle aus dem bundesdeutschen Raum - aufgefordert, Vorschläge zur Umgestaltung eines Plattenbaus und des unmittelbaren Wohnumfeldes zu entwerfen[3]. Die Wahl des Typus QP71 basierte auf baukonstruktiven und bauphysikalischen Gutachten, die ihn als besonders sanierungsbedürftig einstufen, und auf der Einschätzung, daß er auf Grund des Wohnungsschlüssels[4] nicht dem steigenden Bedarf an größeren Wohnungen entspreche und zukünftig schwer vermietbar sein werde.

Ablauf des Beratungsverfahrens

Das Beratungsverfahren setzte auf drei Ebenen an: direkte „Einmischung" der Beirätinnen und der Verfasserin, Zusammenarbeit mit der Frauenbeauftragten des Bezirks sowie Arbeit mit den Mieterinnen.

Für die Wettbewerbsjury wurde vom Beirat eine Fachpreisrichterin vorgeschlagen, die auch tatsächlich benannt wurde, für die Mieterinnengruppe konnte lediglich ein Platz als Sachverständige mit beratender Stimme durchgesetzt werden. Eine Beirätin aus der Arbeitsgruppe nahm ebenfalls mit diesem Status am Preisgericht teil, das Mitte Februar 1993 tagte. Die Formulierung der Ausschreibung konnte geringfügig verändert werden, so daß die Thematik nutzerinnengerechter Planung im Text wenigstens angeschnitten wurde. Bei dem zweitägigen Zwischenkolloquium für die teilnehmenden Büros Anfang Dezember bestand dann die Möglichkeit, diese durch ein längeres Referat zu vertiefen. Für die Vorprüfung Ende Januar schließlich wurden aus Ergebnissen der Beirats-, der bezirklichen und der Mieterinnen-Arbeitsgruppe ein Kriterienkatalog zusammengestellt, der allerdings keine anhand der Wettbewerbsbeiträge belegbare Bedeutung erhielt.

Aus dem Kontakt mit der Frauenbeauftragten des Bezirks ergab sich die Idee, gemeinsam Vertreterinnen von Frauenprojekten vor Ort einzuladen, um Möglichkeiten der bezirklichen Einflußnahme zu erörtern. Es fanden mehrere Treffen statt, bei denen der Schwerpunkt der Überlegungen auf Maßnahmen zur Erweiterung der Infrastruktur und zur Schaffung/Erhaltung von Erwerbsarbeitsplätzen für Frauen sowie auf Diskussionen zum Begriff „frauenspezifische Kriterien" lag.

Die Arbeit mit den Mieterinnen fand in Kooperation mit dem oben erwähnten Sozialplanungsbüro statt. Gemeinsam wurde im November eine Befragung von etwa sechzig Mietparteien durchgeführt[5] und eine erste Informationsversammlung für Mieter und Mieterinnen zusammen mit VertreterInnen der Wohnungsbaugesellschaft veranstaltet. Bereits hier wurde eine Grundproblematik der Konzeption deutlich, die sich durch das ganze Verfahren zog: während die Wohnungsbaugesellschaft von dem Wettbewerb und den anschließenden Baumaßnahmen eine Aufwertung der Substanz und eine längerfristig gute Vermietbarkeit erwartete, befürchteten die MieterInnen, daß ihre Miete ins Unbezahlbare klettern oder ihre Wohnung zu den durch Zusammenlegungen und Grundrißveränderungen „weggeplanten" gehören würde. Gerade die Bedenken gegenüber den finanziellen Auswirkungen konnten im Laufe des Verfahrens nicht durch verbindliche Zusagen ausgeräumt werden, da noch kein Finanzierungsplan bestand.

Ansicht einer (West-)Großsiedlung (Köln-Chorweiler). Foto: Andrea Greve

Aus diesem Grund konnte den MieterInnen ebenfalls nicht zugesagt werden, ob es ein Sozialplanverfahren geben würde. Die starke Verunsicherung prägte auch das Klima bei den Treffen der Mieterinnen, die sich als etwa achtköpfige Gruppe zusammenfanden. Bei diesen wurde zwar über Wünsche der Frauen geredet und ein kleiner Katalog für die aus dem Kreis als Sachverständige mit beratender Stimme am Preisgericht teilnehmende Mieterin zusammengestellt, aber Befürchtungen, mit den eigenen Vorschlägen womöglich die Miethöhe emporzutreiben, wirkten als starke Bremse. Die dennoch von den Mieterinnen entwickelten Vorschläge bezogen sich weniger auf die Wohnungen selbst, als auf Stauraum im Keller, Sicherheit, Gestaltung des „Abstandsgrüns" und den Wunsch nach einem gemütlichen Treffpunkt im Umfeld.

Einschätzung des Verfahrens

▷ Neu - und bis heute leider einmalig - war die relativ gute finanzielle Ausstattung des Beirats aus Forschungsgeldern des BMBau, die die Finanzierung einer freien Mitarbeiterin ermöglichte.
▷ Dem formulierten Anspruch der Auslober nach sollte es sich nicht um die berühmte Frauennische handeln, sondern übertragbare Empfehlungen entwickelt werden.
▷ Das gesamte Verfahren war von dem Widerspruch geprägt, daß exemplarische - also eher typologische - Lösungen erwartet wurden, die aber an einem konkreten Wohnhaus mit realen BewohnerInnen und mit teilweise für das Gebiet untypischen Bedingungen „abgearbeitet" werden mußten.
▷ Der Wettbewerb war mit Ansprüchen so überfrachtet, daß deren Realisierung bei der Wettbewerbsentscheidung nur noch zum Teil als Kriterium ausschlaggebend war.
▷ Forderungen wie z.B. Quotierung der Jury und Büros oder Schaffung von Stellen für Frauen in der Bauphase waren von vorneherein nicht durchsetzbar.
▷ Die Form eines klassischen Realisierungswettbewerbs erwies sich als ungeeignet, frühzeitig und ernsthaft die Bewohnerinnen und Bewohner an den Planungen zu beteiligen.
▷ Die Unterstützung der Bewohnerinnen und Bewohner war nur für die kurze Phase des Wettbewerbs gesichert, nicht für die ebenso entscheidende Zeit der Realisierungsplanung.
▷ Existentielle Fragen der MieterInnen konnten nicht verbindlich beantwortet werden, z.B. die Frage nach der Mietentwicklung oder nach Umsetzwohnungen.
▷ In der Wettbewerbsphase war die Mitsprache der MieterInnen de facto auf zwei beratende Stimmen als Sachverständige beschränkt.
▷ Es existierte keine eindeutig vermieterunabhängige MieterInnenberatung, da das mit dem Aufbau der MieterInnenvertretung betraute Büro u.a. von der Wohnungsbaugesellschaft finanziert wurde.

Der Begriff „Frauenspezifische Anforderungen"

Kurz sei hier auf einen der für mich spannendsten Impulse aus der Arbeit vor Ort hingewiesen: die Notwendigkeit, Kriterien und Begriffe, die die feministische Planungskritik in der „alten" BRD entwickelte, auf ihre Übertragbarkeit in den neuen Bundesländern zu überprüfen und als Diskussions- und Forschungsergebnisse eines bestimmten Kontextes relativieren zu lernen. In der Zusammenarbeit mit Fachfrauen, Bewohnerinnen und Mitarbeiterinnen von Marzahner Frauenprojekten nahm die Diskussion, ob spezielle frauenspezifische Anforderungen an die Weiterentwicklung der Plattenbausiedlungen existieren und wie wir sie definieren, einen großen Raum ein. Meine Gesprächspartnerinnen vertraten dabei sehr polarisierte Standpunkte. Hinter ihren stark auseinandergehenden Meinungen über die Existenz frauenspezifischer Forderungen stand die grundsätzliche Frage, ob in der Gesellschaft der ehemaligen DDR noch ausgeprägte männliche und weibliche Sozialcharaktere (gender) existierten oder sich diese angenähert haben.

Die von westlichen feministischen Planerinnen formulierten Kriterien zu Wohnung, Wohnumfeld, Struktur des öffentlichen Raumes, Sicherheit usw. wurden nur von einem kleinen Teil der Frauen als „frauenspezifisch" betrachtet, als Sachforderungen jedoch als richtig und wichtig eingestuft. Die Frauen lehnten es ab, sich zu alleinigen Trägerinnen dieser Forderungen zu machen. Ihre Kritik zielte darauf, nicht in der eigenen politischen Argumentation die gegenwärtige Tendenz unterstützen zu wollen, daß in der ehemaligen DDR Frauen im öffentlichen Bild zunehmend als Hausfrauen dargestellt und faktisch in diese Rolle gedrängt werden.

Fazit

Nach Abschluß des modellhaften Beratungsverfahrens ergeben sich für die Institutionalisierung der Mitsprache von Mieterinnen bei der Sanierung der Plattenbau-Siedlungen folgende Empfehlungen:
▷ Statt klassischer Wettbewerbsverfahren sollten diskursive Verfahren (wie z.B. beim IBA Emscher Park-Wettbewerb Recklinghausen erprobt) mit einer parteilichen Unterstützung der „Beplanten" Anwendung finden.
▷ Diese Unterstützung ist auch in der Ausführungsphase noch finanziell abzusichern.
▷ Existentielle Fragen wie z.B. zukünftige Mietsteigerungen sind vorab zu klären bzw. Konsequenzen von Planungsentscheidungen transparent und nachvollziehbar darzustellen.

▷ Die Berücksichtigung bestimmter architektonischer und stadtplanerischer Standards (ob als „frauenspezifisch" definiert oder nicht) sowie der spezifischen Bedürfnisse der Bewohnerinnen des jeweiligen Objekts ist gerade bei regulären Verfahren, die nicht den Charakter eines Sonderprojektes für Frauen haben, abhängig von der Sensibilität möglichst vieler der am Verfahren beteiligten professionellen Kräfte (PlanerInnen, SozialplanerInnen, VertreterInnen der Wohnungsbaugesellschaften oder anderer BauherrInnen) für diese Thematik. Eine einzelne Sachverständige für diesen Schwerpunkt gerät sonst unweigerlich in die Position der allein zuständigen (Alibi-)Frau. Dieses Gespür bei professionellen Kräften ist über Fortbildungsmaßnahmen, wie sie z.B. von AREA Rotterdam konzipiert wurden, zu schulen.

Die von der Verfasserin erstellte Dokumentation des Modellvorhabens „Integriertes Entwicklungskonzept Marzahn" liegt in der Geschäftsstelle des Beirats für Frauenspezifische Belange bei der Senatsverwaltung für Bau- und Wohnungswesen vor.

Anmerkungen

1. Etwa ein Viertel der Bevölkerung der ehemaligen DDR lebt in randstädtischen Großsiedlungen, die nach Verabschiedung des Wohnungsbauprogramms von 1973 errichtet wurden. Im Umland von Berlin entstanden während der letzten zwanzig Jahre in Marzahn, Hohenschönhausen, Buch und Altglienicke 170.000 Wohneinheiten für über eine halbe Million Menschen.
2. Mit 60.000 Wohneinheiten für 168.000 EinwohnerInnen hat Marzahn die vierfache Größe der Gropiusstadt.
3. Da die Bauaufgabe „Umgestaltung von Plattenbausiedlungen" derzeit Konjunktur hat, sei angemerkt, daß das - gerade unter westlichen PlanerInnen verbreitete Klischee dieser Gebiete als triste Betonghettos korrekturbedürftig ist und Erfahrungen aus der Nachbesserung westdeutscher Siedlungen nicht unbedingt übertragbar sind. Die Großsiedlungen der ehemaligen DDR galten (und gelten noch) als beliebte Wohnbezirke mit starker sozialer Mischung und einem hohen Anteil an AkademikerInnen und FacharbeiterInnen. Als weitere Aspekte sei auf die in der Regel von Planungsbeginn an konzipierte und realisierte gute ÖPNV-Anbindung der Gebiete und die Existenz einer Grundversorgung mit sozialer und gewerblicher Infrastruktur hingewiesen. Der Grad der Ausstattung mit sozialer, gewerblicher und auch kultureller Infrastruktur in Marzahn stellt allerdings einen überdurchschnittlichen Standard dar.
4. 117 Wohnungen, davon 96 Ein- und Zwei- sowie 21 Drei-Raum-Wohnungen, als Vierspänner an drei Treppenhäusern angeordnet.
5. Dabei zeigte sich, daß die Altersstruktur der BewohnerInnen des Gebäudes für Marzahn untypisch ist. Im Wettbewerbsgebäude leben überwiegend äl-

tere Menschen, allein oder als Ehepaare, während das Durchschnittsalter in der Großsiedlung bei 30 Jahren liegt und 30% der BewohnerInnen Kinder und Jugendliche sind.

Literatur

Bezirksamt Marzahn. Die Gleichstellungsbeauftragte u.a. (Hg.). September 1992. Frauen in den neuen Bundesländern zwei Jahre nach der deutschen Einheit. Dokumentation des 1. Marzahner Frauenworkshops. Berlin.

Der Bundesminister für Raumordnung, Bauwesen und Städtebau (Hg.). Juni 1991. Vitalisierung von Großsiedlungen. Bonn - Bad Godesberg.

Hannemann, Christine. 1991. „Wenn Frauen 'sozialistisch' wohnen. Zur Lebensweise in Großsiedlungen in der DDR". in: Barbara Martwich (Hg.). FrauenPläne. 1. Aufl. Darmstadt. S. 123 - 136

Herbst, Kerstin. November 1991. Mädchensozialisation und weibliche Identität in der DDR. Hg. von Institut für zeitgeschichtliche Jugendforschung. Berlin.

IBA Emscher Park GmbH (Hg.). 1991. Wettbewerbsdokumentation Recklinghausen-Süd. Gelsenkirchen.

Schmitt, Jack. 1991. „Der Bürger und die Platte". In: Stadtbauwelt Nr. 109 Berlin.

Senatsverwaltung für Bau- und Wohnungswesen (Hg.). Januar 1993. Neue Wohn- und Siedlungsformen. Neue Impulse aus Frauensicht. Berlin.

Topfstedt, Thomas. 1988. Städtebau in der DDR. 1. Aufl. Leipzig.

Beschleunigungsgesetze – Planung ohne Frauen?

Nachdem 1987 das Bundesbaugesetz von 1960 und das Städtebauförderungsgesetz von 1970 im Baugesetzbuch (BauGB) der besseren Übersicht und Handhabbarkeit wegen zusammengefügt wurden, hat die Gesetzgebung der letzten Jahre dafür gesorgt, daß für jedes Planungsverfahren wieder in mehreren Gesetzen geblättert werden muß. Zwei Artikelgesetze, d.h. Gesetze, die bestehende Gesetze ändern, sind in Kraft getreten:

1. Im Mai 1990 das Wohnungsbauerleichterungsgesetz (WoBauErlG), dessen wesentlicher Kern das zunächst bis 31.5.1995 befristete, inzwischen bis 31.12.97 verlängerte, Maßnahmengesetz zum Baugesetzbuch (BauGB-MaßnahmenG) darstellt. Um schneller auf die Wohnungsnot reagieren zu können, sollten Bebauungspläne, die „der Deckung eines dringenden Wohnbedarfs der Bevölkerung" dienen, in einem verkürzten Verfahren aufgestellt und geändert werden können.

2. Am 1.Mai 1993 das Investitionserleichterungs- und Wohnbaulandgesetz (IWG), das, wie der unaussprechliche Name schon sagt, zwei Ziele hat: Zum einen die Förderung der Bereitstellung von Flächen für den Wohnungsbau und zum anderen die Erleichterung von privaten Investitionen (jeglicher Art, nicht nur im Wohnungsbau). Dazu wurden zahlreiche Gesetze geändert, u.a. das BauGB, das BauGB-MaßnahmenG, das Bundesnaturschutzgesetz und das Bundesimmissionsschutzgesetz.

Außerhalb des üblichen Planungsrechts wurden zwei neue Möglichkeiten zur Entwicklung von Stadtgebieten geschaffen - der Vorhaben- und Erschließungsplan und die städtebaulichen Entwicklungsmaßnahmen. Beide werden im folgenden mit ihren Konsequenzen und Chancen für die Durchsetzung von Fraueninteressen in der Planung dargestellt.

Den Namen „Beschleunigungsgesetze" erhielten die neuen Gesetze aber hauptsächlich wegen der beabsichtigten Beschleunigung der Bauleitplanung durch Verkürzung der Beteiligungsmöglichkeiten, worauf in einem eigenen Abschnitt eingegangen wird.

Christina Kleinheins
Dipl.-Ing., geb. 1963, Städtebaureferendarin, Mitglied bei FOPA Dortmund, Mülheim a.d. Ruhr.

Vorhaben- und Erschließungsplan

Die in den neuen Bundesländern schon länger bestehende Möglichkeit über einen Vorhaben- und Erschließungsplan (VEP) Baurecht zu schaffen, ist durch das IWG in der gesamten Bundesrepublik - vorläufig bis 31.12.97 befristet - eingeführt worden[2]. Eine Stadt kann danach in einer Satzung beschließen und durch Vertrag mit einem Investor festlegen, daß dieser innerhalb einer bestimmten Frist ein Bauvorhaben einschließlich der Grundstückserschließung planen und ausführen soll. Dies ist immer dann möglich, wenn das Vorhaben auf anderem Weg nicht genehmigungsfähig wäre. Das Baugesetz wird somit de facto außer Kraft gesetzt.

Das Verfahren birgt dennoch durchaus Chancen, innovative Ideen umzusetzen. Entscheidend ist die Stärke der Kommune und die Zielstrebigkeit, mit der auch Fraueninteressen in den Vertragsverhandlungen vertreten werden.

So kann der/die VorhabenträgerIn sich z.B. vertraglich verpflichten,
▷ bei gewerblichen Vorhaben auch Wohnungen zu bauen bzw. eine bestimmte Nutzungsmischung vorzusehen,
▷ den Bau eines Kindergartens für das betreffende Gebiet zu finanzieren,
▷ Gemeinschaftseinrichtungen für Frauen zu planen,
▷ bei der Freiflächengestaltung Angsträume zu vermeiden,
▷ Kinderspielplätze einzurichten,
▷ ggf. mit der Verkehrsgesellschaft über einen ÖPNV-Anschluß zu verhandeln, etc.

Alles was im Rahmen der Bauordnung möglich ist und im Zusammenhang mit dem Vorhaben steht, ist denkbar. Es hängt vom Fingerspitzengefühl und den Prioritäten der Kommunen ab, inwieweit Frauenbelange ihren Niederschlag in den Verträgen finden.

Die nicht zu unterschätzende Gefahr besteht - wie die Erfahrungen in den neuen Bundesländern gezeigt haben - darin, daß Investoren ihre finanziellen Interessen auf Kosten der kommunalen Interessen durchsetzen können und die berechtigten Ansprüche der Frauen dem Vertragskompromiß zum Opfer fallen.

Städtebauliche Entwicklungsmaßnahmen

Die Möglichkeit eine städtebauliche Entwicklungsmaßnahme durchzuführen, ist seit 1990 im BauGB-MaßnahmenG vorgesehen und wird mit dem IWG unbefristet analog den Sanierungsmaßnahmen in das BauGB übernommen[3].

Da aufgrund des Gesetzes die Bodenpreise auf dem Niveau eines bestimmten Stichtags eingefroren werden können, bietet die Entwicklungsmaßnahme eine Möglichkeit, relativ preiswert Wohn- und Arbeitsstätten sowie Gemeinbedarfs- und Folgeeinrichtungen zu schaffen. Die Kommune kauft die Grundstücke im Entwicklungsbereich zum jeweiligen

Verkehrswert z.B. als Ackerland oder Bauerwartungsland, führt die Maßnahme durch und muß anschließend die Grundstücke, dann zum Baulandpreis, wieder veräußern. Der dabei erzielte Gewinn muß vollständig in die Maßnahme fließen, soll also die Planungs-, Erschließungs- und andere Kosten decken.

Viele Kommunen wollen dies nutzen, um große Wohngebiete zu entwickeln (Bsp. Neuss 6000 EW, Frankfurt 30.000 EW). Ähnlich wie in den 60er und 70er Jahren werden dabei häufig Flächen weitab der Stadtzentren gewählt, da größere zusammenhängende Flächen im Innenbereich meist vergleichsweise teuer sind (kein Ackerland) bzw. aufwendige Altlastensanierungen notwendig wären, die trotz günstiger Kaufpreise nicht finanziert werden können.

Die am Stadtrand gelegenen Flächen bergen aber die Gefahr - trotz der durch die Erfahrungen der letzten 25 Jahre sensibilisierten PlanerInnen -, daß u.U. funktionsentmischte „Schlafstädte" mit einer neuen Architektur und den altbekannten Problemen entstehen können.

Sich damit auseinanderzusetzen wird für Frauen in Zukunft wieder ein wichtiges Thema werden. Es muß darauf hingearbeitet werden, daß Entwicklungsgebiete

▷ nicht monofunktional ausgebildet werden (keine „Schlafstädte"), sondern eine ausgewogene Nutzungsmischung vorweisen,
▷ in einer überschaubaren Größenordnung gehalten werden, aber groß genug sind, um eine ausreichende soziale Infrastruktur tragen zu können,
▷ eine gute ÖPNV-Anbindung haben,
▷ nicht zu „sozialen Ghettos" werden,
▷ in einzelne, in sich funktionierende Bauabschnitte gegliedert sind und
▷ daß grundsätzlich überprüft wird, ob aus ökologischer, verkehrspolitischer und alltagsorganisatorischer Sicht eine innenstadtnahe Verdichtung nicht vorzuziehen wäre.

Diese eher grundsätzlichen Überlegungen sollten schon in der Vorbereitung der Maßnahme durchdacht werden. Bei der Reprivatisierung der Grundstücke hat die Kommune dann die Möglichkeit, in den Veräußerungsverträgen zu Konditionen zu kommen, die auch Frauenbelangen mehr Rechnung tragen. Dabei können ähnliche Ziele umgesetzt werden, wie die am Beispiel des VEP aufgeführten. Auch hier spielt das Verhandlungsgeschick der Kommune eine entscheidende Rolle.

Beteiligung von BürgerInnen, TrägerInnen Öffentlicher Belange und Fachämtern

Die beiden Erleichterungsgesetze wurden in der Öffentlichkeit als „Beschleunigungsgesetze" bekannt, weil sie darauf abzielen, die Verfahren zur Schaffung von Baurecht zu verkürzen. Hauptsächlich soll dies durch die Beschneidung der Möglichkeiten Stellungnahmen, Bedenken und Anregungen einzubringen geschehen.
Bei Bebauungsplan-Verfahren nach dem BauGB-Maßnahmengesetz, d.h. Plänen, die zur Deckung eines dringenden Wohnbedarfs der Bevölkerung dienen,
▷ kann die vorgezogene BürgerInnenbeteiligung, d.h. die übliche BürgerInnenversammlung vor Ort wegfallen,
▷ findet dann erst während der Offenlage, also zu einem Zeitpunkt, an dem die Planung vorläufig abgeschlossen ist, eine Anhörung für BürgerInnen statt[4],
▷ kann die Zeit der Offenlage, innerhalb der BürgerInnen sich mit der Planung vertraut machen und Anregungen und Bedenken vorbringen können, von einem Monat auf zwei Wochen verkürzt werden[5],
▷ wird die Frist für eine Stellungnahme der TrägerInnen öffentlicher Belange und der Stadtämter auf einen Monat festgesetzt[6].

Die Beteiligung bei städtebaulichen Entwicklungsmaßnahmen erfolgt im wesentlichen bei der Umsetzung in konkrete Bebauungspläne. Bei der Vorbereitung soll die Maßnahme zwar wie bei den Sanierungsverfahren mit den Betroffenen erörtert werden, eine direkte Beteiligung ist aber nur durch die Träger öffentlicher Belange vorgesehen[7].

Bei Vorhaben- und Erschließungsplänen sieht das Gesetz vor, daß „vor dem Erlaß der Satzung (...) den betroffenen Bürgern und berührten Trägern öffentlicher Belange Gelegenheit zur Stellungnahme innerhalb angemessener Frist zu geben"[8] ist. Eine Informationsveranstaltung oder ein Erörterungstermin ist nicht vorgesehen.
Der Wegfall dieser am wenigsten bürokratischen Form der Beteiligung macht es deutlich schwieriger, vorhandene Ansätze zur besonderen Beteiligung von Frauen (eigene Bürgerinnenversammlungen für Frauen, Workshops...) einzusetzen.

Handlungsansätze

Die Versuche Planungs- und Bauverfahren zu beschleunigen, gehen im wesentlichen zu Lasten der Beteiligungsmöglichkeiten von BürgerInnen und von den Trägern öffentlicher Belange, die die Belange der BürgerInnen vertreten. Hier müssen Forderungen ansetzen.

Bei Satzungen zum VEP ist eine möglichst frühzeitige Beteiligung in den Kommunen dringend einzufordern. Wenn die Gleichstellungsstellen und Frauenbüros schon an den ersten Verhandlungen mit den VorhabenträgerInnen beteiligt sind, besteht eine Chance, auch innovative Beteiligungsformen umzusetzen und damit zu gewährleisten, daß mehr Frauen ihr Expertinnenwissen in die Planung einbringen können.

Auch bei städtebaulichen Entwicklungsmaßnahmen sollten Frauen sich bereits bei den Voruntersuchungen einmischen, um die oben angeführten Ziele durchzusetzen. Nicht erst bei der im Entwicklungsbereich durchgeführten Bauleitplanung wird über die Lebensqualität in den neuen Quartieren entschieden.
Die Möglichkeiten über Verträge Forderungen durchzusetzen, die in der herkömmlichen Bauleitplanung bisher untergegangen sind, ist hier deutlich geworden. Gleichzeitig müssen wir uns darüber im klaren sein, daß diese Instrumente tendenziell undemokratisch und stark abhängig von den Interessen einzelner VerhandlungsführerInnen sind. Um so wichtiger ist es für Frauen in möglichst vielfältiger Form an der Gestaltung der Verträge mitzuwirken.

Bei Bebauungsplänen nach WoBauErlG ohne vorgezogene BürgerInnenbeteiligung und mit verkürzter Auslegungszeit zeigt sich jetzt schon, daß die Rechnung der Gesetzgeber nicht aufgeht. Offene Fragen, die nach dem herkömmlichen Verfahren schon in einer BürgerInnenversammlung diskutiert werden können, werden jetzt in das Auslegungsverfahren verschoben. Ein massives Vorbringen von Anregungen und Bedenken, die alle einzeln bearbeitet werden müssen, führt die Verfahrensbeschleunigung ad absurdum und damit wird auch deutlich, daß ein Verfahren an den Bürgerinnen vorbei nicht der Weg zu einer zügigeren Umsetzung der Planung sein kann.

Anmerkungen

1 § 2 BauGB-MaßnahmenG: Verfahren der Bauleitplanung
2 § 7 BauGB-MaßnahmenG: Satzung über den Vorhaben- und Erschließungsplan
3 § 165ff BauGB: Städtebauliche Entwicklungsmaßnahmen
4 § 2 Abs. 2 BauGB-MaßnahmenG
5 § 2 Abs. 3 BauGB-MaßnahmenG
6 § 2 Abs. 4 BauGB-MaßnahmenG, sonst: „angemessene Frist" gem. § 4 BauGB
7 §§ 165 Abs. 4, bzw. 137-139 BauGB: Beteiligung und Mitwirkung der Betroffenen bei städtebaulichen Sanierungsmaßnahmen
8 § 7 Abs. 3 BauGB-MaßnahmenG

Planungspraxis und -recht

Auch alte Frauen wollen anders wohnen

In den nächsten 20-40 Jahren wird sich die Altersstruktur der deutschen Bevölkerung verändern. Die Zahl der Älteren und besonders die der Hochbetagten wird zunehmen. Die Folge davon ist eine anwachsende Zahl von Hilfsbedürftigen, die nicht ausreichend versorgt werden können, da nicht genügend Pflegepersonal vorhanden ist. Ältere Menschen sind dadurch verstärkt auf ambulante Pflegedienste und Selbstversorgung in ihren Wohnungen angewiesen. Hier haben sie ihre Wohnvorstellungen und Wohnwünsche in lebenslanger persönlicher Wohnerfahrung geprägt und möchten die Vertrautheit mit Dingen des alltäglichen Lebens nicht missen. Der Umzug in ein Altenheim wird als einschneidende und endgültige Änderung der Wohn- und Lebensgewohnheiten meist negativ empfunden. Zugeständnisse werden nur für den äußersten Notfall gemacht.

Als Alternative zum Altenheim bevorzugen befragte ältere Menschen an erster Stelle das Leben im eigenen Haushalt zusammen mit dem Ehepartner. Stirbt der Ehepartner, behalten Frauen die Wohnung auch als Alleinstehende. Dagegen bevorzugen Männer, wegen der besseren Versorgungsmöglichkeiten, ein Altenheim. Die Aufnahme in die Familie eines der Kinder wird erst an zweiter Stelle gewünscht. Als weitere Alternative wird genannt, einen Haushalt mit einer nichtverwandten Person gleichen Geschlechts zu führen.

Im Gegensatz zu jungen Leuten, die ihre Wohnsituation selbst aktiv bestimmen und dies als Teil ihrer Lebensgestaltung ansehen, sind die älteren Menschen auf vorgefertigte Wohnangebote angewiesen, die ihren Vorstellungen oft nicht entsprechen. Die Herausforderung an die PlanerInnen heutiger und künftiger Alten-Wohnanlagen wird es sein, auf die Bedürfnisse der alten Menschen einzugehen und darauf abgestimmt neue Wohnformen anzubieten.

Die Situation der älteren Frauen

Der prozentuale Gesamtbevölkerungsanteil der älteren Frauen über 65 Jahren ist wesentlich höher als der der Männer. In den meisten Altenheimen, Altenwohnheimen und Altenwohnstiften liegt heute der Frauenanteil bei ca. 80 bis 90 %. Wegen der fehlenden Wahlmöglichkeit, und weil sie ihre Wohnung nicht mehr alleine versorgen können, müssen sie in eine der oben genannten Einrichtungen ziehen. Dies wird hinausgezögert, auch wenn die alte Wohnung unzweckmäßig geworden ist,

Karin Gerhardt
Dipl-Ing. Architektur, geb. 1960, selbstständig, Architekturbüro in Darmstadt, FOPA. Rhein-Main und Dortmund, Baufachfrau e.V., Gründungsmitglied des Vereins Gemeinsames Wohnen für Jung und Alt in Darmstadt, Schwerpunkte: Wohnen im Alter, frauengerechtes Bauen und Wohnen, Kindertagesstätten.

z.B. ohne Aufzug, weil die Frauen so lange wie möglich ein selbständiges Leben führen, sich selbst versorgen und unabhängig von ihren Kindern sein wollen.

So sind es meistens Frauen, die sich früher Gedanken um das älter werden in ihrer Wohnung machen. Sie befinden sich in dem Zwiespalt, entweder ihre Wohnung zu behalten oder bei einer preiswerteren und gut gestalteten Alternative zum üblichen Altenwohnen zu wechseln. Einige ältere Frauen wären auch mit Blick auf die heutige Wohnungsmisere bereit ihre Wohnung für Familien frei zu machen und in eine kleinere altengerechte Wohnung, eine Wohn - oder Hausgemeinschaft zu wechseln, wenn es Angebote nach ihren Vorstellungen gäbe. Das unattraktive Altenwohnheim wird erst dann in Betracht gezogen, wenn sich die Frauen nicht mehr selbst versorgen können und auf medizinische Hilfe angewiesen sind.

BewohnerInnen von Reihenhäusern des sozialen Wohnungsbaues werden in den nächsten 20 Jahren mit einer Überalterung ihres Wohngebietes konfrontiert. Die Älteren, die nach dem Tod ihres Mannes alleine zurückbleiben, haben oft das Gefühl, eigentlich nicht mehr zum Bewohnen dieser Häuser berechtigt zu sein, weil dort ursprünglich nur Familien mit 3 Kindern einziehen durften. Die Angst alleine im Haus zu wohnen und Angst vor Einbruch sind außerdem Beweggründe, in eine kleinere Wohnung umzuziehen und nicht, wie oft angenommen, die Belastung durch Haus und Garten.

Ein Wechsel in eine Wohnung im Hochhaus mit Aufzug, die vielen älteren Frauen als Altenwohnung angeboten werden, empfinden Frauen als nachteilig und vereinsamend. Frühere nachbarschaftliche Kontakte können meist nicht aufrecht erhalten werden, neue zu knüpfen fällt ihnen schwer. Auch der Garten wird sehr vermißt. Diese Frauen würden lieber in einer überschaubaren Nachbarschaft von vier bis sechs Mietparteien pro Haus leben, möglichst mit kleineren Gärten vor dem Haus. Die Verantwortung und Liebe für Haus und Garten wird mindestens so hoch geschätzt, wie eine bequemere altengerechte Wohnung mit Aufzug.

Frauen legen großen Wert auf ihr Wohnumfeld und möchten bestehende nachbarschaftliche Kontakte ungern aufgeben. Die täglichen Besorgungen beim Metzger, Bäcker und im Supermarkt, wo sie persönlich bekannt sind, stärken ihr Selbstbewußtsein und fördern den sozialen Kontakt. Ein Einzug in eine Altenwohnanlage oder ein Altenwohnhaus bedeutet außerdem unfreiwilligen Verzicht auf Kontakt zu Jüngeren. Die meisten Frauen finden es *nicht* erstrebenswert, nur unter alten Menschen zu wohnen. Es ist deshalb nicht verwunderlich, daß Frauen gegenüber alternativen Wohnformen sehr aufgeschlossen sind und sich in Initiativen zusammenfinden, um über ihre Wohnvorstellungen im Alter zu diskutieren. Erstrebenswert ist es, und das bezieht sich nicht nur auf die Architektur, den älteren Menschen Alternativen anzubieten und ihnen die freie Wahlmöglichkeit zwischen Alleinleben, Leben im Familienverband, in Institutionen, Lebensgemeinschaften Gleichaltriger oder in integrativen Wohnprojekten zu geben.

Nach Vorstellungen der Frauengruppe „Lust am älter werden" aus Darmstadt habe ich zusammen mit Kommilitoninnen 1984 ein Wohnprojekt mit 30 Wohneinheiten und integrierter Sozialstation für den Stadtteil entworfen. Aspekte wie „nicht alleine wohnen, wenn jemand krank wird", „gemeinsame Aktivitäten" und „man könnte sich zusammen eine Putzhilfe leisten", sind neue Ideen für Wohnformen, die Selbstorganisation und Selbstständigkeit fördern und für Ältere einen Freiraum schaffen. Die Bewohner und Bewohnerinnen sind hier ganz normale MieterInnen von Mietwohnungen.

Natürlich kann man nicht von heute auf morgen von einer Privatwohnung in ein gemeinschaftliches Wohnprojekt wechseln - sondern der Wechsel von Privatwohnung in eine Projektwohnung muß langfristig vorbereitet werden. Ein früher Einzug ist vorteilhaft, damit genug Zeit bleibt, Kontakte aufzubauen. Der Umzug darf nicht als Endstation erscheinen, sondern sollte als neuer Lebensabschnitt gesehen werden.

Beispiele für neue Wohnformen

In *Dänemark* ist seit kurzem der Bau von Altenwohnheimen per Gesetz untersagt. Die alten Menschen sollen in ihrer bisherigen Wohnung bleiben. Entsprechende Umbauten sollen ihnen den Alltag erleichtern. Wenn sich die Wohnung dafür als völlig ungeeignet erweist, bietet die Gemeinde im unmittelbaren Bezugsfeld eine altengerechte Wohnung an. Ambulante Pflegedienste, wenn nötig auch rund um die Uhr, kümmern sich im Auftrag der Gemeinde um die BewohnerInnen.

Hier in Deutschland setzen sich seit mehr als 10 Jahren die Grauen Panther für menschenwürdige Lebensbedingungen älterer Menschen ein und haben verschiedene Wohnalternativen zur Heimunterbringung entwickelt. In mehreren Städten sind Wohngemeinschaften, Hausgemeinschaften und Wohn- und Pflegegemeinschaften in Selbstverwaltung entstanden, fast alle im sozialen Wohnungsbau. In *Wuppertal* wurde ein 50er Jahre Gebäude für eine 13-köpfige Wohngemeinschaft umgebaut. Die Altersspanne beträgt 34-88 Jahre. Das Haus wurde ausschließlich von Mitgliedern des Verbandes finanziert und wird in Selbstverwaltung geleitet. Das Graue-Panther-Haus in *Bremen* wurde sogar als Neubau erstellt. Dort leben 12 Personen jeweils in einer abgeschlossenen Wohnung. Im Erdgeschoss befinden sich die Vereinsräume der Grauen Panther. In Hamburg wird erstmalig eine Wohn- und Pflegegemeinschaft gegründet, ein Ort an dem betreut, gepflegt, gearbeitet, gelebt und gestorben werden kann. Die stadtteilintegrierten Wohn- und Hausgemeinschaften für 3-4 pflegebedürftige ältere und 3-4 jüngere Menschen sind ein generations- übergreifendes Wohnprojekt. Die Grauen Panther haben für sich Wohn- und Lebensbedingungen geschaffen, die nicht für alle älteren Menschen geeignet sein mögen.

Der Schritt, im Alter in eine Wohngemeinschaft zu ziehen, ist für viele ältere Menschen nicht vorstellbar, die es ein Leben lang gewohnt waren, einen eigenen Haushalt zu führen. Für sie bietet vielleicht eher ein Wohnprojekt eine Alternative wie es die Gießener Frauengruppe im Zusammenhang mit dem Altenplan der Stadt für 12 Frauen erarbeitet hat. Sogar erste Skizzen zum Grundriß hat die Gruppe bereits in der Schublade. Pro Geschoß gibt es 4 Wohnungen ohne Küche. An eine gemeinsame Wohnküche pro Etage ist gedacht. Ziel ist es, selbstbestimmt und selbstverwaltet wohnen und leben zu können.

In *Zürich* wurde kürzlich von Baufrauen eine Wohnanlage erstellt, wo alt und jung, Nichtbehinderte, Behinderte, Kleine, Große, Lehrlinge, Studentinnen, Vollzeit-und Teilzeiterwerbstätige, Hausmänner und Hausfrauen unterschiedlichster Nationalitäten zusammen leben. Im Brahmshof wurde Wohnen und Arbeiten verknüpft. Eine integrierte Kinderkrippe und Atelierräume unterstützen die Erwerbstätigkeit. Die Baufrauschaft erarbeitete eine Siedlungsverfassung, die vorsieht, daß jede/r BewohnerIn in einem Verein Mitglied ist. Einzelne Arbeitsgruppen waren vorgegeben, als Angebote, die von BewohnerInnen mit Inhalt gefüllt werden. So entstand z.B. die „Aktionsgruppe Freizeit und Gemeinschaftsräume". Aus ihren bisherigen Erfahrungen erklärt eine Bewohnerin, „man sieht einander, kriegt vieles mit, kann Begegnungsbereitschaft zeigen und muß sich abgrenzen lernen. Aber so oder so: man geht einander etwas an." (das wohnen 7/8 1992)

In Wiesbaden, Mainz und Darmstadt sind Initiativgruppen und Vereine entstanden, um integrierte Wohnprojekte zu fördern. Die größte Hürde, in allen Gruppen ist die Finanzierung, insbesondere für die älteren Frauen. Die meisten von ihnen fallen gerade nicht mehr in die Förderung des sozialen Wohnungsbaus und können bei den derzeitigen Baupreisen nicht freifinanziert bauen. Im Vergleich zu den Jüngeren kann sich diese Altersgruppe nicht mehr in hohe Schulden stürzen z.B. durch Eigentumsbildung, da ihre Rente zur Tilgung von nötigen Darlehen nicht ausreicht. Diese Gruppe wohnt zumeist noch in günstigen Wohnungen.

Forderungen

Bei den aufgezeigten Möglichkeiten von Wohnexperimenten wird deutlich, daß die Anforderungen an das Wohnen, durch selbstbewußte Forderungen der alten Frauen gestiegen sind. Die Bestrebungen und das Bedürfnis nach Autonomie im Alter, insbesondere bei Frauen, bedeutet zwischen vielfältigen Wohnungsangeboten wählen zu können. Es müssen sowohl im Quartier Wohnungen altengerecht umgebaut werden, als auch kleinere Wohn-und Hausgemeinschaften finanziell unterstützt werden. Der Ausbau von ambulanten Pflegediensten ist für eine dezentralisierte Altenwohnungspolitik unabdingbar. 70% der Altenwohnheimkosten sind Personal- und Pflegedienstkosten.

Investoren reagieren auf die wachsende Zahl der Alten mit dem Bau von großen Wohnanlagen wie z.B. Wohnstiften, die für die wohlhabendere Bevölkerung gedacht ist. Eine 2 Zi. Wohnung kostet dort zwischen 4000-5000 DM pro Monat. Auf Grund der Wirtschaftlichkeit werden die Wohnanlagen mit ca. 300 Wohnungen gebaut. Die Versorgung und Pflege ist zwar gesichert, aber die Altersstruktur von 80 Jahren im Schnitt zeigt, daß diese „Nobelpflegeheime" oder „Altenwohnhotels" den alten Menschen nur noch als Endstation dienen. Es ist keine positive Variante, die einen neuen Lebensabschnitt beinhaltet. Den rüstigen älteren Frauen wird es schwerfallen, sich in ihrer Selbstständigkeit beschneiden zu lassen. Diese Wohnstifte werden eher Männern entgegenkommen, die zwar rüstig, aber nicht in der Lage sind, alleine den Haushalt zu führen.
Altenwohnanlagen tragen außerdem dazu bei, daß sich die Distanz zu den Jüngeren, und damit die gegenseitige Diskrepanz erhöht. Die Fra-

ge was passiert, wenn die Zahl der Älteren abnimmt und die Gebäude nur schwer einer anderen Nutzung zugeführt werden können, bleibt offen.

Andere Modelle des Zusammenwohnens müssen entwickelt werden. Es fehlen die Alternativen für die „breite Masse" der Älteren und das sind wie wir wissen derzeit überwiegend Frauen, die - und auch das dürfte geläufig sein - preiswerte Lösungen brauchen. Hier sind m.E. auch Architektinnen gefragt.

Literatur

Finger, Monika/Mayer, Barbara/Vögele, Silvia (1988): Solidarisches Wohnen. Quartiersanalyse". Darmstadt.

Fritz, Hans-Joachim (1992): Das Modell und die Nutzer, München in: Bauwelt 8/92, S. 368-379.

Gerhardt, Karin/Hahn, Petra/Cherifi, Angela (1984): Altengerechtes Wohnen. Unveröffentlichte Diplomarbeit.

Projektgruppe Wohnen/Schott, Beate/Walldorf, Irmgard (1991): Materialien zur Giessener Altenplanung Nr.4 'Ich möchte im Alter nicht alleine wohnen', Giessen.

Nartan, Renate (1990): Altengerechtes Wohnen, in: Deutsche Bauzeitung, 2/90, S. 58-65.

Wohnbund/Bura, Josef/Kayser, Barbara (1992): Miteinander Wohnen - Wohnprojekte für jung und alt, Darmstadt.

Wohnbund/Heidrich, Elke (1990): Gegen Altenheime und andere Ghettos. 'Integriertes Wohnen in den Niederlanden', Darmstadt.

Wohnbund/Kappstein, Peter (1990): Gegen Altenheime und andere Ghettos. 'Das Schammatdorf', Darmstadt.

Planungspraxis und -recht

Frau und Raum – ein Büro für Architektur und Raumplanung

„Frau und Raum" hat sich zum Ziel gesetzt, Frauen in Raumplanung, Architektur und Städtebau ins Blickfeld zu rücken. Bei Planung, Projektentwicklung, Beratung, Fachfortbildung und Vorträgen mit frauenspezifischer Zielsetzung bringt unsere interdisziplinäre Arbeitsweise von Architektur und Raumplanung neue Qualitäten. Das Thema Frauen und Planung findet in der Theorie und Praxis zunehmend Akzeptanz.

Exemplarisch für den Arbeitsbereich Raumplanung, den Doris Reich vertritt, stellen wir das Projekt „Frauengerechter öffentlicher Personennahverkehr in Hamm" vor, ein Auftrag des Planungsamtes und der Gleichstellungsstelle der Stadt Hamm.
NutzerInnen des ÖPNV sind überwiegend Frauen. Häufig sind sie nicht alleine unterwegs, sondern oft mit Kindern und/oder Verwandten und mit Gepäck beladen. Zur Bewältigung ihrer Alltagsaufgaben sind sie darauf angewiesen, die unterschiedlichen Wege miteinander zu kombinieren. Von daher sind sie Expertinnen im Umgang mit dem ÖPNV.
Der Workshop „Frauengerechter öffentlicher Personennahverkehr in Hamm" ist eingebunden in die Verkehrsentwicklungsplanung, die in Hamm eine Reduzierung des motorisierten Individualverkehrs zugunsten des ÖPNV und des Fuß-/ Radverkehrs erreichen soll. Unser Planungsauftrag in Hamm ist ein Baustein des Modellprojektes „Ökologische Stadt der Zukunft", ein Förderprogramm des Landes NRW.

Bei der zukünftigen Verkehrsentwicklungsplanung in Hamm finden die Bedürfnisse und Belange von Frauen besondere Beachtung. Bei der Fahrgastbefragung im Rahmen des Verknüpfungskonzeptes Innenstadt waren ca. 69% weibliche Fahrgäste und 31% männliche Fahrgäste. Diese Struktur, d.h. daß mehr als 2/3 aller Fahrgäste Frauen oder Mädchen sind, kann als typisches Erscheinungsbild bezeichnet werden, das auch in anderen Städten anzutreffen ist.
Ziel des Workshops war es, mit Bewohnerinnen exemplarisch am Ortsteil Heessen unterschiedliche Routen auszutesten und Verbesserungsvorschläge zu erarbeiten. Unser Untersuchungsansatz, der insbesondere die Sicht der Nutzerinnen („Planungsansatz von unten" - Betroffenensicht) in den Mittelpunkt stellt, ergänzt die klassische Ingenieurarbeit. Die Aufgabenstellungen für die zu testenden Routen orientieren sich an realen Lebenssituationen von Frauen und ihrer alltäglich zu bewältigenden Wege[1].
Zu dem dreitägigen Workshop wurden 15 interessierte Frauen eingeladen, sowohl Autofahrerinnen als auch ÖPNV-Benutzerinnen, erwerbstätige und nicht erwerbstätige Frauen oder Rentnerinnen sowie Frauen mit

Gisela Humpert
Architektin (Architektenkammer NRW), geb. 1953, Tätigkeit in verschiedenen Architekturbüros, unterbrochen von Phasen der Kindererziehung und intensiver Selbstbautätigkeit. Mitarbeit an der Projektentwicklung, Umbauplanung und Selbsthilfeorganisation des Stadtteilzentrums Adlerstrasse Dortmund zum soziokulturellen Zentrum. Mitarbeiterin bei FOPA in Projektentwicklung, Planung und Beratung.

Doris Reich
Dipl.-Ing. Raumplanung (Architektenkammer NRW), geb. 1952, zwei Kinder. Bis 1985 wiss. Angestellte am Institut für Raumplanung, am Institut für Umweltschutz sowie beim Informationskreis für Raumplanung e.V., von 1985 bis 1990 wiss. Mitarbeiterin im Fachgebiet Soziologische Grundlagen des Fachbereichs

Raumplanung mit dem Arbeitsschwerpunkt „Frauenforschung in der Raumplanung". Gründungsmitglied von FOPA e.V. Dortmund, von 1990 bis 1992 Mitarbeiterin im Büro FOPA und im Vorstand.

Aus diesen Arbeits- und Diskussionszusammenhängen haben beide gemeinsam 1992 das Büro „Frau und Raum" gegründet.

oder ohne Kinder. Das Alter der Frauen lag zwischen 35 und 67 Jahren.

Verbesserungsvorschläge der Teilnehmerinnen betreffen u.a. Linienänderungen, zukünftige Linienführungen, Gestaltung von Haltestellen hinsichtlich räumlicher Lage und Ausstattung, Zuwege zu Haltestellen, Aufenthaltsqualität in den Fahrzeugen, Tarifgestaltung und Informationssystem.

Über die unmittelbaren Erfahrungen der Bewohnerinnen während des Workshops hinaus werden für eine effektive Öffentlichkeitsarbeit und die politische Diskussion vor Ort die zentralen Ergebnisse aus dem Workshop dokumentiert. Gleichzeitig werden neben der Dokumentation des Beteiligungsprozesses wichtige Empfehlungen zur Verbesserung des öffentlichen Personennahverkehrs und umsetzbare Maßnahmen festgehalten. Dies dient der Präsentation in der Öffentlichkeit und der begleitenden Diskussion in den politischen Gremien.

Der Arbeitsbereich Architektur, der von Gisela Humpert vertreten wird, umfaßt Hochbau und Stadtplanung, Projektentwicklung und Beratung im Bereich Frauen und Bauen/Wohnen und die Vernetzung von Architektinnen. Der Schwerpunkt liegt auf der Gebrauchsfähigkeit von Architektur, wobei diese sich nicht nur in der praktischen Funktion erschöpft, sondern u.a. auch Sicherheit, Ästhetik und Atmosphäre beinhaltet.

Das Planen und Bauen in Gruppen erfordert häufig eine Mitwirkung der Architektin an der Projektentwicklung. In diesem Zusammenhang bieten wir eine fachliche Begleitung von der Idee bis zur Realisation: Zusammenarbeit mit der NutzerInnengruppe, Konzeptentwicklung, planerische Gestaltung, Finanzierung, Umgang mit Behörden, Baudurchführung und Selbsthilfeanleitung. Unsere Mitarbeit an dem Projekt „Wohnen mit Kindern in Dortmund Hacheney" (Koordination der Gesamtgestaltung und Bau eines Wohnhauses) hat nach dreijähriger Projektentwicklung Anfang 1993 das Stadium der Baudurchführung erreicht. Neun Familien mit 18 Kindern bauen als Gruppe Reihenhäuser mit Gemeinschaftsanlagen nach den Grundsätzen des Vereins Wohnen mit Kindern e.V.

Im Wettbewerbswesen reicht unser Arbeitsspektrum von der Tätigkeit als Preisrichterin und Teilnehmerin, über Stellungnahmen zu bereits durchgeführten Wettbewerben bis zur Mitarbeit an der Ausschreibung und Beratung in Sachen Wettbewerb.

Speziell beim Wettbewerb „Frauen Planen Wohnungen" in Bergkamen im Auftrag der IBA Emscher Park haben wir intensive Erfahrung in der

Wettbewerbsentwicklung gesammelt. Dieses Projekt wurde ausschließlich von Frauen bearbeitet, um ihre spezifischen Wohnerfahrungen gemeinsam mit ihrer Qualifikation als Fachfrauen modellhaft zu nutzen.

Auf Frauen-Baupolitik wollen wir durch die Mitarbeit in der Beraterinnengruppe des Ministeriums für Bauen und Wohnen in NRW Einfluß nehmen. Diese Gruppe wurde mit dem Ziel berufen, Innovationen beim Planen/Bauen/Wohnen anzuregen sowie fachkundige Empfehlungen zu Schwerpunktthemen des Bauministeriums zu geben.

Unsere Verbindung zum Arbeitskreis Frauen und IBA ermöglicht eine Beratung der dort teilnehmenden Frauenbeauftragten bei ihrer Beteiligung an kommunalen Bauaufgaben in Projekten der Bauausstellung.

Anmerkung

1   Zielorte waren z.B. ein Gewerbegebiet, Altenpflegeheim, Friedhof, Discothek, Einkaufszentrum, Eissporthalle, Besuch eines Facharztes, Kulturveranstaltung sowie eine Überlandfahrt in die Nachbarstadt Ahlen

Adresse: Frau und Raum, Humpert / Reich, Wittener Str. 222, 44140 Dortmund, Tel. 0231/ 178504

Rubriken

Nachbarschaftliche Nutzgärten im sozialen Wohnungsbau Sao Paulos/ Brasilien als Frauen-Frei-Räume[1]

Evelyn Hartoch-Krueger
Dr. rer. pol., geb. 1948, Studium der Kommunikationswissenschaften an der Universität Sao Paulo, Studium der Landschaftsplanung an der Universität Gesamthochschule Kassel. Seit 1983 schwerpunktmäßig Einbindung in Projekte, die sich mit Planen und Bauen in Entwicklungsländern befassen.

In Sao Paulo regierte von 1989 bis 1992 die basisnahe Partei „PT". Trotz äußerst angespannter Finanzlage und vieler Hemmnisse, die konservative Kräfte ihr in den Weg legten, setzte sie in nur vier Jahren Regierungszeit sehr konsequent Zeichen für die Machbarkeit qualitativ hochwertiger Siedlungen des sozialen Wohnungsbaus. Wegen der erschwerten Rahmenbedingungen kann nicht von Quantität tatsächlich realisierter Projekte, sondern von einer qualitativen Veränderung berichtet werden. Diese äußerte sich darin, daß erstmalig in der brasilianischen Geschichte auf Aspekte des menschenwürdigen Wohnens in den Siedlungen des sozialen Wohnungsbaus eingegangen wurde. In diesem Rahmen begann sich auch das Bewußtsein für nutzerfreundliche Freiflächen zu schärfen.

Landflucht und massive Landvertreibungen kehrten das Verhältnis der auf dem Lande und in den größeren Städten lebenden Bevölkerung in nur 30 Jahren um: Während in den 60er Jahren 70% der brasilianischen Gesamtbevölkerung auf dem Lande lebte, sind es heute nur noch 30%. Immense landesinterne Migrationsströme brachten in diesem Zeit-

Blick auf Sao Paulo, Industrie- und Wirtschaftszentrum Brasiliens./ Wolfgang Reisenauer

raum ca. 7 Millionen Menschen in den Ballungsraum Sao Paulo. Mangels eines wirtschaftspolitischen und sozialen Auffangnetzes waren hierbei die eintreffenden Familien auf sich allein gestellt. Sie reihten sich größtenteils „ganz unten" in das große Heer der Armen ein, die sich lediglich gesetzeswidrigen und meistens völlig menschenunwürdigen - ja sogar gesundheitsgefährdenden und lebensgefährlichen - Wohnraum leisten konnten.

Für die folgenden Ausführungen ist die Tatsache wichtig, daß heute in Sao Paulo der größte Teil (ca. 80 bis 90%) der ärmeren und wohnungslosen Familien - die innerhalb sozialer Bewegungen von der öffentlichen Hand Wohnraum fordern - rural sozialisiert sind. Sie verfügen über überlieferte Kenntnisse im Umgang mit Boden, Pflanzen und Kleintieren. Für die Migrantinnen und Migranten aus ländlichen Gebieten Brasiliens bedeuteten diese Kenntnisse einen wichtigen Anknüpfungspunkt zur eigenen Geschichte und kulturellen Identität, der ihnen aber im Ballungsraum verloren geht.

Ich führte von 1988 bis 1991 in Sao Paulo eine Untersuchung durch, die sich mit folgenden Fragen auseinandersetzte: Kann die selbstbestimmte Gartenbewirtschaftung auf Nachbarschaftsebene einen konkreten Beitrag gegen Mangel- und Fehlernährung bei der armen Bevölkerung in den Stadtrandsiedlungen leisten? Bieten diese Nutzgärten für die größtenteils vom Lande stammenden Familien einen sozialen Interaktionsraum, in dem erlittene Migrationsschäden, die Zerrissenheit in der Person und der Bruch im Generationswechsel ein stückweit aufgelöst werden können? Unter welchen Bedingungen können sich Nutzgarteninitiativen in den Siedlungen des sozialen Wohnungsbaus langfristig gegen Nutzungskonkurrenzen behaupten?

Die durchgeführte Untersuchung traf sich mit dem Interesse basisorientierter politischer Strömungen und der Kommunalverwaltung Sao Paulos an sozialen Wohnungsbauprogrammen. Basisbewegungen, die auf dem Lande um Bodennutzung und in den Städten für Wohnraum kämpfen, haben in den 80er Jahren in ganz Brasilien stark an Bedeutung zugenommen. Diese sozialen Bewegungen trugen 1988 maßgeblich in mehreren Städten des 16 Millionen Menschen zählenden Ballungsraumes Sao Paulo zum Wahlsieg basisnaher Parteien bei. Letztere priorisierten die Interessen der mittellosen Bevölkerungsmehrheit und regierten mit einer zuvor in Brasilien nie erlebten Transparenz. Zur Erinnerung: Auf allen Ebenen wirkten die althergebrachten Machtstrukturen behindernd auf die basisnahe Regierungsarbeit. Darüberhinaus hatte

Brasilien in dieser Zeit eine konservative Landesregierung, der die basisnah regierten Kommunen ein Dorn im Auge waren. Dies wirkte sich vom verdeckten Boykott bis hin zur ungleichen Verteilung der Landesmittel aus.

Das immense Wohnraumdefizit und damit verbunden die Notwendigkeit, großmaßstäblich Wohnraum zu erstellen, stand den knappen städtischen Ressourcen gegenüber. Der selbstverwaltete kollektive Eigenbau wurde deshalb als einer der machbarsten Wege gewertet, Quantität und Qualität zu vereinbaren. Während der kollektiven Bauprozesse durchliefen die Baugruppen durch das gemeinsame Handeln und Machen, über das Einüben solidarischer Umgangsformen und während der vielen kompetenzfördernden Sitzungen auch emanzipatorische Prozesse in Richtung bewußtere und politisch handelnde Bürgerinnen und Bürger. Die Förderung von Bewußtwerdungsprozessen breiter Bevölkerungsschichten lag im ausdrücklichen Interesse der basisnahen Stadtverwaltungen.

Das Konzept der selbstbestimmten nachbarschaftlichen Nutzgärten sollte in Planungsprozesse des sozialen Wohnungsbaus eingebracht und bei den zukünftigen Bewohnerinnen und Bewohnern der kollektiven Eigenbausiedlungen als eine integrationsfördernde Freiflächennutzung verankert werden. Die Schwierigkeiten, die es hierbei zu überwinden galt, hingen meistens damit zusammen, daß dieses Konzept im Widerspruch zu den gesamtkontextuellen Rahmenbedingungen stand: Es sollten Räume für Menschen entstehen, denen üblicherweise innerhalb der Gesellschaft kein Platz eingeräumt wird, und dieser Widerspruch war nicht automatisch dadurch behoben, daß basisnah regierte Städte basisnahe Projekte durchführten. Zudem waren aber die Schwierigkeiten, die es zu überwinden galt, auch ganz erheblich auf vielfache Diskriminierungen sogenannter „Minderheiten" innerhalb der brasilianischen Gesellschaft, insbesondere der Diskriminierung der Frau zurückzuführen.

Die Arbeit der Frau erfährt in Brasilien eine deutlich geringere Wertschätzung als die des Mannes und zwar auch dann, wenn es sich im Prinzip um den gleichen Arbeitsaufwand handelt. In den ärmeren Stadtrandsiedlungen Sao Paulos wird üblicherweise immer irgendwo in Eigenarbeit gebaut, und fast immer sind Frauen am Bauprozeß betei-

Beim kollektiven Eigenbau beteiligen sich Frauen aktiv an allen Etappen des Bauprozesses./ USINA, Centro de Trabalhos para o Ambiente Habitado.

ligt. Sie führen aber meistens sogenannte „kleinere Arbeiten" aus, die arbeitsintensiv sind und wenig Anerkennung bringen. „Wichtigere" Bauarbeiten, die etwas „hermachen", wie z.B. das Dach decken, ist laut eines gesellschaftlich völlig akzeptierten geschlechtsspezifischen arbeitsteiligen Vorgehens Männersache. Bei der Gartenarbeit verhält es sich ähnlich: Die Männer sind für die „größeren" Arbeiten zuständig, die unmittelbar sichtbar sind (Garten anlegen, Brunnen bauen, Beete umgraben, usw.) und die Frauen für die laufenden Pflegearbeiten.

Bei den meisten Bauprojekten des selbstverwalteten kollektiven Eigenbaus konnte diese starre, kulturell bedingte Rollenaufteilung durchbrochen werden; hier waren Frauen an allen Etappen des Bauprozesses beteiligt. Diese Tatsache stärkte einerseits ihr Selbstwertgefühl, aber die emanzipatorischen Prozesse gingen immer mit erheblichen innerfamiliären Auseinandersetzungen einher. Die Bereitschaft brasilianischer Männer, sich mit der Frage der Gleichstellung der Geschlechter auseinanderzusetzen, ist schlicht und ergreifend gering; ihre diesbezügliche Haltung ist üblicherweise ablehnend, und wenn sie es „gut" meinen, bestenfalls paternalistisch. Auch politisch bewußte Männer messen der gesamtgesellschaftlichen Diskriminierung der Frau trotz ihrer Tragweite keine prioritäre politische Bedeutung bei, was selbstverständlich den gesamten politischen Kampf nach gerechteren Gesellschaftsstrukturen schwächt.

Das Problem stellt sich in der Praxis folgendermaßen dar: In den meisten Basisorganisationen sind üblicherweise über drei Viertel der Aktiven Frauen. Die Führung oder die Koordination der Gruppen übernehmen aber meistens Männer. Die Frauen sind zwar der tragende Teil der Basisorganisationen, und sie erledigen ganz pragmatisch die anstehenden Arbeiten, aber sie trauen es sich nur selten zu, die Leitung zu übernehmen. Denn hierbei würde automatisch die traditionelle Rollenverteilung in Frage gestellt. Die Frauen tun sich selbst auch schwer damit, den Wert ihrer eigenen Fähigkeiten und ihres Engagements einzuschätzen. Die Männer lassen sich von ihren Frauen „vertreten", denn sie sind normalerweise „Familienoberhaupt". Somit sind die Frauen zwar der tragende Pfeiler, aber gleichzeitig auch der diskriminierte Teil. Ganz abgesehen von der Frage nach Gleichberechtigung stellt sich hier unmittelbar auch das Problem des Verlustes an politischer Stärke und Durchsetzungsfähigkeit einer gesellschaftlich diskriminierten Gruppe, die nach außen Selbstbestimmung fordert, aber nach innen genau auf diesem Gebiet Unstimmigkeiten aufweist.

Der nachbarschaftliche Nutzgarten als sozio-kultureller Interaktionsraum bietet unterprivilegierten Familien, und hierbei insbesondere den Frauen, in Stadtrandsiedlungen Sao Paulos die Möglichkeit zum Austausch untereinander und zu emanzipatorischen Prozessen.
Die Mehrzahl der ärmeren Familien in Sao Paulo stammt zwar vom Lande, aber diese Menschen schämen sich ihrer ruralen Herkunft. Einerseits nützen ihnen ihre überlieferten Kenntnisse und kulturellen Werte, die sie von Lande mitbrachten im dicht besiedelten Ballungsgebiet nichts, sondern ganz im Gegenteil, diese werden als rückständig eingestuft. Zum anderen verfügen sie nicht über Kenntnisse und Fähigkeiten, die für ein einigermaßen gesichertes Überleben in der Großstadt notwendig sind.

Selbstanbau von Nahrungsmitteln ist in den Augen der armen Stadtbevölkerung „rückständig" und „unstädtisch" und wird deshalb aus Eigeninitiative kaum, und wenn überhaupt, nur ziemlich verschämt, in Hinterhöfen betrieben. Aber das „Nebenbei-Heranziehen" von einzelnen Heilpflanzen und der Austausch dieser „Medikamente" auf Nachbarschaftsebene („Frauensache!") ist in den Stadtrandsiedlungen Sao Paulos weit verbreitet. Auf diesem Hintergrund wird es verständlich, daß ein input von außen notwendig ist, um Interesse für nachbarschaftliche Nutzgärten zu erwecken und die Akzeptanz für solche gemeinschaftlichen Projekte zu fördern.

Bei den Pilot-Nutzgartenprojekten stellte es sich heraus, daß die Zielgruppen anfänglich völlig darauf bedacht waren, „moderne" (in der Stadt akzeptierte) Anbautechniken zu erlernen. Sie trauten es sich von sich aus nicht zu, Nutzpflanzen zu ziehen, obwohl die einzelnen auf dem Lande aufgewachsenen Teilnehmerinnen und Teilnehmer meistens über gute Anbaukenntnisse verfügten. Innerhalb der akzeptierten Rollenaufteilung legten Männer die Beete an (die Frauen sahen dabei zu) und überließen dann die Gartenpflege weitgehend den Frauen. Die Männer „unterbewerteten" (nach außen) die Pflegearbeiten als „Frauensache", aber wenn die Frauen nun unbedingt wollten, dann „halfen sie ihnen halt" beim Anlegen der Beete. In Wirklichkeit war das Anlegen der Flächen und der Kontakt zum Boden auch für das Selbstwertgefühl der migrierten Männer sehr wichtig. Die Frauen konnten eher zu den Gartenarbeiten stehen. Sie waren deutlich stolz darauf, etwas Selbstproduziertes auf den Mittagstisch zu bringen und sogar allmählich die Ernährungsgewohnheiten der Familie und damit auch ihren Gesundheitszustand zu verbessern.

Die gemeinsame Bewirtschaftung des Nutzgartens macht Spaß und bietet die Möglichkeit, soziale und kulturelle Identität aufzuarbeiten. / Evelyn Hartoch-Krueger

Es wurde im Verlaufe der Gartenpraxis eine Diskrepanz offensichtlich zwischem dem, was die Zielgruppe idealisierte (der „schöne" Garten, der nach gartenbaulichen Kriterien akkurat angelegt war und immer schön gepflegt und grün dazustehen hatte) und dem, was sie vom Lande her kannten und was ihren inneren Bedürfnissen entsprach (der „gute" Garten, der nach außen nicht ganz so viel hermachte, d.h., nicht ganz so akkurat dastand, der dafür aber viel mehr Spaß machte). Es entwickelten sich sowohl bei der Gartenpflege, bei der meistens Kinder dabei waren, als auch beim Ernten sehr solidarische Umgangsformen. Einzelne ernteten niemals mehr, als sie wirklich benötigten, und somit war fast immer genug für alle da.

Es wanderten allmählich Heilpflanzen in den Nutzgarten ein, die dann ganz versteckt „irgendwie" „irgendwo" an den Zäunen wuchsen. Im Verlaufe der Zeit entwickelte sich ein Pilot-Garten zu einer wichtigen siedlungsinternen „Heilpflanzen-Austausch-Zentrale", die aber völlig unspektakulär vor sich ging; die Frauen machten einfach. Wegen Bewässerungsschwierigkeiten (äußerst geringer Wasserdruck) waren die anderen Nutzpflanzen mehrmals weitestgehend verdorrt. Dann setzten sie sich zum soundsovielten Male zusammen und besprachen, wie sie es schaffen könnten, mit dem Bewässerungsproblem besser umzugehen.

Der anfänglich „schöne" Garten war zu einem dauerhaft „guten" Garten geworden; die Frauen hatten sich den Nutzgarten auf ihre Weise angeeignet. Nach einer zunächst zwei Jahre lang begleiteten Pilot-Phase, während der im besonderen Maße auf die Selbstbestimmung der Zielgruppe hingewirkt wurde, führte die Zielgruppe den Nutzgarten wie gewohnt weiter; er besteht nunmehr im sechsten Jahr. Obwohl der Nutzgarten den Männern jederzeit grundsätzlich offen stand, kamen sie nur gelegentlich zu Pflegearbeiten oder zum Ernten. Somit war der Nutzgarten „dank" der ausgeprägten, allseits akzeptierten Rollenaufteilung für die Frauen zu einem Ort geworden, wo sie sich sehr gern, unkompliziert und ungestört treffen und austauschen konnten. Sie hatten neue Anbautechniken dazugelernt, worauf sie stolz waren. Hauptsächlich hatten sie es aber geschafft, auch ihre vom Lande mitgebrachten Kenntnisse und Fähigkeiten wieder wertzuschätzen. Beim Machen und Erzählen konnten sie sich ein stückweit ihrer sozialen und kulturellen Identität vergewissern und ihren Kindern vermitteln, daß sie sehr wohl nützliche Fähigkeiten haben, auch wenn das Leben dieser Kinder im Ballungsraum Sao Paulo zukünftig völlig anders aussehen wird, als das ihrer Vorfahren vom Lande.

Anmerkung

1 Dieser Artikel basiert auf Untersuchungsergebnissen, die aus einer direkten Einbindung in die lokale Planungspraxis in Sao Paulo stammen. Da die Ergebnisse wieder in die Praxis zurückfließen sollen, ist die Verfasserin für Rückmeldungen dankbar: Evelyn Hartoch-Krueger, Murhardstraße 27, 34119 Kassel
Empirischen Forschungen zur Promotion: Hartoch-Krueger, Evelyn, Der Garten, die Bühne - Die doppelte Funktion des nachbarschaftlichen Nutzgartens im sozialen Wohnungsbau Sao Paulos, Brasilien. Dissertation am Fachbereich Stadt- und Landschaftsplanung der Universität Gesamthochschule Kassel, eingereicht im Dezember 1993.

Ausland

Architektur ist weiblich – Interview mit Giovanna Mérola, Professorin an der Universidad Central in Caracas/ Venezuela

FOPA: Giovanna, Du hast auf dem internationalen Seminar an der Architekturfakultät hier in Montevideo zum Thema Frauen und Wohnungsversorgung auch Dein aktuelles Buch vorgestellt: „Architektur ist weiblich". Es ist eines der sehr wenigen Bücher, die sich mit der Frau als Bauende und Fachfrau in Geschichte und Gegenwart Lateinamerikas beschäftigen und für Deinen Kontinent wohl einzigartig. Es hat uns sehr gefreut, daß Du die FOPA und unsere Publikationen in dem Überblick, den Du über Aktivitäten in anderen Ländern gibst, erwähnst. Was hat Dich nun veranlaßt, dieses Buch zu schreiben, und welche Reaktionen gab es in der Fachwelt, denn Du hast ja auch eine Reihe bekannter Architektinnen und Professorinnen interviewt?

Mérola: Im Rahmen meiner Habilitation, die bei uns in Venezuela aus mehreren Forschungsarbeiten besteht, bearbeite ich Themen, die ich frei wähle. Ich habe mich mit der Arbeit, die 1989 erschienen ist, entschieden, meine beiden Aktionsfelder „Wissenschaft" und „Frauenbewegung" zu diesem Zeitpunkt zusammenzubringen. Ich hatte bereits seit 1978 Material zum Thema „Frauen und Architektur" gesammelt, meine Aktivitäten als Feministin jedoch streng von meinem akademischen Leben getrennt. Dies war notwendig, um mir in der Fakultät einen Raum zu schaffen, in dem ich als Fachvertreterin akzeptiert und respektiert werden konnte. Spätestens mit meiner grundlegenden Arbeit zu Vegetation und Grünflächen in Caracas ist mir dieses gelungen.
Außerhalb der Universität bin ich schon Jahre als Feministin aktiv, wenn ich auch nie von dieser Arbeit leben konnte. Obgleich Frauenthemen in Venezuela nach wie vor gesellschaftspolitische Randthemen sind, liegen meiner politischen Unruhe und Aktivität feministische Analysen zugrunde.

FOPA: Wann hast Du begonnen, Dich in der Frauenfrage zu engagieren?

Mérola: Puhhh,... 1972, in Paris. Nach meiner Rückkehr aus Europa begannen wir dann mit einigen Frauen, das 1. Lateinamerikanische Feministinnentreffen zu initiieren. In diesem Jahr finde bereits das siebte Treffen statt, dieses Mal in Zentralamerika, in El Salvador. Seitdem dieser Freiraum für die Frauen unseres Kontinents geschaffen wurde, hat er

Kerstin Zillmann
Dipl.- Ing. Stadtplanung, geb. 1963, wissenschaftliche Mitarbeiterin an der TU Hamburg-Harburg, FB Städtebau /Stadtplanung, Schwerpunkte: Planen, Bauen, Wohnen in Lateinamerika.

Giovanna Mérola
Biologin und Ökologin, Promotion in Entwicklungssoziologie, Habilitation in Stadtplanung, Professorin für Landschaftsplanung an der Universidad Central de Venezuela, Gründerin des feministischen, lateinamerikanischen Zentrums für interdisziplinäre Studien in Caracas (CEFLEIN - Centro Feminista Latinoamericano de Estudios Interdisciplinarios). Langjährige Herausgeberin der feministischen Zeitung „La Mala Vida", Korrespon-

dentin für die internationale, feministische Monatszeitschrift „fempress".

sich kontinuierlich vergrößert und immer mehr Frauen nehmen teil. Im Unterschied zur europäischen Frauenbewegung haben wir uns bislang trotz vieler verschiedener politischer Auffassungen und Herkünfte nicht voneinander getrennt und führen unsere Kontroversen weiter auf diesen Treffen.

FOPA: Welche Themen sind Dir als Feministin besonders wichtig?

Mérola: Ja, also, am meisten habe ich mich mit dem Themenbereich Gesundheit: Pflanzenheilkunde, Abtreibung, Gesundheit im allgemeinen beschäftigt. Heute arbeite ich zu Fragen der Wohnungsversorgung und des Natur- und Umweltschutzes, denn das Konzept „Gesundheit", das ich vertrete, ist ein weites Konzept, weiter als eines, das körperliche Gesundheit als Schmerzfreiheit definiert. Die Weltgesundheitsorganisation begreift Gesundheit als umfassendes Wohlergehen des Individuums und ein fundamentaler Bestandteil menschlichen Wohlbefindens ist das Wohnen.

FOPA: Auf diese Weise verbinden sich also Deine „widersprüchlichen" Aktivitäten miteinander!

Mérola: Klar. Doch die Verbindung besteht nicht nur zwischen den Themen „Frauen" und „Gesundheit". Sie ergibt sich auch durch meine Forschungs- und Lehrtätigkeit an der Hochschule. Städtischer Naturschutz und Landschaftsplanung hat unmittelbar mit dem menschlichen Wohlergehen und den Lebensqualitäten in einer Stadt zu tun. Nach einem Jahrzehnt von Veröffentlichungen zu Frauenfragen erschien mir die Zeit reif, die genannten Themen auch wissenschaftlich zu verbinden, ohne gleich einen Skandal in der Fakultät zu produzieren und eine für mich mißliche Situation entstehen zu lassen.

FOPA: Hat Deine Strategie am Ende funktioniert?

Mérola: Ja, denn meine Habilitation zu „Frauen und Architektur" hat die höchste wissenschaftliche Auszeichnung der Fakultät erhalten. Und nein, denn bis heute hat sich niemand von den KollegInnen dazu geäußert, bin ich in der Fakultät nicht mehr darauf angesprochen worden, auch nicht von den Interviewten. Es gab keine Kritik, weder versteckt, noch öffentlich, nur das Stillschweigen - bis heute. In der Öffentlichkeit und bei den Buchvorstellungen stoße ich hingegen auf großes Interesse.

FOPA: Würdest Du es dennoch noch einmal so machen?

Mérola: Sicher, weißt du warum? In der Fakultät studieren immer mehr junge Frauen als Männer. Also sagst du dir als Dozentin, wie kann ich die frauenspezifischen Reflexionen in meinem Fach weiter außer Acht lassen? Und so integriere ich sie inzwischen auch in die Lehre.

FOPA: Wie erklärst Du es Dir, daß immer mehr Studentinnen kommen? Gibt es ebenso viele Dozentinnen? Ist Landschaftsplanung und Landespflege zum Frauenberuf geworden, den junge Männer nicht ergreifen wollen?

Mérola: Nein, ganz und gar nicht. Die Studentenschaft wächst insgesamt, aber sie ist zunehmend weiblich. Ganze Fakultäten sind weiblich, vor allem in den sozialwissenschaftlichen Fächern. Was wir uns natürlich fragen: wo sind die Freunde der Mädchen? Warum studieren sie nicht? Die jungen Männer arbeiten lieber, als daß sie weiterlernen. Zum großen Teil machen sie einfach gar nichts, denn die Arbeitslosigkeit gerade unter jungen Leuten ist groß. Der große Unterschied liegt nur darin, wie junge Frauen damit umgehen: sie nutzen ihre Zeit, um sich fortzubilden.

Giovanna Mérola bei der Präsentation ihres Buches auf dem internationalen Seminar „Mujer y Habitat" in Montevideo im September 1993 / Simone Weisleder, FOPA Hamburg

FOPA: Wie sieht denn die berufliche Situation der ausgebildeten Architektinnen aus? Arbeiten sie alle, verdienen sie genausoviel wie ihre Kollegen?

Mérola: Nun, die Wenigsten arbeiten in ihrem Beruf, denn erstmal heiraten sie und nur einige kehren später in ihren Beruf zurück. Die beruflich tätigen Architektinnen arbeiten mehrheitlich als öffentliche Angestellte, einige in privaten Büros, sehr wenige haben eigene Büros. Generell ist festzuhalten, daß Architektinnen weniger in der Ausführung von Projekten arbeiten, als in der Planung.

FOPA: Die von Dir für Deine Forschung interviewten Architektinnen arbeiten zum Teil auch als Dozentinnen an der Universidad Central de Venezuela?

Mérola: Ja, ich habe Dozentinnen aus den verschiedenen Instituten der Architektur- und Städtebaufakultät befragt. Sie ist die größte unseres

Landes. Neben den Berufserfahrungen von Architektinnen wollte ich auch Meinungen zur Lehre erheben. Zusätzlich habe ich einige dem Thema gegenüber aufgeschlossene Dozenten befragt.
Zum Beispiel wollte ich erfahren, ob sich Entwürfe von Studentinnen und Studenten unterscheiden lassen und welches gegebenenfalls die Unterschiede sind.
Die generelle Antwort lautete: nein, sie unterscheiden sich nicht. Erst in der detaillierteren Beantwortung wurden männliche und weibliche Aspekte genannt, die sich überwiegend in den Entwürfen des entsprechenden Geschlechts ausdrücken sollen. Weibliche Aspekte sind nach Aussage der Interviewten: bessere Ausarbeitung des Projektes, größere Detailliebe und Sensibilität im Entwurf, Suche nach realen Lösungsmöglichkeiten, Pragmatismus, die Entwicklung des Entwurfs aus der Funktion heraus und weniger aus der Form. Die Entwürfe „weiblicher" Art blieben im kleineren Maßstab, während die Arbeiten im großen Maßstab die der „männlichen" Art seien. Weitere „männliche" Aspekte wurden genannt: Entschiedenheit, Festgelegtheit, Kühnheit, Totalität und eine hohe Dosis Illusion und Traumtänzerei.

FOPA: Welche Ziele hast Du mit Deinem Buch schwerpunktmäßig verfolgt? Ist der Titel „Architektur ist weiblich" Programm?

Mérola: Den Titel wollte der Verleger, und er hat sich als gut erwiesen. Er ist provokant und erweckt große Aufmerksamkeit.

FOPA: Kannst Du erklären, was Du mit dem Titel ausdrücken willst, denn die Übersetzung lautet eigentlich: Architektur ist des Weiblichen, bzw. ist ein weibliches Konzept.

Mérola: Weiblichkeit, Frausein ist eine Ausdrucksform des Menschseins - eben das weibliche Prinzip Mensch. Ich bestehe mit diesem Titel darauf, daß es eine weibliche Ausdrucksform der Architektur gibt, und daß es eines Gleichgewichtes zwischen weiblichen und männlichen Aspekten in der Architektur bedarf.

FOPA: Nun, ich möchte es noch etwas genauer wissen. Bist Du denn der Meinung, daß Architektur weiblich ist.

Mérola: Nein. Ich halte aufrecht, was ich in meinem Buch zeige. Architektur ist eine Ausdrucksform des Menschen - sei sie weiblich oder männlich. Das, was im Lauf der Zeit passiert ist, ist, daß die männlichen

Ausdrucksformen dominant geworden sind. Daher geht es heute darum, den weiblichen Aspekten mehr Geltung zu verschaffen, um Ausgewogenheit zu erreichen. Es gibt auch Architektinnen. Das sind Frauen, deren Ausdrucksform die Architektur ist. Und es gibt Männer, die weibliche Aspekte in der Architektur umsetzen. Ich bin der Ansicht, daß das grundlegende Problem der aktuellen Architektur und des Städtebaus darin besteht, daß weibliche Prinzipien abgewertet, verdrängt, untergeordnet oder vergessen werden. Das schadet der Stadt als Ganzes.

FOPA: Dann kann ein Architekt also Deiner Meinung nach weibliche Prinzipien in seine Projekte aufnehmen und sie entsprechend realisieren.

Mérola: Ja, unbedingt. Mein Streben liegt darin, daß er es tut. Bis heute sind es aber die Bastionen der Ökonomie, die die Architektur bestimmen. Das waren und sind immer männliche Interessen gewesen. Architektur muß aber die sozialen in gleichem Maße beachten, wie die ökonomischen Erfordernisse.

FOPA: Und was meinst Du, wenn du von sozialen Erfordernissen sprichst?

Mérola: Ich meine damit, daß wir Räume zum Leben schaffen müssen. Anstelle von ungemein häßlichen Parkstreifen und -flächen können wir besser nutzbare Räume schaffen. Das klingt banal, aber ein grüner Freiraum ist nun mal nicht so rentabel wie ein bewachter Parkplatz.
Es hat sich gezeigt, daß aufgrund ihrer eigenen Alltagserfahrungen als Frau in der Stadt, die Architektinnen und Studentinnen in ihren städtebaulichen Projekten die sozialen Aspekte stärker berücksichtigen. Doch noch herrschen auch in der Ausbildung die ökonomischen Aspekte vor.

FOPA: Gibt es für Dich theoretisch Berührungspunkte zwischen den weiblichen Prinzipien in Architektur und Städtebau, der sogenannten Anwaltsplanung und den Zielen einer ökologisch orientierten Stadtentwicklung?

Mérola: Ja, denn in diesen Feldern haben sich Forderungen von Frauen Stück für Stück durchgesetzt und finden sich heute darin wieder. Frauen haben immer stärker mit fortschrittlichen Kollegen zusammengearbeitet und ihre Ansichten in derartigen Projekten umgesetzt. Das heißt aber nicht, daß Frauen nur in diesen Gebieten arbeiten.

Ich möchte hierzu ein Beispiel aus Caracas geben. Wenn wir die Arbeit in den Kommunen oder Bezirken vor Ort betrachten, ist eine stärker basisdemokratisch-orientierte Planung zu erkennen. Das läßt sich darauf zurückführen, daß der eine Architekt, den jede Bezirksversammlung wählt und beschäftigt, häufig eine Architektin ist. In den Nachbarschaftsorganisationen stellen die Frauen die Mehrheit der Aktiven. Aus meiner Arbeit kann ich von einer BürgerInnenversammlung berichten, in der über die Nutzung der Freiflächen in einer selbstgebauten Siedlung entschieden werden sollte. Die Bewohnerinnen bestanden auf Spielflächen und Erholungsflächen für alle, zusätzlich wollten sie eine Freifläche für den Bau eines Kindergartens nutzen. Die Bewohner hingegen plädierten für eine Polizeiwache. Sie wurden jedoch von den Frauen aufgefordert, die Freiflächen ebenfalls zu nutzen und die soziale Sicherheit auf diese Weise zu steigern.

FOPA: Diese Thematik ist ja auch Kern Deiner aktuellen Forschung: Frauen und die Erhaltung und Wiedergewinnung von Grünflächen in ungeplanten Siedlungen, den neuen und ehemaligen Squattern von Caracas. Was wirst Du erforschen und bearbeiten, und vor allem, warum hast Du dazu ein feministisches Forschungszentrum gegründet?

Mérola: Zum einen handelt es sich in diesem Fall wieder um eine Verknüpfung meiner Arbeit an der Universität mit einer frauenspezifischen Fragestellung. Zum anderen werden wir hier mit dem Umwelt- und Recyclingzentrum der Universität, das vor kurzem gegründet wurde, zusammenarbeiten. Die Abfallentsorgung ist zu einem der ganz großen Probleme von Caracas geworden, die städtische Umweltsituation ist bereits kollabiert. Damit komme ich auf die zweite Ebene der Forschung. Wir werden die lokalen „Umweltsituationen" betrachten, und wir suchen nach Möglichkeiten, sie zu stabilisieren und zu verbessern. Gleichzeitig sind wir in Caracas kontinuierlich mit dem Problem des Abrutschens von Siedlungen und Häusern konfrontiert. Die Bodenerosion nimmt zu und das gefährdet die informellen Siedlungen, die auf den Hängen der Stadt gebaut wurden. Die internationalen Hilfsmaßnahmen, die im Frühjahr 1993 zur Linderung der Folgen des schlimmen Hurrikans ergriffen werden mußten, verdeutlichten nochmals das Ausmaß des Umweltproblems.

FOPA: Giovanna, die Problemstellung, mit der Ihr Euch beschäftigen werdet, umfaßt ja drei Querschnittsthemen: Frauen, Wohnen und Umwelt. Wie wollt Ihr die damit verbundenen Anforderungen erfüllen?

Mérola: Ich glaube, ich habe hier ganz entschiedene persönliche Vorteile durch meine verschiedenen Berufsausbildungen (Biologie, Ökologie und Städtebau) und mein langjähriges Engagement in der Frauenfrage, die es mir erlauben, ein multidisziplinäres Thema aufzugreifen. Mit den StudentInnen führe ich schon länger Übungen und kleine Projekte mit BürgerInnenbeteiligung vor Ort durch. Dieses frauenbezogene Forschungsprojekt wird eine der ersten Aufgaben des von uns gegründeten Forschungszentrums sein. Wir haben sehr gute Kontakte in eine informelle Siedlung, in der die Frauen schon länger zusammenarbeiten. Sie sind sehr interessiert, modellhafte Lösungsansätze mit uns zu entwikkeln. Zur Zeit versuchen wir, eine Finanzierung für das Vorhaben zu finden.
Wir, das sind eine Volkswirtin, eine Theologin, eine Künstlerin und ich, haben das Forschungszentrum gegründet, um unsere Ansätze und Arbeiten unabhängig voranbringen zu können. Viele von den Projekten in Forschung und Praxis, die wir in anderen Ländern kennengelernt haben und die wir in unseren eigenen Arbeiten entwickelt haben, sind an der Universität und in der traditionellen Wissenschaft noch nicht realisierbar. Es bedarf aber in vielen gesellschaftlich relevanten Bereichen der Innovationen und nicht wenige der Erneuerungen kommen von Frauen. Doch die Atmosphäre, als Frau innovativ und kreativ tätig zu werden, bietet die Universität nicht - im Gegenteil: sie kastriert dich.
Wir wollen auch die Zusammenarbeit über die Grenzen der Disziplin hinaus. Unsere weiteren Vorhaben liegen in den Bereichen „Frauenhandel", Frauen und Kunst bzw. Kirche und Frauen. In der Frauenbewegung konnten wir gute Erfahrungen mit anderen Formen der Zusammenarbeit sammeln. Wir sind sicher, daß die Wissenschaft künftig auf die Ergebnisse der Frauenforschung zurückgreifen muß, die sie in ihren eigenen Institutionen jedoch behindert.

FOPA: Wir wünschen Euch für euer Zentrum viel Erfolg! Zum Abschluß wäre es noch gut zu wissen, wie aus Eurer Sicht eine Zusammenarbeit auch über die Kontinentsgrenzen hinweg aussehen kann.

Mérola: Für uns als Wissenschaftlerinnen, Fachfrauen oder Feministinnen in Lateinamerika ist es wichtig, von Euren theoretischen Diskussionen und praktischen Erfahrungen zu erfahren und zu profitieren. Wir hoffen, das es umgekehrt ebenso ist. Dazu müßt Ihr wissen, daß die Universitäten und Institutionen in unseren Ländern kaum noch Gelder haben. Die ökonomische Strukturanpassung verlangt Einsparungen im öffentlichen Sektor. Das bedeutet: kaum Veröffentlichungen, keine Neubestellungen für Bibliotheken und die Kündigung der Abonnements von Fachzeitschriften. Wir wissen oftmals nicht einmal von den Diskussionen, Projekten und Entwicklungen in den Nachbarländern, da die Kommunikation so eingeschränkt ist. Neben der internationalen Vernetzung und der Entwicklung gemeinsamer Strategien ist es für uns auch ganz einfach wichtig, daß Ihr Eure Arbeiten übersetzt und sie uns schickt, bzw. wir unsere veröffentlichen können. Es ist nie verkehrt, zu wissen, ob und wie andere Frauen gleiche und ähnliche Themen bearbeiten.

Publikationen von Giovanna Mérola Rosciano:
- En defensa del aborto en Venezuela
- Plantas medicinales para la mujer
- La relación hombre-vegetación en la ciudad de Caracas: aporte al estudio de la arquitectura paisajista en Caracas
- La vegetación en el medio urbano
- Vegetación y diseáo (Introducción a la arboricultura urbana)

neuere Artikel:
- Mujer, vivienda y recuperación de areas verdes en zonas urbanas no controladas, seminario-taller internacional Mujer y Habitat, Facultad de Arquitectura, Montevideo, Septiembre 1993
- Ecofeminismo: de la ecología a las ecociudades, Marzo 1992
- Hacia una nueva dimension sexo-espacial, Dimension, revista de arquitectura

Das Buch „Arquitectura es Feminino" kann unter folgender Adresse für US$ 16,- plus Versandkosten bestellt werden:
G. Mérola, Calle La Colina, Edif. La Colina, Apto. 24. Las Acacias. Caracas 104. Venezuela. Tel./FAX 0058 2- 61 87 69

Ausland

Visionen vom Planeta Femea
Frauenaktivitäten auf dem Global Forum in Rio de Janeiro

Vom 1.- 14. Juni 1992 fand in Rio de Janeiro das bislang größte, weltweite Treffen von Nicht-Regierungsorganisationen (NRO's) statt: das Foro Global. Parallel zum Umweltgipfel der Vereinten Nationen wurden dazu im Parque Flamingo Informationsstände und Veranstaltungszelte errichtet, das größte war das Zelt der Frauen. 14 Tage lang trafen sich dort bis zu 1.000 Frauen aus aller Welt zum sogenannten „Planeta Femea", dem Planet der Frauen, um die für sie relevanten Themen zu diskutieren. In Kurzreferaten und Debatten wurde das neue Konzept und Heilmittel zur Überwindung der globalen Umweltkrise, die sogenannte „nachhaltige Entwicklung" in seinen verschiedenen Dimensionen kritisiert. Schnell schien es angemessener, von sozial gerechter und ökologisch angepaßter Entwicklung zu sprechen, sollten die existierenden Abhängigkeitsverhältnisse in die Betrachtung mit einbezogen werden.

Das kompakte Arbeitsprogramm ließ sich nur deshalb realisieren, weil bereits verschiedene Vorbereitungstreffen zum Planeta Femea stattgefunden hatten. Auf der Vorbereitungskonferenz 1991 in Miami wurde die „Women's Action Agenda 21" verabschiedet. Sie enthält die Forderungen der Frauenorganisationen und wurde den Regierungen schon im Vorfeld des Umweltgipfels vorgelegt, um massiven Einfluß auf die in Rio zu erarbeitende United Nations Agenda zu Umwelt und Entwicklung zu nehmen.

Die Agenda 21 der Frauen war gleichzeitig Grundlage für die Weiterarbeit im Frauenzelt und ist bis heute eine wichtige Diskussionsgrundlage. Wie in vielen Arbeitsgruppen des Global Forums wurden gemeinsam sogenannte „treaties" erarbeitet, die als weitere Positionspapiere der Nicht-Regierungsorganisationen den TeilnehmerInnen des offiziellen Umweltgipfels überbracht wurden. Die größte Aufmerksamkeit der Frauenorganisationen galt dem Themenkomplex „Bevölkerungskontrolle und Entwicklungsideologie". Sie kritisieren, daß die umwelt- und entwicklungspolitische Debatte nach wie vor die Bevölkerungsexplosion als Ursache der Umweltzerstörung und letztendlich auch der Verstädterungsproblematik nennt. Zugriffe auf Frauenleben und -körper, in Form von Sterilisationsprogrammen und anderen Maßnahmen zur Kontrolle ihrer Fruchtbarkeit, werden mit dieser Argumentation gerechtfertigt.

Gleich am zweiten Tag wurde das Thema Wohn- und Lebenssituation von Frauen und ihren Familien auf dem Planeta Femea erörtert. Parallel

Kerstin Zillmann
Dipl. Ing. Stadtplanung, geb. 1963, wissenschaftliche Mitarbeiterin der TU Hamburg Harburg, Fachbereich: Städtebau/Stadtplanung; Schwerpunkt: Planen, Bauen, Wohnen in Lateinamerika.

fanden auch in anderen Zelten Arbeitstreffen von Bau- und Planungsfachleuten statt. Bspw. traf sich das internationale Netzwerk HIC (Habitat International Coalition) mit brasilianischen NRO's, um eine Stellungnahme zur Verstädterungsproblematik auszuarbeiten: den NGO Urbanization Treaty. Frauenforderungen konnten direkt eingearbeitet werden, die die im Women and Shelter Network des HIC organisierten Expertinnen ad hoc diskutierten und zusammenstellten. Sie hatten sich auf dem Forum getroffen, um zwei öffentliche Workshops zu veranstalten.

An zwei aufeinanderfolgenden Tagen wurden Erfahrungen aus den verschiedenen Ländern vorgestellt: aktuelle Probleme und Projekte zur Wohnraumversorgung von Frauen und Kindern, Ergebnisse von den Regionaltreffen organisierter Selbsthelferinnen und Fachfrauen, ihre Forderungen und die Verhandlungen mit Kommunen und Regierungen. Gemeinsam wurden Lösungsvorschläge und Entwicklungsperspektiven angedacht. Besonders intensiv wurden der Zugang von Frauen zu Boden/ Bodenbesitz und Verfügung über Land, ihr Recht auf Subsistenzwirtschaft, die Einflußnahme von Frauen auf politische und planerische Entscheidungen diskutiert. Es wurde mehrfach betont, wie wichtig es sei, sich mit anderen Basisbewegungen zu vernetzen, und daß auch dort Frauen die tragende Rolle innehätten, insbesondere in Lateinamerika.

Wenn sich die Problematik auch von Land zu Land anders darstellt, ließen sich doch strukturelle Gemeinsamkeiten feststellen und frau konnte aus den entsprechenden Aktivitäten der Kolleginnen lernen. So wie überall im Flamengo-Park wurden auch in diesen Workshops als maßgebliche Rahmenbedingungen für eine umweltverträgliche und sozial gerechte Entwicklung und insbesondere für die angestrebten Veränderungen in den Nord-Süd-Beziehungen sowohl die neoliberale Entwicklungspolitik als auch die aktuellen Maßstäbe der Weltwirtschaft problematisiert. Das Netzwerk der Südfrauen Dawn (Development Alternatives with Women for a New Era) hat nun die Initiative ergriffen und die Frauenorganisationen aller Kontinente aufgefordert, sich in ihren Vorbereitungen für die nächste Weltfrauenkonferenz in Peking abzustimmen. Die ökonomische Krise und ihre Auswirkungen auf Frauen und Kinder, sowie die Konsequenzen der Strukturanpassungsmaßnahmen in den jeweiligen Ländern sollen analysiert und zusammengetragen werden. Das Ziel dieser globalen Bestandsaufnahme ist es, aus Frauensicht gemeinsam Strategien zu finden, die im Süden und im Norden gleichzeitig von den Frauen umgesetzt werden. Die Idee, auf verschiedenen Wegen und mit verschiedenen Mitteln, aber von mehreren Seiten aus, die herrschenden Entwicklungs-, Modernisierungs- und Konsumideologie aufzubrechen und eine andere Vision, die eines Planeta Femea, weiterzuentwickeln und dagegenzusetzen, ist gewiß ansteckend. Überraschend war für viele Teilnehmerinnen, daß ein Vertreter der Weltbank gekommen war. Er betonte das Interesse seiner Organisation an Frauenthemen in den Bereichen Bauen und Wohnen. Der Austauch war insgesamt sehr anregend und Ideen zur weiteren Zusammenarbeit wurden geboren. Informationsmaterialien und Arbeitsergebnisse werden seit Rio hin- und hergeschickt, zukünftige Treffen langfristig ins Auge gefaßt. Inzwischen haben sich einige Teilnehmerinnen in Montevideo zu einem weiteren Erfahrungsaustausch wiedergetroffen.

So treffen sich bspw. in der Bundesrepublik jährlich Vertreterinnen verschiedener Berufsgruppen und Frauenorganisationen in einer Seminarreihe des Gustav-Stresemann Instituts in Bonn, um „Perspektiven einer neuen Weltinnenpolitik", wie sie es nennen, zu diskutieren.

Eine direkte Folgekonferenz zum Global Forum in Rio 1992 ist die Konferenz der Nicht-Regierungsorganisationen in Manchester, Großbritannien, in diesem Jahr. Vom 24. Juni bis zum 3. Juli 1994 beschäftigte sich das Global Forum schwerpunktmäßig mit den Möglichkeiten für eine nachhaltige Entwicklung in den Städten. Im Kernprogramm stellten Delegationen aus 50 Städten aus Asien, Afrika, Nord- und Südamerika, Australien und Europa ihre Projekte und Arbeiten für eine „Sustainable City" vor. Die VertreterInnen der Kommunen, Gewerkschaften, Nicht-Regierungsorganisationen, Wirtschaft und Handel wollen neue Wege im Umgang mit den Themen Verkehr, Armut, Gesundheit, Arbeit, Konsum, Finanzen und Ressourcen finden und praktische Lösungsansätze für eine ökologisch verträgliche und sozial gerechte Entwicklung der urbanen Zentren der Welt erörtern. Ihre Ergebnisse wurden der Öffentlichkeit vorgestellt, die sich zu zahlreichen Aktivitäten des Rahmenprogramms traf.

Parallel zum Treffen der Städte werden von unabhängigen Gruppen Arbeitstreffen für Interessierte und Fachleute durchgeführt, deren Ergebnisse direkt dort einfließen sollen. Die Organisatorinnen des Frauenprogramms wollen mit ihrem Angebot an die Ergebnisse des Planeta Femea in Rio und die Agenda 21 anschließen. Vorgeschlagene Themen sind: Frauen und Medien, Gesundheitsversorgung, Landwirtschaft und

Ernährung, Stadtentwicklung, Fairer Handel und das Ökosystem. Höhepunkt des Frauenprogramms soll der dreitägige Kongreß zur Zukunft der Frau im vereinten Europa sein, zu dem über 200 Teilnehmerinnen erwartet werden. (Der Redaktion wurde bekannt, daß der Frauenschwerpunkt aufgrund finanzieller Probleme abgesagt werden mußte. Schade!)

Die immer wieder gestellte Frage, ob solche großen Kongresse etwas bewirken, läßt sich aus Frauensicht positiv beantworten. Sie bewegen viel und stärken die Zusammenarbeit und die Vernetzung. Das bestimmte Themen auch unter Frauen sehr kontrovers diskutiert werden und ein Konsens gerade zwischen Süd- und Nordfrauen nicht leicht gefunden werden kann, ist naheliegend. Doch die Freiräume für diese Kontroverse sind gering und es ist den Organisatorinnen der Frauenprogramme auf den Global Foren wirklich anzurechen, diesen Raum der Kommunikation und des Kennenlernens für viele Frauen zu schaffen. Daß zunehmend Themen des Planens, Bauens und Wohnens Eingang in die Themenpalette und Unruhe der Frauen finden, ist ein großer Erfolg für alle engagierten Planungs- und Baufachfrauen.

Adressen

HIC Women and Shelter Secretariat, Manzangira Institute, P.O.Box 14564 Nairobi, Kenya. FAX: 254 2 444643 (Newsletter Women und Shelter)

Red Mujer y Habitat c/o Cicsca, Av.R.Nunez 4444-OF.13-C.C.149 SUC.9, 5009 Cordoba, Argentinien. FAX: 54 51 814063 (Buletþn Mujer y Habitat)

HIC, Cordobanes 24, Col. San Jose Insurgentes, Mexico 03900 DF., Mexico. (Der NGO Urbanization Treaty kann beim HIC in Mexiko bestellt werden.)

DAWN, c/o Peggy Antrobus, University of the West Indies, School of Continuing Studies, Pinelands, St.Michael, Barbados, West Indies.

Global Forum 1994, Women's Programm: The Women's Electronic Village Hall, 23 New Mount Street, Manchester, M4 4DE, England. Tel: 44-61-953-4042 FAX: 953 4051

Die Workshops wurden von den Architektinnen Mirina Curutchet und Ana Fal¨ vom Referenzzentrum des HIC Women and Shelter Networks in Cordoba, Argentinien durchgeführt. Bericht im nächsten FREI-RÄUME Band 8.

Frau und Stadt(planung) – auf dem Weg zu veränderter Maßstabsbildung

Die geplante und gebaute Stadt, wie wir sie heute vorfinden, ist in weiten Teilen geprägt von einer Alltags- und Lebenserfahrung, die wesentliche Bereiche der gesellschaftlich notwendigen Arbeit, nämlich die individuelle Haushaltsorganisation und -arbeit sowie die Betreuung und das Zusammenleben mit Kindern, im Alltag ausblendet, bzw. nur in Ausschnitten wahrzunehmen in der Lage ist. Eine ausschnitthafte Wahrnehmung und Benutzung von Stadt ist der Alltag in der Regel von Männern, angesichts der bestehenden Arbeitsteilung.

Die entstehende Ratlosigkeit über zukünftige Visionen gesellschaftlicher Lebens- und Arbeitszusammenhänge ermöglicht und erfordert neue Denkansätze und eine Maßstabsbildung unter Einbeziehung der sich verändernden sozialen, ökonomischen und räumlichen Rahmenbedingungen.

Mit der (inzwischen nicht mehr bestehenden) Etablierung eines Doppelressorts aus räumlicher Stadtentwicklung und Frauengleichstellung wurde in Hamburg 1991 ein neuer Akzent auf die gleichberechtigte Teilhabe von Frauen und Männern an der gesellschaftlichen Willens- und Konsensbildung gesetzt. In einem Grundsatz-Gutachten sollten sowohl die bisher vorliegenden Erkenntnisse zu dieser Thematik zusammengetragen wie auch neue Maßnahmefelder und Aufgabenbereiche definiert und in ihren Prioritäten bewertet werden.[1] Dazu sollten auch neue Wege der Erfassung ganzheitlicher Lebenszusammenhänge von Frauen unter Einbeziehung der unterschiedlichen Planungs- und Gestaltungsebenen gegangen werden. Erklärtes Ziel war die Verknüpfung und Kopplung mit anderen aktuellen Aufgabenstellungen räumlicher, in Ansätzen auch sozialer Planungen in der Stadt Hamburg. Wo können aus diesen Erfahrungen heraus neue Ansätze für eine veränderte Maßstabsbildung - sowohl im Arbeitsprozeß wie auch im Ergebnis - liegen?

1. Unser Ansatz unterscheidet sich von den meisten bisher vorliegenden frauenorientierten Untersuchungen mit räumlichem Bezug. Diese hatten meist folgende Schwerpunktsetzungen gemeinsam:
▷ Häufig im Zusammenhang mit aktuellen tagespolitischen Anlässen bezogen sie sich auf einzelne, besonders dringliche Themen. Ein Beispiel dafür sind die seit vielen Jahren von Frauen nachdrücklich vorgebrachten Aspekte um öffentliche (Angst-) Räume.
▷ Vielfach bezogen sich die Untersuchungen schwerpunktmäßig auf

Sabine Baumgart, Elke Pahl-Weber Stadtplanerinnen, beide Jahrgang 1952, Inhaberinnen des Büros BPW, Schwerpunkte: Stadtplanung, Forschung, Beratung in Hamburg/Bremen.

einzelne sektorale Themen, Wohnungsbau und -sicherung, öffentlicher Raum bzw. Grün- und Freiflächen, Verkehr.

▷ Frauen wurden dabei häufig in ihrer Rolle als Opfer gesellschaftlicher männlich geprägter Gefährdung dargestellt (Beispiel Gewaltkriminalität / Frauenhaus / Mobilität / Verkehr).

▷ Frauen wurden als eine mehr oder weniger homogene Gruppe mit gleichen Interessenslagen gesehen; Differenzen gab es weniger hinsichtlich der Konflikte und Polaritäten auch unter den Frauen, sondern eher zwischen der Einschätzung unterschiedlicher Strategien zur Veränderung (Beispiel: autonome Frauen versus „Familienfrauen").

▷ Alle frauenorientierten Untersuchungen hatten und haben immer noch mit Problemen, sowohl der unzureichenden Finanzierung (und stehen dementsprechend unter Legitimationsdruck) und insbesondere auch dem insgesamt ungenügend vorliegenden und erschlossenen empirischen Material, zu kämpfen.

2. Was ist demgegenüber das Innovative an unserem Ansatz?

„Das für die Wissenschaft bisher typische Denken und Analysieren in Unterschieden und Trennungen findet seinen stärksten Ausdruck in dualistischen Kategorien, denen Feministinnen immer kritischer gegenüber stehen, so etwa der Gegenüberstellung von Vernunft und Gefühl, von Kultur und Natur, von Abstraktem und Konkretem, von Hand- und Kopfarbeit. Frauen denken aufgrund anderer Sozialisation und Lebenserfahrung eher in Verbindungen. ... und das heißt auch für eine Wissenschaft und hier speziell Planungstheorie, die nicht die Erfahrungswelt von Frauen abwertet oder ausschließt, sondern sie im Zusammenhang bisher getrennt gesehener Lebensbereiche sieht. Ein Beispiel wäre etwa die Überwindung des Dualismus von Produktions- und Reproduktionsbereich" (Rodenstein 1993: 8 ff).

Diese Einbeziehung der Erfahrungswelt von Frauen liegt vielen planungsbezogenen Arbeiten zugrunde; ein umfassender Ansatz mit gesamtstädtischem Anspruch als Vorgabe an die Umsetzung ist neu.

Dies ermöglichte eine systematische Entwicklung von Determinanten zur Beschreibung und Abgrenzung unterschiedlicher Frauentypen im Hinblick auf ihre Anforderungen an die räumliche Umwelt, die sowohl Gemeinsamkeiten wie auch Polaritäten und Konflikte aufzeigt, wenn auch in vielen Bereichen noch unzureichend quantitativ und qualitativ belegbar.

▷ Ebenfalls systematisch und nach einem einheitlichen Analyseraster wurden Orte in der Stadt typologisiert und in ihrer Überlagerung in funk-

tionaler, sozialer sowie räumlicher Hinsicht betrachtet (z.B. Erwerbsarbeitsstätten differenziert nach Kaufhäusern und Supermärkten / Einzelhandel; Büro und Dienstleistungen / Verwaltung; Produktionsstätten; Kindergärten, Schulen, Krankenhäusern / Gesundheits- und Betreuungseinrichtungen sowie Heimarbeit). Dabei lag der Schwerpunkt in der Wahrnehmung und Benutzung von Frauen einerseits und in der Verknüpfung mit der jeweils aktuellen sektoralen Planungsdiskussion und -realität andererseits. Darauf aufbauend und unter Einbeziehung vorliegender Untersuchungen wurde eine systematische Entwicklung von (erweiterungsbedürftigen) Zielen für die einzelnen Typen von Orten abgeleitet und zu den „Frauen-Typen" in Beziehung gesetzt.
▷ Unterschiedliche Betrachtungsebenen wurden durch die Zusammenführung der Themen auf gesamtstädtischer Ebene einerseits (z.B. mit der Verknüpfung von peripheren Stadtquartieren untereinander - „10 km-Radius") und auf unterschiedlich strukturierten beispielhaften konkreten städtischen Bereichen/Stadtteilen (jeweils ein monostrukturiertes Wohn- und ein Arbeitsstättenquartier und ein mischstrukturiertes Stadtquartier) andererseits gefunden. Dies erfolgte durch die Verknüpfung:
▷ der Untersuchung von exemplarischen Ortstypen in den ausgewählten Stadtquartieren (z.B. die Ortstypen Erwerbsarbeitsstätte und Verkehrsanlagen am Beispiel eines innenstadtnah gelegenen Gewerbegebiets),
▷ von statistischem Material und Karten aus der Volks- und Arbeitsstättenzählung sowie des Mikrozensus in bezug auf statistische Ortsteile und
▷ mit gesamtstädtischen aktuellen Planungsvorgängen im Rahmen der Vorarbeiten zum Stadtentwicklungskonzept.
▷ Auch mit der Erarbeitung von prioritären Maßnahmefeldern und einzelnen Maßnahmen in der politischen und konzeptionellen Verknüpfung von räumlicher Stadtentwicklung mit Frauenförderung auf gesamtstädtischer Ebene konnte Neuland betreten werden.

3. Was ziehen wir daraus für die Planung für Schlüsse?
▷ Es lassen sich gemeinsame Merkmale in der Wahrnehmung und Benutzung der Stadt von Frauen feststellen, aus denen grundlegende und übergreifende Ziele aus Frauensicht abzuleiten sind. Es sind dies vor allem Wahlfreiheit, Erreichbarkeit, Sicherheit im öffentlichen Raum, Vielfältigkeit von Nutzungen und Vernetzungen. Damit sind Ziele der räumlichen Planung und Flächendispositionen angesprochen, die generell aktuelle Themen in der Planungsdiskussion sind und einen Paradigmenwechsel in den Ansätzen und Kriterien deutlich machen.

▷ Schwieriger ist es, die aktuellen Planungsanforderungen im Spiegel dieser frauenbezogenen Planungsansätze einzuschätzen. Eine Vorstellung geht in Richtung einer sog. „Frauenverträglichkeit(-sprüfung)"; dies ist jedoch in Vorausabschätzung und Bewertung zukünftiger Auswirkungen einzelner Planungsmaßnahmen eine reaktive Form des Einbringens von frauenorientierten Planungskriterien.
▷ Einen demgegenüber aktiven Beitrag stellen die Lebensmuster und das Alltagsverhalten von Frauen als eine veränderte Maßstabsbildung in der Gestaltung von Lebensräumen in der Stadt dar. Zielsetzungen und Anforderungen von Frauen an die Stadt treffen sich beispielsweise vielfach mit breit diskutierten und in der Erprobung befindlichen Überlegungen zur Binnenentwicklung und Nachverdichtung in den Wohnsiedlungen; ebenso stützen Maßnahmen zum Bodenschutz und Flächensparen wie z.B. eine Reduzierung von Autostellplätzen (Modelle: Autofreies Wohnen oder „Stattauto") die Mobilitätsvorstellungen vieler Frauen.
▷ Konkrete Orte in der Stadt definieren konkrete räumliche Anforderungen, über die Planungsprinzipien hinausgehend; eine schwerpunktmäßig auf ausschnitthafte funktionale und/oder rein ästhetische Gestaltung angelegte Planung leugnet die Aktualität des genius loci. Dieser wird häufig durch die Vielfalt der Lebenszusammenhänge von Frauen geprägt und getragen.
▷ Innovative Ansätze für neue Verfahren verbinden die Forderungen nach erweiterten Möglichkeiten der Artikulation mit einflußnehmender Beteiligung an Planungsmaßnahmen ebenso wie mit der Verzahnung von Planung und Umsetzung bei einem phasenweisen Ausbau von Projekten. Ökonomisch tragfähige Konzepte, gekennzeichnet von Kleinteiligkeit und Dezentralisierung, können eine Verbindung zwischen Privatem (renditeorientiertem) und Öffentlichem (unrentierliche Kosten) herstellen. Langfristige Dispositionen in bezug auf den öffentlichen Flächen- und Finanzmittelhaushalt sind angestrebt. Frauenbezogene Planungsansätze und Maßnahmefelder, wie z.B. ein Modellprojekt: Frauengewerbehof und Dienstleistungszentrum oder die Ausschreibung von städtebaulichen und landschaftsplanerischen Ideen- und Realisierungswettbewerben bis hin zur Inspruchnahme bzw. Umwandlung von Stellplätzen für soziale und kulturelle Nutzungsergänzungen im Wohnungsbestand reihen sich hier durchaus ein.

Anmerkung

1 Dabei ist zu berücksichtigen, daß die Vergabe eines auf gesamtstädtischer Ebene angelegten Gutachtens für eine Großstadt wie Hamburg bisher in Deutschland beispiellos war. Ob dieser Schritt auch Ausdruck einer politisch nachhaltigen Verankerung frauenorientierter Stadtentwicklung ist, wird sich an den darauf folgenden Maßnahmen messen lassen müssen.

Literatur

Baumgart Pahl-Weber Partner: Bausteine für eine Stadt der Frauen - Visionen für Hamburg. Gutachten im Auftrag der Freien und Hansestadt Hamburg, Stadtentwicklungsbehörde, Hamburg 1993

Rodenstein, Marianne: Feministische Ansätze in Planungstheorie und Architektur in den USA - 3 Vorträge, Frankfurt 1993, S. 8 ff

Frauengerechtes Wohnen im Quettinger Feld, Leverkusen.

Ein innovativer Planungsprozeß im sozialen Wohnungsbau als Methode

Doris Dahl
Dipl. Päd., geb. 1949, seit 1991 im Frauenbüro der Stadt Leverkusen, aktiv im Arbeitskreis „Stadtplanung" der Arbeitsgemeinschaft kommunaler Frauenbüros NRW.

Simone Fey-Hoffmann
Sozialwissenschaftlerin, geb. 1959, Leiterin des Frauenbüros Leverkusen seit 1989, Sprecherin der Landesarbeitsgemeinschaft kommunaler Frauenbüros NRW, Mitglied der Kommission des Deutschen Städtetages „Frauen und Stadtplanung", verschiedene Veröffentlichungen zu frauenpolitischen Themen u.a. Frauen und ÖPNV.

Die Stadt Leverkusen hat in enger Zusammenarbeit mit der Wohnungsbaugesellschaft Leverkusen (WGL), unter Beteiligung von vier Architekturbüros, ein Planungsverfahren zum sozialen Wohnungsbau durchgeführt, an dessen Ende die Jury einen Entwurf zur Realisierung empfohlen hat. Die Kosten des Verfahrens trugen das Land Nordrhein-Westfalen, die WGL und die Stadt Leverkusen. Idee, Konzeption, Federführung und Realisierung oblagen dem Frauenbüro der Stadt.

Der Planungsprozeß läßt sich in zwei Phasen aufteilen:
1. der Vorlauf des eigentlichen Verfahrens umfaßt den Zeitraum von zwei Jahren,
2. das Planungsverfahren selbst erfolgte innerhalb von dreieinhalb Monaten.

Vorlauf

Im Herbst 1991 entschieden wir uns im Frauenbüro, Stadt- und Wohnungsplanung in Leverkusen zu einem unserer Arbeitsschwerpunkte zu machen. Wir führten zunächst eine Tagung mit dem Titel „Frauengerechte Wohnungsplanung in Leverkusen" durch, zu der wir gezielt örtliches Fachpublikum einluden. Im Anschluß daran erklärte sich die Wohnungsbaugesellschaft (WGL) bereit, gemeinsam mit dem Frauenbüro ein Wohnprojekt mit ca. 40 Wohneinheiten im sozialen Wohnungsbau zu planen und zu realisieren.

Das Frauenbüro erhielt dadurch die Möglichkeit:
1. an einem konkreten Projekt inhaltlich aufzuzeigen, was unter frauenspezifischer Sichtweise im Arbeitsfeld Wohnungsbau zu verstehen ist und
2. als federführendes Amt methodisch Verlauf und Durchführung des Verfahrens zu lenken.

Das Planungsverfahren sollte solide Vergleichsmöglichkeiten bieten, so daß eine Mehrfachbeauftragung (vier Architekturbüros mit Frauen in leitender Position) erteilt wurde.

Innerhalb des gesamten Planungsprozesses wurden die Ziele und Inhalte ständig modifiziert, was sowohl auf den sich ausweitenden Kreis der Akteure, die als VertreterInnen ihrer jeweiligen Institution verschiedene Interessen einbrachten, als auch auf den Kompetenzzuwachs bei den Mitarbeiterinnen im Frauenbüro, der durch die Auseinandersetzung mit dem Verfahren erarbeitet wurde, zurückzuführen ist.

Bei der Konzeption waren die Projektziele von lokalen Aspekten dominiert: in Leverkusen sollte sozialer Wohnungsbau aus frauenspezifischer Sichtweise realisiert werden. Gleichzeitig sollte in der Fachverwaltung und der Wohnungsgesellschaft durch eine intensive und frühzeitige Einbeziehung der zuständigen Akteure (Bauträger, Planungsamt, Bauförderung etc.) Aufgeschlossenheit und Sensibilisierung den speziellen Anforderungen gegenüber bewirkt werden.
Eine überregionale Bedeutung erhielt das Projekt durch die Landesförderung und die damit verbundene Auflage, ein „innovatives und kooperatives Planungsverfahren mit Werkstattcharakter" durchzuführen und zu dokumentieren.

Das Planungsverfahren

Inhalte

Die inhaltlichen Recherchen und der Austausch mit anderen Frauenbüros machten deutlich, daß vielfach Zweifel bestehen, frauenspezifische Anforderungen im sozialen Wohnungsbau realisieren zu können, weil die bestehenden Richtlinien, Finanzierungsgrenzen etc. dem gegenüberstünden.
Da es uns um den Nachweis ging, ein frauenspezifisches Bauvorhaben im Kontext des „normalen" sozialen Wohnungsbaus zu realisieren, wurden für das Planungsverfahren zwei Schwerpunkte festgelegt:
1. Die Auseinandersetzung um architektonische Lösungen, die im hohen Maße soziale Bezüge besonders berücksichtigen und
2. die Erarbeitung der Konfliktpotentiale zwischen architektonischen Lösungen, administrativen Vorgaben, Verwaltungsvorschriften und Finanzierungsmodalitäten.

Verfahrensbeteiligte

Insbesondere der zweite inhaltliche Aspekt machte die weitere intensive Einbindung der bisherigen Akteure notwendig. Als Jurymitglieder wurden neben den örtlichen FunktionsträgerInnen und der Leiterin des Frauenbüros kompetente Fachfrauen aus anderen Städten gewonnen, die das gesamte Verfahren von den Workshops bis zur Jury begleiteten. Dies war notwendig, da die endgültigen Beurteilungskriterien und ein Anforderungsprofil für die Bewertung der Vorentwürfe der Architektinnen nur in der gemeinsamen Auseinandersetzung erarbeitet werden konnten. Neben den Sach- und FachpreisrichterInnen nahmen noch weitere beratend an dem Workshop teil, so daß in das Planungsverfahren einbezogen waren: Frauenbüro, Fachverwaltung, Wohnungsgesellschaft, Politik, Fachfrauen, Ministerien, Frauenverbände und Architektinnen. Die Moderation übernahm eine auswärtige Fachfrau.

Methoden des Planungsverfahrens

In dem ersten ganztägigen Workshop wurden alle Beteiligten über Intention, Inhalte und Ziele des Projektes informiert und eine Übersicht über den Stand der feministischen Diskussion zum Wohnungsbau gegeben. Anschließend erfolgte eine Festlegung auf die Bearbeitungsinhalte und thematische Schwerpunktsetzung für die Erstellung der ersten Ideenskizzen der Architektinnen.

Im zweiten Workshop sollte die Vorstellung und Diskussion dieser Ideenskizzen stattfinden.

Die überarbeiteten Ideenskizzen wurden von den Architektinnen daraufhin zur Überprüfung eingereicht, die dann - im dritten Workshop - mit hoher Verbindlichkeit von den Bewilligungsbehörden begutachtet werden sollten.

Erfahrungen aus den Workshops

Im ersten Workshop wurde aufgrund der gemeinsamen Arbeit in einer offenen Atmosphäre der Grundstein für die weitere erfolgreiche Bearbeitung der noch anstehenden Aufgaben gelegt.

Der zweite Termin begann mit der Vorstellung und Begründung der Entwürfe durch die Planerinnen. Dabei tauchten z.B. bautechnische

Schwierigkeiten (Bodenverhältnisse) oder städtebauliche Gesichtspunkte (Baulinien, Baugrenzen, Dichte) auf, die im Zusammenhang mit den in der Ausschreibung formulierten Anforderungen zu einer Befragung über fördertechnische und finanzierungsabhängige Rahmenbedingungen führte. Während diese Diskussion sehr intensiv und z.T. grundsätzlich geführt wurde, verlief die Auseinandersetzung um die architektonischen Vorschläge eher beiläufig. Statt - wie geplant - Ideenskizzen an die Bewilligungsbehörden einzureichen, wurde ein Fragenkatalog aufgestellt, der zu diesem Zeitpukt besser geeignet war kontroverse Standpunkte zu präzisieren.

Im dritten Workshop war an der Weiterentwicklung der Entwürfe der Planerinnen ablesbar, daß Argumentationen der Diskussionen reflektiert und in die vorgestellten Lösungen eingeflossen sind. Beispielsweise hatten die Entwürfe unter Ausnutzung der vom Planungsamt zugesagten B-Plan-Änderung eine größere Öffnung zur umgebenden Bebauung erfahren.

Die Beantwortung des Fragenkatalogs (3. Workshop) setzte eine Auseinandersetzung über die Richtlinien in Gang, die stark geprägt war von den sich bedingenden Hauptanforderungen des Projekts: Schaffung kostengünstigen Wohnraumes bei Steigerung der Wohnqualität (hoher Gebrauchs- und Nutzwert der gesamten Wohnanlage). Dabei wurde deutlich, daß grundsätzliche Konflikte zu den Richtlinien des sozialen Wohnungsbaus nicht gegeben sind (obwohl sie natürlich erschwerend wirken), da ihre inhaltliche Begründung in weiten Teilen als Qualitätsanspruch nachvollziehbar wurde.

Bewertung des Planungsverfahrens

Die Jury würdigte die durchgehend hohe Qualität der eingereichten Entwürfe auch mit dem Hinweis, daß der vorlaufende kooperative Planungsprozeß dazu beigetragen hat, die jeweiligen Qualitäten der vorgelegten Konzepte zu stärken. Zumindest in Teilbereichen der Arbeiten ist ablesbar, daß die Entwürfe dort ihre Stärken haben, wo die Auseinandersetzung im Planungsverfahren eine hohe Qualität hatte und Schwächen eher da sichtbar wurden, wo die Diskussion weniger intensiv war.

Stärken zeigten die Entwürfe folgerichtig insbesondere bei Lösungen von Detailbereichen, die in herkömmlichen Entwürfen eher vernachlässigt werden, zum Beispiel bei den Übergängen vom Außen- und Innenbereich, der Zonierung des Außenbereichs, der Plazierung von Abstellräumen (Ersatz für Kellerräume) oder der Anordnung der gemeinschaftlich zu nutzenden Wohnergänzungsräume innerhalb der Wohnanlage.

In der Rückschau bleibt zu resümieren, daß die Chance, die Auseinandersetzung zwischen Architektur und Richtlinien führen zu können, dazu verleitet hat, hier einen deutlicheren Schwerpunkt zu setzen, was zu Lasten der Diskussion um die konkreten architektonischen Lösungen ging. Das kann allerdings auch dadurch begründet sein, daß es im kooperativen Prozeß psychologisch einfacher ist, sich mit eher „anonymen" Richtlinien als mit persönlich erarbeiteten Vorschlägen von Kolleginnen kritisch zu konfrontieren; eine Situation, die auch von uns im Verfahren nicht hinreichend reflektiert wurde und insofern nur wenig wahrgenommen worden ist.

Als positive Ergebnisse über die Entwürfe hinaus kann schon jetzt festgehalten werden:
Bereits im Verfahren wurden administrative Hindernisse minimiert bzw. ausgeglichen (z.B. Änderung B-Plan; Zusammenlegung von Wohnberechtigungsscheinen).
Teilergebnisse der Entwürfe finden bei anderen Bauvorhaben der Wohnungsbaugesellschaft Berücksichtigung (z.B. Schalträume).
Bei den beteiligten Sachbearbeitern ist eine gesteigerte Sensibilität für die Anforderungen aus frauenspezifischer Sicht an sozialen Wohnungsbau erkennbar.
Die Begründung und Diskussion der Richtlinien erhöhte ihre Akzeptanz. Es wurde ein wichtiger Schritt zur verbindlichen fach- und interessenübergreifenden Zusammenarbeit geleistet.

Eine umfangreiche Dokumentation ist erhältlich im: Frauenbüro, Stadtverwaltung Leverkusen, Postfach 101140, 51311 Leverkusen, (0214/352 8963)

Ein Fuß in der Tür:
Feministische Planung in der europäischen Union

Von März bis April 1993 führte FOPA in Zusammenarbeit mit fünf europäischen Partnerinnen das Forschungsprojekt „Gender issues in the decision making proceß with regard to urban space and housing in schools of architecture and at institutional level" durch.
Die Forschung befaßte sich mit dem Problem inwieweit Frauen an Entscheidungen in Architektur- und Stadtplanungsfakultäten beteiligt sind. Es ging sowohl um feministische Inhalte, als auch um den Anteil weiblicher MitarbeiterInnen. In einigen Ländern mußte der Forschungsrahmen auf Kommunen, Architektenkammern und Ministerien erweitert werden, da beispielsweise Griechenland nur über zwei Hochschulen mit Architektur-/Stadtplanungsfakultäten verfügt. Die PartnerInnen in diesem Projekt waren: Dina Vaiou, Annie Vrychea (Université Technique Nationale D'Athenes, Büro PRAXIS, Griechenland), Karen Zahle (Laboratory of Housing, the Royal Danish Academy of Fine Arts, Dänemark), Ann de Graft-Johnson, Gozi Wamuo (Büro Matrix, Großbritannien), Roland Mayerl (Büro Habitat et Participation, Belgien und Frankreich), Ute Beik, Ursula Heiler (FOPA Dortmund, Deutschland).
Das Projekt wurde teilfinanziert durch die Europäische Union, genauer durch die „Unit V/A/3 Equal opportunities for women and men" im „Directorate - General V for Employment, Industrial Relations and Social Affairs."
Mit Hilfe eines teilstandardisierten Fragebogens, der einige länderspezifische Abweichungen enthielt, sollte ein Bild über die Situation der Frauen an den Hochschulen entworfen werden. Im Folgenden skizziere ich die wichtigsten Ergebnisse und beschreibe die markantesten europäischen Unterschiede.

Ursula Heiler
MA, geb. 1965, Studium der Geschichte, Politik und Philosophie in Köln und Bochum, seit dem 1.1.1993 bei FOPA Dortmund für die Öffentlichkeits- und Netzwerkarbeit zuständig.

Dänemark

Die dänische Untersuchung nimmt einige Aspekte aus Schweden und Norwegen auf, da die gegenseitigen Einflüsse sehr groß sind. In Dänemark wurden zwei Hochschulen befragt; hinzu kamen Impulse aus dem Ministerium für Wohnen und der Assoziation dänischer Architekten. 49 Prozent aller dänischen Architektur- und RaumplanungsstudentInnen sind Frauen, aber auch in Dänemark sind Frauen in der Rolle der Lehrenden unterrepräsentiert. Durchschnittlich liegt der Frauenanteil der Lehrenden bei 20 Prozent (ohne Aufschlüsselung innerhalb der Besoldungsstufen). In der dänischen Studie wurde desweiteren der Schwerpunkt auf die

Arbeitslosigkeit von Architektinnen gelegt. Sie ist sehr hoch und nach Meinung der Wissenschaftlerinnen hat sie einen großen Einfluß auf die gebaute und geplante Umwelt. Auffallend ist auch, daß dem Punkt der Quotierung nicht mehr so viel Aufmerksamkeit geschenkt wird wie vor 20 Jahren; auch in den Kursen, Seminaren und Vorlesungen werden Frauenbelange nicht mehr so häufig zum Thema gemacht. Die Themen ähneln den Arbeitsbereichen der feministischen Architektur/Planung in Deutschland (wie z.B. BürgerInnenbeteiligung, alte Menschen und Wohnen, Funktionsmischung etc.), werden aber nicht unter dem frauenspezifischen Aspekt behandelt. Typisch für die Ansichten der dänischen Architektinnen/Planerinnen scheint folgende Antwort zu sein: „Die Frage ist sehr schwer zu beantworten, weil wir uns selten mit frauenspezifischen Problemen befassen, sondern mit menschlichen Bedürfnissen und der Planung des täglichen Lebens für alle Gruppen, z.B. Kinder, ältere Menschen, Behinderte, Männer und Frauen." (Zahle/Woodward 1993: 12) Wenn auch keine Unterlassungen im Curriculum moniert werden, so sehen doch auch die dänischen Frauen die Schwierigkeiten, die sie bei der Durchsetzung auf dem Arbeitsmarkt haben. Sie kritisieren, daß sie besser, schneller und belastbarer sein müssen als ihre männlichen Kollegen. Ein lebhaftes Bild spricht hier die bereits erwähnte Arbeitslosenstatistik.

Großbritannien

Schon die quantitative Situation ist in Großbritannien eine andere als in Dänemark. In GB wurden 52 Hochschulen für Architektur und Raumplanung befragt, die Rücklaufquote lag bei 21 Prozent. 32 Prozent der StudentInnen sind Frauen, 9,5 Prozent der Lehrenden in der Architektur mit Vollzeitstellen sind Frauen (Planung: 17 Prozent) und 15 Prozent der Lehrenden mit Teilzeitjobs sind Frauen (Planung: 25 Prozent). Auch brittische Frauen sind vorrangig in Verwaltungspositionen der unteren und mittleren Ebene angestellt. Bei den Studentinnen war bemerkenswert, daß die Zahl der graduierten Abschlüsse (solch ein Abschluß ist notwendig um sich an einer Universität weiter zu qualifizieren) mit der an einigen Hochschulen eingeführten anonymen Diplomarbeit stieg. Diplomarbeiten wurden mit einer Nummer versehen und der Prüfungskommission vorgelegt. Dieses ist in GB möglich, da anders als in der Bundesrepublik, ein und dieselbe Prüfungskommission die Abschlußarbeiten eines Jahrgangs benotet. Die Anonymität der Arbeiten kam den Frauen zugute und belegt in augenscheinlicher Weise die Diskriminierung von Studentinnen im Hochschulalltag.

Belgien und Frankreich

Belgien und Frankreich werden an dieser Stelle zusammengefaßt, da es erstens viele wechselseitige Einflüße gibt, und zweitens beide Länder von der selben Organisation und Person untersucht wurden. Auch in Belgien und Frankreich sieht die Situation nicht anders aus, als in den meisten anderen europäischen Ländern: nahezu die Hälfte der Studierenden sind Frauen, aber nur ein kleiner Teil der Lehrenden (Schwankungen zwischen 12 Prozent und 25 Prozent, je nach Eingruppierung) sind Frauen. In Belgien gilt als Motor vieler frauenspezifischer Fragen in der Universität, Verwaltung und in freien Büros die UFAB (l'Union des Femmes Architectes de Belgique). Dem gegenüber stehen in Frankreich alleine 12 Architektenvereinigungen von der Societé francaise d'Architectes (SFA) bis zum Festival International du film d'Architecture. Sie alle beschäftigen sich allerdings wenig bis gar nicht mit Frauenbelangen in der Architektur/Stadtplanung. Hier sind es wohl einige herausragende Persönlichkeiten bei renommierten Instituten und unabhängigen Organisationen, die sich mit diesen Themen beschäftigen (genannt seien hier nur beispielhaft Monique Minaca (Groupe cadre de vie, Meudon), Annelise Gerard (Geographin Ecole d'architecture de Strasbourg), Jacqueline Coutras (Groupe sur la Division Sociale et Sexuelle du Travail CNRS-GEDISST, Paris).

Deutschland

Die Ergebnisse für Deutschland sind für die Planerinnen und Architektinnen weder neu noch erfreulich. Während mehr als ein Drittel der Studierenden Frauen sind (38,8 Prozent) gibt es an deutschen Hochschulen nur 3,9 Prozent Professorinnen (C4, C3, C2 Professuren). Frauenforschung wird in diesen Bereichen nicht an der Hochschule betrieben, sondern offensichtlich an anderen, außeruniversitären Institutionen. Das hat mehrere Gründe: erstens ist der Frauenanteil bei den Professorinnen verschwindent gering, und zweitens müssen vielfach Assistentinnen in zusätzlicher, freiwilliger Arbeit diese Bereiche abdecken, da Frauenforschung in keinem Curriculum verankert ist. Ein wenig Hoffnung liegt auch hier in der Zukunft mit der neuen Frauenforschungsprofessur am Bereich Raumplanung Dortmund, von der entscheidende Impulse ausgehen können.

Griechenland

Die Stadtplanung in Griechenland ist weiblich. An den beiden Hochschulen Griechenlands, Athen und Thessaloniki, liegt der Anteil der weiblichen Studierenden bei 60 Prozent, bzw. 54 Prozent; 34 Prozent, bzw. 39 Prozent der Lehrenden sind Frauen. Selbst das wissenschaftliche Personal des „Ministry of the Environment, Physical Planning and Public Works" besteht aus 53 Prozent Frauen. Auf der anderen Seite sind feministische Inhalte an Universitäten, in den Kommunen und den Ministerien rar gesät. Wohnungen werden noch immer mit einem „Herrenzimmer" geplant (in Athen mit großem Platzmangel ein besonderer Anachronismus), Frauenforschung an Hochschulen wird mit dem Stigma der Unwissenschaftlichkeit belegt. Auf der anderen Seite werden innovative Projekte über Flüchtlingscamps und Bürgerinnenbeteiligung von der öffentlichen Hand in Auftrag gegeben, wohl nicht zuletzt wegen der hochpolitischen Rolle, die die ArchitektInnen während der griechischen Diktatur innehatten. Besonders die „Association of Greek Architects" (AGA, gegründet 1923) brachte bereits in der Diktatur und direkt nach ihrem Sturz 1974 wichtige Projekte zu Wohn- und Planungsproblemen in Gang. Die AGA war immer sehr mit der politischen Linken in Griechenland verknüpft und viele der aktivsten und militantesten Mitglieder und Präsidenten waren Frauen. Allerdings wurde auch hier das Problem des Geschlechterkampfes dem Kampf der Klassen untergeordnet. 1989 versuchte eine Gruppe von Frauen das Thema feministische Planung/Architektur im AGA zu etablieren. Bis heute wurde das Problem nicht weiter thematisiert. Auch in Griechenland arbeiten allerdings hervorragende Frauen in kleinen Gruppen oder alleine an diesen Themen. Genannt seien hier beispielhaft: Dina Vaiou (Universität Athen), Annie Vrychea (Büro Praxis, Athen), Lada Sassa (Women`s studies group Thessaloniki).

Das besondere dieser Studien und Forschungen über „gender issues in the decision making proceß" waren nicht die Originalität oder Neuheit des Erforschten. Für die meisten Forscherinnen waren die Zahlen und Ergebnisse des eigenen Landes nicht neu oder aufregend. Wichtig an diesen Forschungen war die europäische Zusammenarbeit, der Aus-

tausch über den Stand der Forschung und die Sicht auf feministische Planung/Architektur. So stellte sich bei einem Seminar der Universität Athen, das mit den Forscherinnen der Gruppe ausgerichtet wurde, heraus, daß es grundlegende Unterschiede gibt in Einschätzung und Motivation der feministischen Forschung. Während Matrix in Großbritannien auf eine größere Differenzierung von Frauenwünschen hinarbeitet (Planung für unterschiedliche soziale und kulturelle Bedürfnisse), legte Karen Zahle von der königlichen Akademie aus Kopenhagen größeres Gewicht auf die ökologische Komponente, die nach der Verwirklichung der Gleichberechtigung in der Familienarbeit in Dänemark in den Vordergrund gerückt werden müsse.
Dies soll nur ein Beispiel sein für unterschiedliche Prioritätenlisten unter den feministischen Planerinnen und Architektinnen Europas.
Wichtig war die Arbeit auch in Hinblick auf die Schwerpunktsetzung in der Arbeit der Europäischen Union. Planung und Architektur ist kein Thema im Aktionsprogramm der Unit V/A/3 for Equal opportunities. Die Aktionsprogramme werden immer für fünf Jahre festgelegt, das aktuelle Programm endet 1995. Nur Themen, die in diesem Aktionsprogramm verankert sind, haben eine Chance auf ausreichende finanzielle und politische Förderung durch die EU. Die EU ist an weiteren Arbeiten zur feministischen Planung/Architektur interessiert, und dies bringt uns dem Ziel näher, Planung/Architektur zu einem Thema im nächsten Aktionsprogramm zu machen. Dies wäre ein großer Fortschritt für die Finanzierung weiterer Projekte ab 1995 und könnte größeren politischen Druck auf die Ursprungsländer möglich machen.

Literatur

Beik, Ute/Graft Johnson, Ann de/Heiler, Ursula/Mayerl, Roland/Vaiou, Dina/Vrychea, Annie/Wamua, Gozi/Woodward, Karina/Zahle, Karen. 1993. Gender issues in the decision making process with regard to urban space and housing in schools of architecture and at institutional level. Brüssel.

Zwei Schritte vor und wie weiter? Die Bedeutung des Hessischen Gleichberechtigungsgesetzes für die Hochschulen

Hanne Schäfer
Dipl. Soz. (cand.), geb. 1961, Stadt- u. Regionalsoziologie, Darmstadt, FOPA Rhein-Main.

Nach mehrjährigen selbst innerparteilichen kontroversen Debatten wurde das Hessische Gleichberechtigungsgesetz[1] Ende 1993 vom Landtag verabschiedet und zum 1. Jan. 1994 in Kraft gesetzt. Die ehemalige Frauenministerin Heide Pfarr integrierte wesentliche Aspekte aus dem Förderplan von 1981 mit den Grundsatzempfehlungen zur Gleichstellung von Frauen an hessischen Hochschulen[2] von '89 in diesem Gesetz. Ihre Nachfolgerin Ilse Stiewitt ist verantwortlich für die Umsetzung des - in vollem Wortlaut - „Gesetzes über die Gleichstellung von Frauen und Männern und zum Abbau der Diskriminierung von Frauen in der öffentlichen Verwaltung". Sie erhält in zweijährigem Abstand Berichterstattungen der jeweiligen Institutionen. Dieses bereits in den Grundzügen der Verfassung verankerte Gesetz bildet für die nächsten 13 Jahre das Fundament für potentielle Veränderungen in allen hessischen kommunalen Verwaltungen, namentlich also auch im Hochschulwesen. Gerade die wissenschaftlichen Institutionen sind häufig geprägt von hartnäckigen männerdominierten Strukturen, von Stillstand, trotz dynamischer Entwicklungsprozesse in allen wissenschaftlichen Arbeitsfeldern. Beides, Organisationsformen und wissenschaftliche Arbeitsweisen, sind Ausdruck männlicher Herrschaft. Gleichberechtigung läßt sich jedoch nicht beHERRschen! Darin liegt vermutlich u.a. der zähe Widerstand begründet. In wissenschaftlichen Führungspositionen sind Frauen wesentlich unterrepräsentiert. Der landesdurchschnittliche Anteil von Frauen an wissenschaftlichen MitarbeiterInnenstellen liegt bei 25-30 Prozent, an Habilitationen bei etwa 10 Prozent, trotz steigender Tendenzen der letzten Jahre. Demgegenüber sind typische weisungsgebundene Arbeitsbereiche wie Verwaltung und Reinigung des Hochschulwesens eine Domäne von Frauen.

ANSPRUCH...

Welche Maßnahmen und Chancen bietet das Gleichstellungsgesetz für Hochschulen? Vorrangig sollen künftig vermehrt überall dort Frauen beschäftigt werden, wo sie bisher unterrepräsentiert sind. Der Anteil der zu beschäftigenden Frauen soll dem Anteil der Absolventinnen des jeweiligen Fachbereiches entsprechen. Ab 200 Beschäftigten ist eine halbe Planstelle, ab 500 eine, ab 800 eineinhalb und ab 1 000 Mitarbeiterinnen zwei volle Planstellen für Frauenbeauftragte zu besetzen.

Längerfristig sollen durch genannte politische Interventionen gleichberechtigte Arbeitsverhältnisse geschaffen werden, z.B. bessere Rahmenbedingungen am Arbeitsplatz, Lehrplangestaltung.

Eine wichtige Funktion kommt den Frauenbeauftragten zu. Die jeweiligen Frauenförderpläne, wie sie bereits 1990 in Marburg und Gießen und derzeit in Frankfurt und Darmstadt erarbeitet werden, stecken das Tätigkeitsfeld der Frauenbeauftragten ab.

Die Frauenbeauftragte der Universität Marburg nennt als wichtigste Stichpunkte ihres vielfältigen Aufgabenbereiches „bessere Arbeitssituation ermöglichen, Teilnahme an Vorstellungsgesprächen, persönliche Beratung z.B. auch bei Schwangerschaftsproblemen und sexueller Belästigung, Streit mit Vorgesetzten schlichten, Weiterbildungsangebote für nichtwissenschaftliche Mitarbeiterinnen sowie Kinderbetreuungsmöglichkeiten an der Universität[3] schaffen u.a.."

...UND...

Die hessische Frauenministerin Ilse Stiewitt möchte mit Hilfe des Gesetzes „öffentlichen Druck entfalten und der Frauenförderung Dynamik verleihen."[4]

Das Gesetz bietet Rahmenbedingungen zur Artikulation und Durchsetzung weiblicher Interessen. Im Abbau geschlechtsspezifischer Ungleichheiten liegt die Hoffnung auf „gleichwertigere Lebensbedingungen" verborgen.

... WIRKLICHKEIT!

Auf der Suche nach Umsetzungs- und Veränderungsprozessen an der Technischen Hochschule in Darmstadt werde ich zur Personalstelle, zum Presseamt und letztendlich auf die Fachbereiche verwiesen. Eine Frauenbeauftragte gibt es nicht, eine Stellenausschreibung werde erarbeitet, aber, einige Fachbereiche hätten doch....

Näheres war nicht bekannt.

Nach weiterem Suchen mache ich die Entdeckung, daß von 21 Fachbereichen derzeit 2 eine Frauenbeauftragte haben. Der Anfang einer dynamischen Frauenförderung? Wissenschaftliche Mitarbeiterinnen der Physik und Architektur haben dieses Amt durch Beschluß ihres Fachbereichsrats übernommen. Ein kleines Interview mit der Frauenbeauftragten aus der Architektur ergab, daß dieser Aufgabenbereich unentgeltlich ohne Freistellung neben ihrer Tätigkeit als wissenschaftliche Mitarbeiterin bewältigt werden muß. Daher teilt sie dieses Amt mit einer Kollegin, versteht sich als Beauftragte aller Frauen, d.h. einschließlich der Stundentinnen am Fachbereich, ist Beisitzerin in vier Berufungskommissionen, wird weder von den Männern, noch von vielen Frauen ernst genommen und versucht neben den täglichen Anforderungen besondere Vortragsreihen und Kurse für Frauen zu organisieren. Ist es da verwunderlich, daß bei kritischen Argumenten durch einzelne Frauen an der Organisation dieses „Ehrenamtes" das Engagement der Frauenbeauftragten zunehmend schwindet und sich letztendlich auf das Weiterleiten von Informationen beschränkt?

Weder erhalten diese Frauen eine Anleitung oder Konzeptumriß ihres Tätigkeitsfeldes, noch eine zeitliche Entlastung ihrer alltäglichen Anforderungen, noch finanziellen Ausgleich dieser Mehrarbeit. Ein Austausch mit anderen Frauenbeauftragten findet nicht statt, sie erhält wenig Unterstützung durch ihre männlichen und weiblichen KollegInnen und kann wenig bis keine Erfolgserlebnisse verbuchen. Wenn der Dekan sich in der Öffentlichkeit damit schmückt, eine Frauenbeauftragte für den Fachbereich vorzeigen zu können, sollte ihre Arbeit nicht durch o.g. Defizite bestimmt sein. Die ersten Erfahrungen von Frauenbeauftragten an hessischen Hochschulen führen unter genannten Umständen zu Überbelastung und Frustrationen. Die Errichtung von Planstellen für Frauenbeauftragte durch das Gleichberechtigungsgesetz will diesen (bewußt erzeugten?) „Mißständen" entgegenwirken, um eine Ent- anstatt Belastung aller Frauen zu erreichen.

Ein hoher Anspruch schwebt über den hessischen Hochschulen. Die Wirklichkeit scheint, trotz problematischer Anfänge, die Distanz dorthin abzubauen. Zwei Schritte vor und die Zunkunft wird zeigen, wieviele „Schrittchen" weiter!

Anmerkungen

1 Enthält Aspekte zur beruflichen Förderung von Frauen in nichtwissenschaftlichen und künstlerischen Bereichen.
2 Im folgenden sind unter den Begriff Hochschule ebenso Fachhochschulen und Universitäten zu verstehen.
3 Hessisches Ministerium für Frauen, Arbeit und Sozialordnung (Hrsg.). 1994. Hessisches Fraueninfo. Nr. 23. Wiesbaden.
4 Frankfurter Rundschau. 9.Sept. 1993. S.28

Rubriken

Feministische Inhalte in die Studien- und Prüfungsordnungen der Universitäten

Ursula Flecken
Dipl.-Ing. Architektin und Stadtplanerin, geb. 1962, wissenschaftliche Mitarbeiterin am Institut für Stadt- und Regionalplanung TU Berlin.

Die Studien- und Prüfungsordnungen des Studiengangs Stadt- und Regionalplanung und des Studuiengangs Landschaftsplanung an der TU Berlin werden z.Zt. überarbeitet. Für beide Studiengänge ist ein Modell geplant, das im Hauptstudium Studienschwerpunkte einführt, die aus derzeitigen und zukunftsorientierten Aufgaben- und Themenfeldern bestehen.
Für beide Studiengänge wurde ein feministischer Studienschwerpunkt konzipiert. Im folgenden wird insbesondere der Schwerpunkt im Studiengang Stadt- und Regionalplanung vorgestellt.
Von sechs angebotenen Studienschwerpunkten ist einer „Gender Planning", der die Relevanz des Geschlechterverhältnisses in Bezug auf Stadt- und Regionalplanung thematisiert (gender, engl. soziales Geschlecht im Unterschied zu biologischem Geschlecht). Die weiteren Studienschwerpunkte sind: Ökologische Stadt- und Regionalplanung, Wohnungswesen und Städtebau, Stadterneuerung, Örtliche und regionale Gesamtplanung sowie Stadt- und Regionalplanung im Ausland.
Jeder Studienschwerpunkt wird über acht Veranstaltungen zu je zwei Semesterwochenstunden definiert. Alle Schwerpunkte werden zur Orientierung zu Beginn des Hauptstudiums durch eine Pflichtvorlesung eingeführt; zwei müssen ausgewählt werden.

Der Studienschwerpunkt „Gender Planning"

Die Bezeichung ist Ausdruck der derzeitigen wissenschaftlichen feministischen Diskussion, die sich im Spannungsfeld zwischen den Theorien der „sozialen Kategorie Geschlecht" (Gender Konzept), des Konzepts der „Gleichheit" und des „Differenzkonzepts" bewegt. Mit der Bezeichnung soll keine programmatische Stellung zu einer der Theorien bezogen werden.
Die Konzeption des Studienschwerpunkts sieht folgende acht Veranstaltungen vor:
1. Entwicklung der Raumstruktur und Geschlechterverhältnis
2. Theoretische Ansätze der Frauenforschung in Bezug auf die Stadt- und Regionalplanung
3. Gebrauchswert von Raum und Raumstruktur für unterschiedliche Frauenbelange

4. Gesellschaftsstruktur und Gender Planning
5. Ökonomie und Gender
6. Städtebauliches Entwerfen
7. Stadtteil- und Ortsplanung
8. Methoden des Gender Planning.

Die Konzeption dieses Studienschwerpunktes liegt als integraler Bestandteil eines vollständigen Studien- und Prüfungsordnungs-Entwurfs in paraphrasierter Fassung vor. Er ist das Ergebnis einer Arbeitsgruppe von StudentInnen, wissenschaftlichen MitarbeiterInnen und einem Professor, der breite Zustimmung unter den StudentInnen und im Mittelbau findet.
Derzeit (Sommer '94) wird die Studien- und Prüfungsordnung von den ProfessorInnen „in Klausur" beraten. Es ist zu befürchten, daß „Gender und Planning" gekippt wird oder in einen Studienschwerpunkt „Stadt- und Regionalplanung und soziale Ungleichheit" verkappt wird, in dem Frauen wie Alte, Kinder, Behinderte und ethnische Gruppen als „Problemgruppe" verstanden werden.

Für den Studiengang Landschaftsplanung wurde ein Studienschwerpunkt „Frauen in der Landschafts-, Freiraum- und Objektplanung" konzipiert. Es liegt jedoch noch kein vollständiger Entwurf zur Studien- und Prüfungsordnung vor, so daß die Chancen eines solchen Schwerpunkts noch kaum abschätzbar sind.

Fragen, Stellungnahmen, Ideen und weitere Infos bei: Ursula Flecken, Institut für Stadt- und Regionalplanung TU Berlin, Dovestraße 1, DO 606, 10587 Berlin, Tel.: 030/ 314-24759 und Tina Klingberg, Fachgebiet Landschaftsplanung und Freiraumentwicklung, Franklinstr. 28/28, FR 2-6, 10587 Berlin, Tel. 030/ 314-22478

Rezensionen

Sonja Günther 1988: Lilly Reich. 1885-1947. Innenarchitektin, Designerin, Ausstellungsgestalterin. *DVA, Stuttgart.*

Anja Heinz
Geb. 1963, Schreinerin, Studentin der Architektur in Dortmund, z.Zt. in Kassel.

Lilly Reich wird - trotz großer Anerkennung in ihrer Zeit - heute immer wieder von diversen Architekturhistorikern in die Rolle der 'Frau-an-SEINER-Seite' oder gar die der 'Frau-in-SEINEM-Schatten' gepreßt. Sonja Günther stellt Lilly Reichs Eigenständigkeit - losgelöst von Mies van der Rohe - unter Beweis.

Als gelernte Kurbelstickerin arbeitete sie zunächst in den Wiener Werkstätten, dann in Berlin, wo sie ein eigenes Atelier eröffnete und als erste Frau in den Vorstand des Deutschen Werkbundes gewählt wurde. Zwei Jahre lang arbeitete sie in einem eigenen Atelier in Frankfurt und war als Ausstellungsgestalterin der Werkbundkommission des Frankfurter Messeamtes tätig.

Sie wird immer wieder an wichtigen Ausstellungen beteiligt, z.B. 1927 an der Werkbundausstellung 'Die Wohnung' in Stuttgart (Weißenhofsiedlung), wo sie die Gestaltung einer Wohnung präsentierte oder 1929 an der Gestaltung des deutschen Pavillons zur Weltausstellung in Barcelona oder 1931 an der Ausstellung 'Die Wohnung unserer Zeit' im Rahmen der Berliner Bauausstellung, wo sie zwei kleine Wohnungen einrichtete, ein 'Erdgeschoßhaus' entwarf und die 'Materialschau' gestaltete.

1932 wurde Lilly Reich Leiterin der Weberei- und der Ausbauabteilung des Bauhauses in Dessau. Nach Kriegsende eröffnete sie wieder ein Atelier für Architektur, Design, Textilien und Mode in Berlin und hielt dort bis zu ihrem Tod im Jahre 1947 Lehrveranstaltungen für Raumgestaltung und Gebäudelehre an der Hochschule für Bildende Künste.

Lilly Reichs Stil ist gekennzeichnet von gut proportionierten, sachlichen und klaren Formen. Sie entwarf „brauchbares Mobiliar für einfache Verhältnisse", die von ihr gestalteten Wohnungen waren - laut Sonja Günther - „einladend ohne Hang zur Kleinbürgerlichkeit" und „wohnlich ohne falsche Gemütlichkeit". Kein Grund, sie einfach in Vergessenheit geraten zu lassen.

Clare Lorenz 1990: Women in architecture – a contemporary perspective. *Rizzioli, New York.*

Clare Lorenz stellt eine Auswahl von 55 namhaften zeitgenössischen Architektinnen aus 20 Nationen vor.

Es handelt sich dabei überwiegend um Frauen aus Westeuropa und den USA, aber auch Architektinnen aus Nigeria, Kenia, Hongkong, Indien, Japan, Australien und Russland.

Hauptkriterien für die Auswahl waren, daß die Arbeit jeder Architektin in ihrem Land anerkannt ist und daß sie sich durch „Sensibilität und Sensivität gegenüber nationalen und klimatischen Bedingungen" auszeichnet.

Die Architektinnen werden mit einer Kurzbiographie, einigen Fotos oder Zeichnungen beispielhafter Projekte und eigenen Zitaten porträtiert.

Im Anschluß daran veröffentlicht Clare Lorenz Statistiken einzelner Staaten zur Entwicklung des Frauenanteils in der Architektur, z.B. in Großbritannien, wo der Anteil der Studentinnen 48,9% beträgt, der Anteil der Dozentinnen aber nur bei 16,8% und der Anteil der registrierten Architektinnen landesweit sogar nur bei ca. 5,3% liegt.

Leider führen diese Statistiken nur einige westeuropäische Länder und die USA auf, so daß der internationale Vergleich nicht gezogen werden kann.

Insgesamt aber ein hervorragendes Buch, das eindrucksvoll beweist, daß weltweit qualifiziert Architektinnen arbeiten.

Anja Heinz
Geb. 1963, Schreinerin, Studentin der Architektur in Dortmund, z.Zt. in Kassel.

Ulrike Schneider 1992: Neues Wohnen - Alte Rollen? Der Wandel des Wohnens aus der Sicht von Frauen. *Centaurus Verlag. Pfaffenweiler.*

Tina Klingberg
Dipl. Ing. Landespflege, geb. 1963, Assistentin TU Berlin Fachbereich Landschaftsplanung, FOPA-Berlin.

Ulrike Schneider hat im Rahmen eines Forschungsprojektes der Universität Oldenburg 50 Bewohnerinnen aus unterschiedlichen Wohnexperimenten in der alten Bundesrepublik interviewt. Es handelt sich bei den ausgewählten Wohnmodellen um solche, bei denen Paare oder Alleinerziehende mit Kindern bewußt nicht allein wohnen wollen, sondern sich für einen gemeinschaftlichen Wohnkontext entschieden haben. Ob diese veränderten Wohnformen für die Frauen tatsächlich eine Verbesserung bedeuten, ist eine zentrale Fragestellung der Studie. Ulrike Schneider geht von der These aus, daß unser „modernes" Wohnen in allen seinen Dimensionen, also der baulich-räumlichen, der funktionalen, der sozialen und der rechtlich-ökonomischen, nicht geschlechtsspezifisch neutral ist und es nie war. Sie untersucht zum Beispiel die Wohnungsgrundrisse, die Gleichberechtigung in der Kindererziehung, die Verteilung der Berufsarbeit, die Haushaltsführung und die soziale Kontrolle in den Wohnprojekten. Das vorliegende Buch dokumentiert die Ergebnisse der empirischen Studie anhand von Häufigkeitstabellen und Fallbeispielen, mit Zitaten und Hausgrundrissen. Wer nun glaubt, daß sich durch die veränderte Wohnform in Wohn- oder Hausgemeinschaften grundlegend die Situation von Frauen im Geschlechterverhältnis verbessern würde, wird durch die Studie eines anderen belehrt. Es ist in der Tat so, daß sich für viele Frauen die Möglichkeit bietet, aus den herkömmlichen Alltagsbelastungen herauszukommen. Zum Beispiel gestaltet sich die Kinderbetreuung und Haushaltsorganisation in den Wohnprojekten einfacher als bei herkömmlichen Wohnformen. Die Möglichkeiten zur Kommunikation bei verschiedenen Arbeiten sind vielfältiger und durch das soziale Netzwerk im selbstgewählten gemeinschaftlichen Wohnen entstehen für die einzelnen Frauen mehr zeitliche Dispositionsräume. Doch das Fazit, das Ulrike Schneider daraus zieht, lautet: „Zwei Schritte vorwärts und einen zurück". Die vordergründigen Verbesserungen im privaten Wohnbereich machen es ihrer Auffassung nach um so schwerer für die Frauen, ihre trotzdem bestehende Ohnmacht in der patriarchal strukturierten Gesellschaft wahrzunehmen und in die öffentliche politische Diskussion zu bringen.

Bühler, Elisabeth/ Meyer, Heidi/ Reichert, Dagmar/ Scheller, Andrea (Hg.) 1993: Ortssuche; Zur Geographie der Geschlechterdifferenz. eFeF-Verlag, Zürich, Dortmund.

Die neue Veröffentlichung des Vereins Feministische Wissenschaft präsentiert Ergebnisse der Frauenforschung in der Geographie. Grundtenor aller Aufsätze ist die Auseinandersetzung mit anderen Disziplinen der Frauenforschung, besonders den Sozialwissenschaften und der Ethnologie (s. hierzu den Beitrag von Sylvia Walby: „Neue theoretische Ansätze zur Untersuchung des Geschlechterverhältnisses"). Walbys Beitrag wie auch der Beitrag von Bettina Heintz „Die Auflösung der Geschlechterdifferenz. Entwicklungstendenzen in der Theorie der Geschlechter" stellen die sozialwissenschaftliche Diskussion um die Geschlechterdifferenz dar, indem sie postmoderne bzw. post-feministische Leitgedanken mit Kategorien „klassischer" Feminismustheorie vergleichen.

Ein zweiter Schwerpunkt in „Ortssuche" ist die Auseinandersetzung mit einer neuen Qualität feministischer Geographie wie auch feministischer Planungswissenschaften. Reine Situationsanalysen, die bislang nicht nur in der Geographie überwiegen, werden als politische Sackgasse betrachtet und gedanklich überwunden (s. hierzu den Beitrag von Barbara Zibell: „Frauen in der Raumplanung - Raumplanung von Frauen. Der Weiblichkeit eine Chance" und Anne-Francoise Gilbert: „Feministische Geographien. Ein Streifzug in die Zukunft").

Der Beitrag von Gilbert baut auf einer vorläufigen Standortbestimmung nach zehn Jahren Frauenforschung in der Geographie auf. Dabei stellt sie mit Bezugnahme auf Marianne Rodenstein (vgl. Rodenstein 1990, 1993) fest, daß auch in der Geographie die kritische Beschreibung des gesellschaftlichen Zustands überwiegt. Diese Situationsanalysen beschreiben zwar diskriminierende oder geschlechtsspezifische Realitäten, greifen jedoch zu kurz. Es besteht, so Gilbert, die Gefahr, das Geschlecht und nicht die gesellschaftliche Konstruktion eines Geschlechtes als Erklärung der beschriebenen Situation heranzuziehen. Obgleich der Mittelbau in den Universitäten die Frauenforschung als wichtiges Thema entdeckt hat, problematisiert sie, daß Frauen bisher als Sonderfall oder ihre Lebenslage als Ausnahmesituation Gegenstand wissenschaftlicher Untersuchungen sind. Deshalb regt sie an, Frauenforschung in der Geographie solle den sozialwissenschaftlichen Umgang (??) mit der Kategorie Frau übernehmen (s. hierzu die Beiträge von Heintz und Walby). Dies erfordere die „Kategorie Frau als Teil einer Relation zu begreifen,

Christine Ahrend
Dipl.- Landschaftsplanerin, geb.1963, wissenschaftliche Mitarbeiterin am Verkehrswesenseminar an der TU Berlin, Arbeitsschwerpunkte: Frauenforschung in der Freiraumplanung, Alltagsverhalten von Mädchen im öffentlichen Raum, Siedlungsplanung zwischen leanproduction und Alltagswelt, FOPA Berlin.

durch die sie erst konstituiert wird" (S.80). Die Diskussion um das Verhältnis der Geschlechter in den Sozialwissenschaften müsse, so Gilbert, in die Geographie eingeführt und weiterentwickelt werden, um zur Theoriebildung des Feminismus beizutragen. Zu den vorhandenen Arbeiten, die die Geographie aus feministischer Sicht beurteilen, wünscht sich Gilbert Forschungsarbeiten zur kritisch-feministischen Analyse der Methoden in der Geographie.

„Ortssuche" steht für die Suche nach den Fähigkeiten von Frauen, die in der Marginalität entstanden sind (s. hierzu Lydia Buchmüller: „Einer Frauenzukunft entgegen?" und Dagmar Reichert: „Die Utopie der Frau - Gedanken wider der Verhältnismässigkeit"), sowie nach neuen Analysemethoden in der Frauenforschung und neuen handlungsorientierten Ansätzen in der Frauenpolitik.

Der interdisziplinäre Ansatz, der diesem Buch zugrunde liegt, macht es für die Diskussion über die Frauenforschung in den planerischen Disziplinen besonders interessant. Es kann den Diskurs um interdisziplinäre Frauenforschung in Planung und Architektur voran bringen, der durch die „1. Europäische Planerinnentagung: Raum greifen und Platz nehmen" einen wichtigen Impuls erhielt (Vgl. FREI-RÄUME Sonderband 1992/93).

Literatur

Rodenstein, Marianne 1990. „Feministische Stadt- und Regionalforschung. Ein Überblick über Stand, aktuelle Probleme und Entwicklungmöglichkeiten". In: Dörhöfer, K. (Hg.). Stadt - Land - Frau. Soziologische Analysen feministischer Planungsansätze. Freiburg.

Rodenstein, Marianne 1993. „Feministische Stadt- und Regionalforschung - Zum Stand der Diskussion städtischer Lebensverhältnisse." In: Ahrend, Burmester et al (Hg.). Raum greifen und Platz nehmen. Dokumentation der 1. Europäischen Planerinnentagung. FREI-RÄUME Sonderband 1992/93. Zürich Dortmund.

Barbara Mettler-Meibom, Christine Bauhardt (Hginnen) 1993: Nahe Ferne - fremde Nähe. Infrastrukturen und Alltag. *Edition Sigma. Berlin.*

„Es sind zwei Seiten einer Medaille, zwei Welten, die miteinander in Beziehung stehen, doch nicht in Beziehung gesehen werden."
Anhand der drei Beispiele Straßenverkehr, Telekommunikation und Massenmedien zeigen die AutorInnen den Dissens zwischen der „technisch-ökonomischen Handlungsrationalität", mit der Infrastrukturen entwickelt und ausgebaut werden und dem dabei „vergessenen Alltag" auf.

Das erste Thema - Straßenverkehr - ist in der feministischen Literatur hinreichend bekannt, wenn auch, wie diese Ausgabe von FREI-RÄUME belegt, noch lange nicht zu Ende diskutiert. Leider findet die Leserin, abgesehen von dem fundierten Einleitungsartikel von Christine Bauhardt „Zeit und Raum in der Infrastrukturpolitik - eine feministische Perspektive", in diesem Abschnitt auch den einzigen Beitrag, der sich explizit mit der Situation von Frauen befaßt. Maria Spitthöver schreibt zum Thema „Macht und Raum - über die Verfügbarkeit des öffentlichen Raums für Männer und Frauen". Dabei greift sie allerdings, z.T. mit veralteten Zahlen von 1978, auf bekannte Ergebnisse ihrer Promotion zurück.

Davon abgesehen spielt sich die „Anreicherung durch den feministischen Blick" (Mettler-Meibom in ihrer Einleitung) eher zwischen den Zeilen ab und erschließt sich somit wohl nur der entsprechend sensibilisierten Leserin. So z.B. bei Irene Neverla, die in ihrem Artikel „Fernsehen als Medium einer Gesellschaft in Zeitnot - über 'Zeitgewinn' und 'Zeitverlust' durch Fernsehnutzung" hauptsächlich den (Fernseh-) Alltag von Frauen im Blick hat. Oder auch bei dem amüsant zu lesenden Beitrag von Wolfgang Sachs, der unter dem - ungewollt ehrlichen - Titel „Herren über Raum und Zeit" einen „Rückblick in die Geschichte unserer Wünsche" beschreibt und dabei in erster Linie typisch männliche Träume, „die Freude am Thrill der Geschwindigkeit, die Lust am sportlichen Fahrstil, kurzum die Befriedigung über fremde Energien zu gebieten" für die Entwicklung der Automobile verantwortlich macht, ohne sie als solche zu benennen.

Insgesamt hält die Zusammenstellung der Herausgeberinnen, was in der Einleitung versprochen wird: Infrastrukturen und Alltag werden als unabdingbar miteinander verbunden deutlich. Das Buch regt dazu an, den feministischen Blick verstärkt auf diese Frage zu richten. (Vgl. Christine Bauhardt in diesem Band).

Christina Kleinheins
Dipl.-Ing. Architektur, geb. 1963, Städtebaureferendarin, FOPA Dortmund, Mülheim a.d. Ruhr.

Margit Twellmann (Hg.) 1992: Lida Gustava Heymann, Erlebtes Erschautes. Deutsche Frauen kämpfen für Freiheit, Recht und Frieden 1850 - 1940. *Ulrike Helmer Verlag. Frankfurt.*

Helga Steinmaier
Dipl.-Päd., geb. 53, seit August 1991 Dokumentation und Analyse der Spielräume von Mädchen im Dortmunder „Westparkviertel". Mitglied bei FOPA Dortmund und dort seit 1988 in unterschiedlichen Projekten tätig.

Der Titel, den Lida Gustava Heymann ihren Lebenserinnerungen gab, ist viel zu bescheiden. Nicht nur passiv erlebt und erschaut haben die Freundinnen Lida Gustava Heymann (1868-1943) und Anita Augspurg (1857-1943), sondern unermüdlich gekämpft und aktiv gewirkt. Wobei „gewirkt" zu schwach und „gekämpft" zu kriegerisch klingt, um ihre Tatkraft zu beschreiben. Sie waren mit jeder Faser ihres Lebens im Einsatz für die Frauenbewegung. Ihre Kraft kam aus ihrem Lebensstil: Nicht Märtyrerinnen sein, sondern sich ein gutes Leben gönnen, war ihre Devise. Dank ihrer wirtschaftlichen Unabhängigkeit, da beide aus großbürgerlichen Elternhäusern stammten, war dies auch möglich. Die Energie, die sie daraus gewonnen haben, haben sie hundertprozentig und radikal für Frauen eingesetzt; für alle Frauen, nicht nur für die der eigenen Klasse, nicht besserwisserisch für Arbeiterinnen oder Prostituierte vorschreibend, wie sie leben sollten, sondern aus Überzeugung für das Recht auf Selbstbestimmung jeder Frau, ohne Kompromisse. Dabei kein bißchen moralisierend oder larmoyant, sondern trotz aller düstersten Vorzeichen frei und optimistisch bis zuletzt - und sie sind 1943, 86- bzw. 75jährig, im Asyl gestorben, haben also das Ende des Dritten Reiches nicht mehr erlebt. Auch als die Nazis ihnen bis auf ihr Leben alles genommen hatten (sie befanden sich gerade im Ausland, als Hitler die Macht übernahm und bleiben dort, weil sie auf der Liste der zu liquidierenden Personen ganz oben standen), lebten sie Dank ihres Reichtums äußerlich genügsam weiter, in unentwegtem Einsatz für Frauenrechte und Frieden.

Wirkt der Schreibstil am Anfang noch ein paar Seiten wie ein Schulaufsatz, verliert sich das und die Sprache wird, je mehr sie über das „Erlebte und Erschaute" berichtet, das sie im Züricher Asyl aus dem Gedächtnis niedergeschrieben hat, auch literarisch angenehm.

Lida beschreibt das Wirken ihrer Freundin Anita Augspurg und ihr eigenes nicht als persönliche Großtaten, sondern sich der Tatsache bewußt, daß nur das Zusammenwirken vieler Frauen die Stärke für das Hervortreten Einzelner brachte. Unzählig viele Freundschaften mit Frauen aus dem In- und Ausland waren für sie eine Selbstverständlichkeit und wie wichtig und hilfreich diese für sie gewesen sind, erwies sich während ihres zehn Jahre währenden Asyls, das sie ohne jeglichen Besitz „außer dem, was in zwei Handtaschen paßt", ohne Not zu leiden bis zu ihrem Tod in der Schweiz verbrachten.

Das Werk von Lida Gustava Heymann ist mehr als lediglich Lebenserinnerung. Es ist ein feministisches Zeitdokument ohnegleichen. Aus dieser bestechend klaren Frauenperspektive habe ich die Geschichte kurz vor und zwischen den beiden Weltkriegen bis hin zum Naziterror noch nie gelesen. Eine Beschreibung der sozialen Verhältnisse und die Antworten der radikalen Frauenbewegung darauf, aber auch ihre Einsicht in die Notwendigkeit der Veränderung der politischen Verhältnisse und ihre mutigen Versuche, die „hohe" Poltik zu beeinflussen, werden nachvollziehbar.

Lida rechnet auch ab: Als Vertreterin des radikalen Flügels der ersten Frauenbewegung vor allem mit der bürgerlichen und der proletarischen Frauenbewegung. Nicht gehässig, aber ihrem Standpunkt treu bleibend, versteckt sie ihre ehrliche Meinung über halbherzige Vorgehensweisen und die ihr unsympathischen Frauen nicht. Sie nennt viele Namen in- und ausländischer Frauenrechtlerinnen und so werden viele Zusammenhänge zur sogenannten ersten Frauenbewegung aufgezeigt, deren Charakter, Spaltungen, Größe und internationale Vernetzung.

Was die Frauen damals ohne Computer, zunächst auch ohne Autos und Höchstgeschwindigkeitszüge und unter schwierigen politischen Bedingungen geschafft haben und über Jahre aufrechterhalten haben, ist von uns, ich meine die zweite Frauenbewegung, noch nicht erreicht!

Aber auch aus dem privaten Leben der Freundinnen erzählt Lida lebendig und humorvoll. In mir wurde bei der Lektüre die Sehnsucht geweckt, wenn nicht gleich als Anita oder Lida selbst, so doch wenigstens als Kutscherin oder Gärtnerin in deren Haus und Hof gelebt zu haben.

Sogar ein interessantes feministisches Reisedokument sind diese Erinnerungen, denn im „Rentenalter" machten die beiden Frauen den Führerschein und eroberten sich die Welt (!) per Auto. Einfach, ehrlich, klug, liebenswert, menschlich, tatkräftig, weitsichtig, Tabus brechend, zielgerichtet, kompromißlos und - leider - erschreckend aktuell sind die Inhalte und Gedanken von Lida Gustava Heymanns und Anita Augspurgs Lebenserinnerungen.

Irmgard Schultz (Hg.) 1993: GlobalHaushalt. Globalisierung von Stoffströmen – Feminisierung von Verantwortung. *Verlag für Interkulturelle Kommunikation. Frankfurt.*

Rosemarie Ring
Dipl. Ing. Raumplanung, geb. 1954, Tätigkeitsschwerpunkt: soziale und ökologische Stadterneuerung für und mit Frauen. Längjährige Mitarbeiterin von FOPA Dortmund und Mitglied der FREIRÄUME-Redaktion.

In der Dokumentation einer Veranstaltung stellt das Institut für sozial-ökologische Forschung einen neuen Ansatz einer feministischen Umweltforschung des Instituts (Feminist Environmental Research) zur Diskussion.
"Mit der Herangehensweise von unterschiedlichen Wissenschaftsdisziplinen der feministischen Forschung verdeutlichen die Referentinnen, welche neue Fragen und Erklärungsansätze in der Umweltforschung aufgenommen werden müssen, damit sozialökologische Erklärungszusammenhänge nicht die verschiedenen Alltagswirklichkeiten, Erfahrungen und Interessen von Frauen ausblenden und zu 'ökologischen' Lösungsvorschlägen kommen, die mit innerer Logik auf der Ausweitung von Frauenarbeit und weiblicher Verantwortung aufbauen."(8)

Irmgard Schultz erläutert in ihrem Beitrag (Der GlobalHaushalt - der 'Naturhaushalt' und die ökologische Verantwortung der Frauen) ein wesentliches Element dieser 'inneren Logik': das moderne Haushaltskonzept der bürgerlichen Gesellschaften, der Privathaushalt als unproduktiver Ort des Konsums (21) und Ort der Frauen, denen hier spezifische 'weibliche' = 'häusliche' Verantwortungen zugewiesen werden. Die Vorstellung von der Natur als 'Haushalt' ist mit diesem Konzept durch „das, was im 19. Jahrhundert als 'moralische Natur der Frau' ausgemalt wurde"(18), eng verbunden; „die Vorstellung vom 'Naturhaushalt' als einem eigenständigen Haushaltszusammenhang, der unabhängig von dem menschlich-kulturellen Globalhaushalt funktioniert, denn sie beinhaltet eine ökonomische Weltvorstellung, die letztlich auf einer geschlechtshierarchischen Konzeption von Verantwortung aufbaut". (18)

Christa Wichterich (Die globalen Haushälterinnen) veranschaulicht an Frauen- Erfahrungen „im Kontext der verschärften Wirtschaftskrise und der sozio-kulturellen Einbrüche in den Ländern des Südens"(26) ihren Begriff von der „Feminisierung der Verantwortung". Er meint sowohl die praktische Verpflichtung der Frauen auf neue Arbeiten - in der feministischen Forschung als Ökoarbeiten bezeichnet, die Frauen Mehrarbeit zum Ausgleich von Umweltschädigungen abverlangen - als auch die ideologische Überhöhung der Frau als Retterin der 'Natur'.

Ines Weller (Textile Stoffströme: Globalisierung und Chemisierung am Beispiel von Baumwolle und Gore-Tex) erläutert den Weg von Textilien als Vor- und Teilprodukte in der Fertigung, die aus betriebswirtschaftlichem Kalkül aus allen Teilen der Welt kommen und nach kurzem Gebrauch ausrangiert in Altkleidersammlungen in Ländern der Dritten Welt landen. Die Ökologiedebatte hat dafür den Begriff Stoffströme geprägt; die Produkt- und Warenbeziehungen sind um ihren stofflich-naturalen Anteil und deren Wirkungen erweitert, insbesondere der umweltschädigenden.

Giesela Dörr (Die Ökologisierung des oikos: Hausarbeit - Eigenarbeit - Neue Tendenzen der Haushaltsproduktion) skizziert anknüpfend an die Hausarbeitsforschung eine in der feministischen Forschung noch ungewöhnliche Sicht auf das Ineinandergreifen von Haushalts-, Markt- und staatlicher Infrastrukturproduktion.
Haushaltsproduktion bezeichnet Leistungen sowohl für den eigenen Haushalt (Eigenarbeit) als auch für Angehörige anderer Haushalte (Netzwerkhilfe). „Konstitutiv für die Aufgabenbewältigung der Haushalte in Industriegesellschaften ist, daß sie diese nur im Rahmen ihrer Integration in infrastukturelle und technische Versorgungs- und Entsorgungssysteme vollziehen können" (71) und auf eine Vielzahl von (Vor-) Produkten und Dienstleistungen des Marktes zurückgreifen. Die Spielräume für ökologisches Wirtschaften sind entsprechend eng und am ehesten bei Kauf und Nutzung der technischen Ausstattung des Haushalts erweiterbar.
Dörr fordert neben Verbesserungen bei der Produkthaftung (Rücknahmepflicht und Leasing) die Einführung sozialer Dienste und gemeinschaftlicher Nutzungsformen, wie sie z.B. mit Car-Sharing und Windeldienst in Ansätzen entwickelt sind, sowie öffentliche Werkstätten und Geräte-Pools in den Stadtteilen.

Annelies Looß (Abfallexport - Betroffenheit und Verantwortung von Frauen) untersucht, was sich für Frauen als Konsumentinnen verändert, wenn sie die Abfallentstehung bei der Herstellung von Produkten als auch nach ihrem Gebrauch wahrnehmen. Sie skizziert Strategien zur Veränderung der Nutzung von Produkten (Leasing-Modell) und von Konsumstrukturen und -verhalten und konstatiert dabei ein Tabu im öffentlichen Diskurs: das Verzichten auf ganze Produkte. Sie formuliert Forderungen, die aus der vermeintlichen machtlosen Rolle als Konsumentin und Abfallsammlerin herausführen: Die Erfahrungen, Interessen und Bedürfnisse von Frauen müssen bei „der *Veränderung, Gestaltung und Normierung von Produkten und Materialien* berücksichtigt werden" (96) und Einfluß auf eine abfallarme Produktplanung und -gestaltung gewinnen; diese Anforderugen sind auch „bei der *Diskussion und Forschung über funktionale und symbolische Äquivalente bzw. Alternativen von Produkten zu berücksichtigen*" (97) - wobei Frauen nicht als homogene Gruppe gesehen werden dürfen.

Angesichts der Globalisierung von Versorgungs-, Konsum- und Entsorgungstrukturen sieht sie auch im individuell oder in Gruppen praktizierten *Kosumverzicht* im Sinne einer *Konsumbefreiung* (Maria Mies) „eine wichtige und aufs Neue zu diskutierende Strategie" - ohne Wirtschafts- und Umweltpolitik, Industrie und Handel aus deren Verantwortung zu entlassen.

Die Veröffentlichung spricht wichtige Bereiche der Veränderungen unserer (Haus-) Wirtschafts- und Lebensweise an, die Frauen tunlichst mitgestalten sollten.

Kongreßberichte

„Frauen planen die Stadt"? Schön wär's!

„Frauen planen die Stadt" hieß zuversichtlich das Kolloquium, zu dem das Bundesministerium für Raumordnung, Bauwesen und Städtebau gemeinsam mit der Bundesforschungsanstalt für Landeskunde und Raumordnung eingeladen hatte. Es sollte dazu beitragen, den Forschungs- und Handlungsbedarf des Bundes hinsichtlich des Themas „Frauen und räumliche Planung bzw. räumliche Forschung" zu konkretisieren.

Nach einem Überblick über Vorarbeiten und laufende Aktivitäten auf Bundesebene durch Dr. Brigitte Adam (Bundesforschungsanstalt für Landeskunde und Raumordnung) schilderte Oberbürgermeisterin Beate Weber die Bemühungen der Stadt Heidelberg, „frauenfreundliche Stadt" zu werden - und die kommunalpolitischen und patriarchalen Widrigkeiten, die dagegenstehen. Webers unverkrampftes Verhältnis zu der Macht, die mit ihrem Amt nach der baden-württembergischen Gemeindeverfassung verbunden ist, und ihre deutlichen Worte gefielen dem Fachpublikum - zu 90 Prozent Frauen.

Als Diskussionsgrundlagen dienten außerdem ein Referat zu den gesellschaftlichen Veränderungen, die das Verhältnis zwischen Frauen und räumlichen Strukturen beeinflussen (Dr. Ingrid Breckner, München, und Dr. Gabriele Sturm, Dortmund), und ein Überblick zu Planungskonzepten aus Frauensicht („Zwischen Männerwelt und Frauenhaus?", Dipl.-Ing. Sabine Baumgart, Hamburg). Für den Nachmittag hatte es sich Bundesbauministerin Dr. Irmgard Schwaetzer selbst vorbehalten, eine Podiumsdiskussion über das gesamte Themenspektrum zu leiten. Zahlreiche Teilnehmerinnen des Kolloquiums nutzten die lebhafte Debatte dazu, Bundesministerin Dr. Schwaetzer direkt auf brennende Themen wie Wohnungsversorgung für Frauen oder Einflußmöglichkeiten von Frauen auf Planungsprozesse anzusprechen.

Die Diskussion war breit gefächert: Sie berührte Wohnungsgrundrisse und Wohnungsversorgung ebenso wie problematische Aspekte der steuerlichen Förderung des Wohnungsbaus, die notwendige Nutzungsmischung in Quartieren, die Entwicklung der Lebensverhältnisse auf dem Land, die erforderlichen Kursänderungen in der Verkehrspolitik und die Bedeutung der Regionalentwicklung. Dabei wurde wieder einmal deutlich, daß bereits eine Menge konkreter Erkenntnisse und Forderungen vorliegen, die jedoch in der Praxis immer wieder übergangen wer-

Ursula Stein
Dipl.- Ing., geb. 1957, Inhaberin des Büros für Raumplanung - Projekte - Beratung, Frankfurt a.M.; Tätigkeitsschwerpunkte Moderation, Gestaltung kommunikativer Prozesse, Projektmanagement.

den. Sie sind im sektoral zersplitterten Verwaltungssystem nicht leicht zu handhaben; sie sind nicht ohne deutliche Umverteilung von angestammten Anteilen an Geld und Macht zu haben; sie liegen quer und müssen Zusammenhänge einbeziehen, wo lineare Denk- und Politikmodelle schnellere Publizitätserfolge versprechen.

Wie ein roter Faden zog sich auch durch die Diskussion, daß Frauen Beteiligungsverfahren brauchen, die ihrem Kommunikationsstil und ihren Lebenssituationen entsprechen. „Beschleunigungs"konzepte für Planungsverfahren, die dies konterkarieren, wurden als Rückschritt kritisiert.

Eine weitere wichtige Forderung betraf die konsequente Sammlung und Auswertung von Grundlageninformationen. Situationsbezogene Forderungen von Frauen an Stadt- und Regionalplanung können viel zu selten aus der allgemeinen Statistik oder durchschnittlichen Forschungsergebnissen belegt werden, da das Material nicht ausreichend geschlechtsbezogen differenziert ist. In einer zahlenhörigen Gesellschaft stehen Forderungen von Frauen oft schon deshalb auf verlorenem Posten. Angesichts immer knapper werdender Mittel sollten daher „geschlechtsblinde" Forschungsarbeiten nicht mehr gefördert werden.

Zwei konkrete Schritte waren von Bundesministerin Dr. Schwaetzer in Aussicht gestellt worden: in die Kommission „Wohnungspolitik" könne eine Expertin nachberufen werden, und die Ergebnisse des Kolloquiums sollten veröffentlicht werden. Einige Teilnehmerinnen reichten bald nach der Tagung einen Besetzungsvorschlag für die Kommission ein, der aber nicht aufgegriffen wurde. Die Veröffentlichung erschien im Dezember 1993.

Kolloquium „Frauen planen die Stadt" am 25. 2. 1993.
Veranstalter: Bundesministerium für Raumordnung, Bauwesen und Städtebau und Bundesforschungsanstalt für Landeskunde und Raumordnung; Organisation: Ursula Stein.

„Frauen planen die Stadt"? Schön wär's! Dem Bundesministerium samt Ländern und Gemeinden liegt jedenfalls ein umfangreicher Katalog von Handlungserfordernissen und Forschungsfragestellungen vor. Es ist damit gefordert, seinen Beitrag zu angemessenen Einflußmöglichkeiten für Frauen zu leisten. Die Frauen-Öffentlichkeit sollte alle sich bietenden Gelegenheiten nutzen, die konkreten Handlungen des Ministeriums vor diesem Hintergrund zu überprüfen und gegebenfalls Rechenschaft darüber zu verlangen, was aus den Erkenntnissen des Kolloquiums geworden ist!

Anmerkungen

1. z.B. Veröffentlichungen der Bundesforschungsanstalt für Landeskunde und Raumordnung: Themenheft „Frauen und räumliche Forschung", Informationen zur Raumentwicklung, Heft 8/9.1990, „Frauen und räumliche Planung", Materialien zur Raumentwicklung, Heft 38, Bonn 1991; z.B. Forschungsfelder „Wohnsituation Alleinerziehender und alleinstehender Schwangerer in Notlage", „Ältere Menschen und ihr Wohnquartier", „Nachbesserung von Großsiedlungen" im Experimentellen Wohnungs- und Städtebau.
2. Auf dem Podium diskutierten: Uta Boockhoff-Gries (Hannover), Ursel Grigutsch (Weimar), Claudia Nier (Berlin), Dr. Hille von Seggern (Hamburg) und Dr. Katrin Zapf (Berlin).
3. Frauen planen die Stadt, Dokumentation eines Kolloquiums am 25. 2. 1993. Schriftenreihe „Forschung", Heft Nr. 493. Bundesministerium für Raumordnung, Bauwesen und Städtebau, Postfach 205001, 53170 Bonn.

Rubriken

Frauen Bauen
**Architektinnen-Initiative Düsseldorf auf der TOP 93,
der 2. Frauenmesse mit einer Podiumsdiskussion am 3. Juli.**

Gertrud Oeding
*Architektin,
geb. 1952, Das
Baubüro für ökologisches Bauen in
Mechernich.*

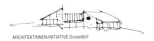

Zwischen Anspruch und Wirklichkeit in Ausbildung und beruflicher Praxis...

An dieser Überschrift habe ich mitgearbeitet und erfahren, wie unterschiedlich wir zehn Frauen aus der seit Herbst 91 bestehenden Architektinnengruppe sind. Ich habe spannende und kontroverse Diskussionen erlebt in einer Gruppe aus wenig und sehr erfahrenen, jüngeren und älteren Architektinnen, Innenarchitektinnen und Planerinnen, die als Angestellte oder Freiberufliche arbeiten. Die erste gemeinsame Aktion unserer Gruppe war es, an der TOP 93 teilzunehmen als Fachfrauen, die in der Architektinnen-Initiative ein Forum finden zum Erfahrungsaustausch unter Frauen mit gleichem Beruf.

Diese Teilnahme an der Frauenmesse war anfangs umstritten. „Leiten uns politische, soziale und/oder persönliche Gründe bei dieser Veranstaltung mitzumachen? Wieviel Initiative ist erforderlich? Investiert jede Frau privates Geld? Kümmern wir uns um Subventionen? Welche Rolle spielt die Architektenkammer als Berufsverband für uns?" Meine Entscheidung, der Messeteilnahme zuzustimmen, war bestimmt durch mein Interesse an unserer internen Auseinandersetzung, die durch diese erste Gemeinschaftsaktion Flügel bekam. In der etwa einjährigen Vorbereitungszeit entwickelte sich von der ersten Idee bis zur Ausführung ein interessanter Prozeß. Es entstanden umfangreiche Literaturlisten in Zusammenhang mit der inhaltlichen Auseinandersetzung: Diskussionen und Austausch über Architektinnen und ihre Arbeiten in der Vergangenheit und in der Gegenwart, die Rolle von Architektinnen in diesem patriarchalen, hierarchischen System, feministische Architektur, frauenfreundliche Architektur, über den Alltag einer Architektin....Veröffentlichte Aufsätze waren Grundlage von abendfüllenden Gesprächen.

Und immer wieder sind es die persönlichen Erfahrungen, die unsere Treffen beleben: wir regen uns über die Art der Kündigung einer Kollegin auf, wir freuen uns über den neuen Auftrag einer anderen oder den Lehrauftrag einer dritten. Ich genieße es, daß Frauen Anteil nehmen und sich so auch gegenseitig unterstützen und anerkennen.

Zurück zur Messevorbereitung: Öffentlichkeitsarbeit, Einladungen, Pressemitteilungen. Eine in Aussicht gestellte finanzielle Subvention der Architektenkammer NRW für einen großzügigen Messestand wurde aus fragwürdigen Gründen zurückgenommen, da das Entscheidungsgremium Veranstaltungen im Rahmen der Kammer zum Beispiel für Frauen zur

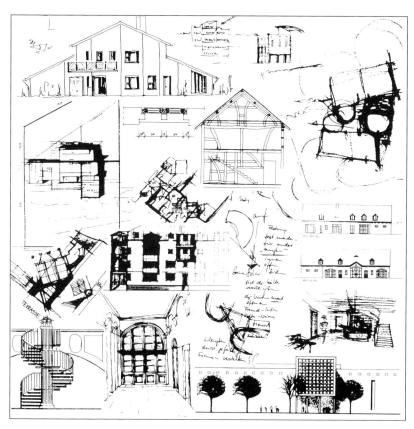

Wiedereingliederung in den Beruf, den Vorrang gab. Uns veranlaßte das zu einer kritischen Auseinandersetzung mit unserem Berufsverband. Welchen Platz haben wir Architektinnen als zahlende Pflichtmitglieder in der Kammer eigentlich? Unsere große Idee bekam einen Dämpfer und übrig blieb eine „kleine Ausführung".

Engagierte Fachfrauen wurden gefunden, die eine einstündige Podiumsdiskussion führten und das große Spektrum berufstätiger Frauen in den Bereichen Hochschule - Lehre und Forschung, Stadt- und Raumplanung, Hochbauplanung und Bauleitung, kommunaler, sozialer Wohnungsbau und ökologisches Bauen der Öffentlichkeit vorstellten.

So vielfältig die Themen, so vielfältig sind auch die Fachfrauen. Das spiegelt sich in den Handschriften der Arbeitsproben verschiedener Architektinnen wider, was die zwei von uns beauftragten Graphikerinnen genau erkannt und für unsere Einladung umgesetzt haben.

*Jeden dritten Mittwoch im Monat um 19.30 Uhr findet das Treffen der Architektinnen-Initiative statt, in den Räumen der Architektenkammer, Inselstr. 27, Düsseldorf.
Kontakt: Dörte Moll, Telefon 0211 - 486674*

Die Podiumsdiskussion auf der Messe brachte große Resonanz. Viele interessierte Kolleginnen und Studentinnen nahmen mit uns Kontakt auf, so daß sich unsere Gruppe nahezu vervierfachte. Zwischen fünfzehn und zwanzig Frauen aus den Bereichen Architektur und Innenarchitektur treffen sich einmal im Monat.

In diesem Jahr wollen wir die Abendtreffs mit konkreten Themen angehen, die jeweils von einzelnen Frauen vorbereitet werden. Beispiele aus unseren gesammelten Ideen:
- Architektenkammer mit ihrem Versorgungswerk - Bedeutung besonders für Frauen
- Exkursionen IBA-Projekte und Ökozentrum;
- Marketing?? - Projektsteuerung??
- CAD: Gebrauch und Kritik;
- Ökologisches Bauen / Konventionelles Bauen
- Planen und Bauen mit Investoren;
- Gemeinsames Tun, gegenseitiges Kennenlernen in einem Workshop…

Rezensionen und Kongreßberichte

Schlagworte auf Wandzeitungen – statt wohlklingender Thesen

Randbemerkungen zur SRL-Jahrestagung im November 1993 in Dresden: „Funktion und Wirkung von Planung im neuen Spannungsfeld von Peripherie und Zentrum"

SRL-Frauen haben in diesem von Männern dominierten Verein einen schweren Stand. 1993 lag der Frauenanteil der Mitglieder bei 18,4 %, d.h. 269 Frauen mußten ihre Interessen gegenüber 1195 Männern behaupten. Um so positiver ist das Engagement der Frauen zu sehen, die sowohl im Vorstand vertreten sind als auch bei der Tagungsgestaltung ihre Vorstellungen einbringen. Auf der Jahrestagung im November 93 in Dresden wurden daher erstmalig neue Moderationsformen erprobt.

Zum Auftakt der Tagung wurde auf der Mitgliederversammlung sowohl durch die Dominanz der anwesenden Männer als auch durch die Zusammensetzung des Vorstandes (von 7 Vorstandsmitgliedern sind nur 2 Frauen) der hohe Männeranteil des Vereins sichtbar. Wie weit die SRL entfernt von jeglicher Quotierung ist, zeigte sich an langatmigen Diskussionen um den Antrag des Frauenausschusses, als Fachgruppe in der Satzung verankert zu werden (dem schließlich zugestimmt wurde), den sich ewig wiederholenden Fragen was Frauenbelange seien, den Grundsatzdiskussionen um das große „I" bzw. die Verankerung der weiblichen Schreibweise in der Satzung, und auch darin, daß es noch immer nicht selbstverständlich ist, den Vorstand mit Frauen zu besetzen. Nach vielen Diskussionen, Anträgen und Abstimmungen - die gesamte Satzung wurde an diesem, sehr langen Tag überarbeitet - wurde am späten Abend Hille von Seggern mit warmen Worten verabschiedet und Gabriele Kotzke in den Vorstand gewählt.

Die neuen Moderationsformen kamen am folgenden Tag durch die Bildung von „Focusgruppen" erstmalig zur Anwendung. Die vergangene Praxis von Arbeitsgruppen, die oft nur darin bestand, daß mehrere ReferentInnen zu einem bestimmten Thema sprachen und die ZuhörerInnen die Inhalte konsumierten, sollte dahingehend verändert werden, daß sich die ganze Gruppe am Thema beteiligt, als ein Ansatz zum Selbst-Denken. Durch die Eingangs gestellten Fragen „Warum sind Sie in dieser FG ?" und „Was ist Ihre Hauptfragestellung zum Thema ?", konnten Themengruppen zusammengestellt werden, die von InputgeberInnen in einer 2. Runde konkretisiert wurden. Die wichtigsten Erkenntnisse, die sich aus den vielfältigen Diskussionen ergaben, wurden auf Wandzeitungen festgehalten. Die Dokumentation der Diskussionsverläufe konnte am Abend von allen besichtigt werden, und diente auch als kommunikatives Element zur Kontaktaufnahme.

Stefanie Klinkhart
Dipl. Ing. Architektur, geb. 1962, z.Zt. Städtebaureferendarin in Frankfurt, FOPA Rhein-Main und SRL.

Die Abschlußdiskussion am letzten Morgen wurde wieder einmal in einer Männerrunde geführt. Das Verhältnis von Peripherie und Zentrum wurde von den verschiedenen Erwartungshaltungen betrachtet. Die Komik dieser Runde: die Beiträge der 4 Männer auf dem Podium sollten von 2 Frauen (Gabriele Kotzke, Hamburg und Ursula Stein, Frankfurt) auf Wandzeitungen festgehalten werden. Da den Männern aber offensichtlich keine ergebnisorientierte Diskussion möglich war, standen die beiden Frauen etwas gelangweilt vor ihren Wandtafeln, um in der letzten halben Stunde die Ergebnisse selbst zusammenzufassen.

Insgesamt war das Tagungsthema zu komplex, um es abschließend behandeln zu können, die Diskussionsbeiträge und die Themenbündelung noch immer zu breit, und somit war Raum und Zeit wieder einmal nicht ausreichend um „tiefer" in Einzelthemen einzusteigen. Die Auseinandersetzung mit konkreten Problemen in Dresden und seinem Umland war besonders von uns PlanerInnen aus dem Westen schwer nachzuvollziehen, da eine mehr oder weniger funktionierende Regionalplanung vorhanden ist, und es eher darum geht, wie die vorhandenen Instrumente besser genutzt werden können.

Die neue Moderationsweise, Atmosphäre und Arbeitsform, wurde von den TeilnehmerInnen positiv empfunden. Neutrale Beobachter von der Süddeutschen Zeitung bemängelten am Ende der Tagung die fehlenden klar formulierten Thesen. Es habe Ratlosigkeit vor den Wandtafeln gegeben, da der Stoff der Fakten sehr mager gewesen sei. Doch Hille von Seggern, die die Ergebnisse der Tagung noch einmal zusammenfaßte, betonte, daß es ihr wichtig sei, wenn sich viele am Prozeß der Tagung beteiligen, damit nicht nur zwei schwitzend hinterher dasitzen, um wohlformulierte Thesen zu erarbeiten, während die anderen bereits gemütlich ihr Bier trinken. M.E. war die Tagung ein guter Ansatz miteinander ins Gespräch zu kommen.

Zu lernen bleibt vor allem, diszipliniert in kleinen Gruppen an einem konkreten Thema zu diskutieren und nicht in Selbstdarstellung abzuschweifen. Die Auswertung der Focusarbeit wird hoffentlich für die nächste SRL-Tagung konstruktive Anregungen bringen. Wir als FOPA sollten die SRL-Frauen in ihren weiteren Bestrebungen unterstützen.

Kongresse, Tagungen, Vorlesungen, FOPA-Themenabende

Europäischer Frauen-Planungs-Kongreß in den Niederlanden

Vom 11.-14. September 1994 fand in Driebergen in den Niederlanden ein Kongreß zum Thema „Emancipation as related to physical planning, housing and mobility in Europe" statt, organisiert von der Section Emancipation des Netherlands Institute for Physical Planning and Housing. Drei Ansätze - der Bereich Planungs-, Wohnungs- und Verkehrspolitik, der Gleichberechtigungsprozeß und der europäische Maßstab - sollen zusammengeführt werden, zum einen um einen Überblick über die in den einzelnen europäischen Staaten bestehenden Entwicklungen in diesen Bereichen zu erhalten und ein europaweites Expertinnen- Netzwerk aufbauen zu können, zum anderen um konkrete Empfehlungen für die europäische, die nationale und die örtliche Politik zu formulieren.
Kontaktadresse: NIROV/SEIROV, Postfach 30833, 2500 GV Den Haag, Niederlande. Tel: (31-70) 3469652, Fax: (31-70) 3617422

„Utopie und Wirklichkeit Stand und Perspektiven der Frauen/Projekte/Bewegung in der Region" Tagung am 29.9.94, Universität Dortmund

"Die Tagung hat zum Ziel, Überlebens-Strategien und tragfähige Finanzkonzepte zur Sicherung der Frauenprojekte und zum Erhalt von Frauenarbeitsplätzen zu diskutieren, Gelegenheit zur Reflexion von Organisations- und Machtstrukturen zu geben und wirksame Kooperationsmodelle vorzustellen bzw. einzuleiten." (aus: Tagungs-Vorankündigung 5/94)
VeranstalterIn ist das Frauenforschungsinstitut Rhein-Ruhr, Dortmund in Kooperation mit der Frauenbeauftragten der Universität Dortmund.
Info: Regine Brombach, Frauenbüro der Universität Dortmund, Emil-Figgestr. 50, 44227 Dortmund, Tel. 0231/755-2610.

Kongreß zur Frauensolidarität in Antalya

"We are pleased to invite you to the First International women's solidaritiy Congress to be held in Antalya-Belek/Turkey, on 11-13 November 1994 with the general topic „Women's participation in Decision-Making"
The overall guiding purpose of these Womens' Solidarity Congresses will be, to lend support to the idea of solidarity among women. The practical aim will be to provide concrete suggestions as to how women can share, to their mutual benefit, the great fund of knowledge and experience which they do possess, and channel this in to the defining of goals for the future." (aus dem Einladungsschreiben von Prof. Dr. Leliz Onaran, President of The Foundation for women's Solidarity)
Languages: English, Turkish (During General Sessions there will be simultaneos translation.)

Kontaktadresse: Ms. Meray Ekipman, General Secretary, Kadin Dayanisma Vakfi, Hisarparki caddesi Firguzaga Sokak 9/1-2, 06240 Ulus/Ankara - Turkey, TEL. (90-312) 3100670, FAX (90-312) 3090484
FOPA Dortmund hat Tagungsunterlagen, die bei Interesse eingesehen werden können.

Vorlesungsreihe "Feministische Stadtforschung"

Die erste Frauenforschungsprofessur für Raumplanung an einer bundesdeutschen Hochschule ist besetzt (FREI-RÄUME 6 berichtete), das Fachgebiet „Frauenforschung und Wohnungswesen in der Raumplanung" beginnt, sich im Fachbereich Raumplanung der Universität zu etablieren. Wir veranstalten im Wintersemester 1994/95 eine Vorlesungsreihe, die einerseits die Arbeitsergebnisse von feministischen Planerinnen und Wissenschaftlerinnen auf dem Gebiet der Stadt- und Regionalforschung dokumentieren und andererseits neue Fragestellungen der feministischen Raumforschung und -planung formulieren soll.
Alle intessierten (Fach-) Frauen aus Praxis und Forschung sind eingeladen, an dieser Reihe teilzunehmen.
Das Programm ist erhältlich bei: Fachgebiet Frauenforschung und Wohnungswesen, FB Raumplanung, Universität Dortmund, 44221 Dortmund, Tel. 0231/755-2291

Offene Themenabende bei FOPA Dortmund

An jedem zweiten Donnerstag im Monat, um 19:00 Uhr veranstaltet FOPA in Dortmund einen offenen Themenabend, zu dem nicht nur die Mitfrauen, sondern alle Interessierten eingeladen sind. Themenvorschläge können jederzeit eingebracht werden.
Ansprechpartnerin ist Elisabeth Overkamp, FOPA Dortmund, Adlerstr. 81, 44137 Dortmund, Tel.: 0231/143329.

Kooperation und Vernetzung

„Frauen planen für die Zukunft"
Gemeinschaftliches Wohnen-Arbeiten-Leben im Quartier
Von Frauen - nicht nur für Frauen
Ein Projekt für das Rieselfeld/Freiburg von STADT&FRAU e.V. Freiburg
STADT&FRAU will mit einem Wettbewerb, der Fachfrauen zur Beteiligung auffordert und von Frauen beurteilt wird, Einfluß nehmen auf die Entstehung eines neuen Stadtteils mit 4000 Wohnungen am westlichen Stadtrand von Freiburg.
STADT&FRAU hat zur Gründung von FOPA Freiburg beigetragen.

Kontakt: STADT&FRAU e.V., Jahnstr. 19, 79117 Freiburg, Tel. 0761/ 78573

PlanungsFachFrauen - Netzwerkkartei -

Die PlanungsFachFrauen - so entnehmen wir einer Selbstdarstellung (Zweckverband Großraum Hannover (Hg.): Beiträge zur Regionalentwicklung Nr. 36, Tätigkeitsbericht der Gleichstellungsbeauftragen 1993 S. 31f) - trafen sich erstmals im März 1992. Es sind Frauen, aus Hannover und Umgebung, aus privaten Büros, Verwaltung und Wissenschaft, die professionell im Planungsbereich tätig sind: Stadt-, Regional-, Raum-, Verkehrs-, Landschafts- und Freiraumplanerinnnen, Architektinnen, Geographinnen, Sozialwissenschaftlerinnen.
PlanungsFachFrauen wollen „feministische Klettergerüste bauen, weibliche Seilschaften bilden, drumherum ein filigranes Geflecht von Frauen-Netzwerken knüpfen" (Heide Pfarr).
Die Frauenbeauftragte des Kommunalverband Großraum Hannover unterstützt PlanungsFachFrau bei der Einrichtung einer Netzwerk-Kartei
Kontakt:
- Katja Striefler, Kommunalverband Großraum Hannover, Arnswaldstr. 19, 30159 Hannover, Tel. 0511/3661-223
- Barbara Felten, Göbelstr. 15, 30163 Hannover, Tel. 0551/661766

Kurzporträt: Fachgruppe „Autofreies Leben, Regional- und Stadtplanung"

Die Fachgruppe „Autofreies Leben, Regional- und Stadtplanung" ist Teil der Arbeitsgruppe Lebensstil - ökologischer Umbau im Norden, eine von acht Arbeitsgruppen, die im Rahmen des Forums Umwelt und Entwicklung entstanden sind.
Das Forum Umwelt und Entwicklung ist ein Zusammenschluß von eigenständigen Arbeitsgruppen, die nach der Rio-Konferenz 1992 die nationale und internationale Debatte begleiten und qualifizierte Öffentlichkeitsarbeit für die Umsetzung der Agenda 21 leisten sollen.
Die Arbeitsgruppe Lebensstil soll anhand der im Kapitel 2 bis 5 und 23 bis 32 der Agenda 21 angesprochene „Nachhaltigkeit" und „Rolle wichtiger gesellschaftlicher Gruppen" die Diskussion über eine Änderung der Konsum- und Produktionsmuster fortführen.
Dazu wurden intern noch vier weitere Fachgruppen gebildet: Medien/ Umweltverhalten, Konsum, Wirtschaft/ Ethik/ Entwicklungszentren und Entwicklungsprojekte.
Ein wichtiges Anliegen der Planungsfachgruppe, die sich im März 94 konstituiert hat, wird eine effektivere Beteiligung der Bevölkerung in der

Verkehrs-, Regional- Stadtplanung sein und die Einflußnahme auf die Umgestaltung des Öffentlichen Personen-Nahverkehrs im Hinblick auf eine Fortbewegung ohne Auto.

Ansatzpunkte der beginnenden Arbeit bilden die Privatisierung und Regionalisierung der Bahn, die im Entwurf befindlichen ÖPNV-Gesetze der Länder und die künftige Organisationstruktur des Regionalverkehrs. Die Fachgruppe beabsichtigt Forderungen und Anregungen an politische Gremien zu formulieren. FOPA Dortmund ist zur Mitarbeit eingeladen worden.

Ausstellungen

Frauen im Blätterwald Frauenzeitschriften jenseits der gängigen Klischees

Ausstellung von 50 meist nicht am Kiosk erhältlichen Zeitschriften, die Themen aus Politik, Gesellschaft, Forschung, Technik und Rechtssprechung aus Frauensicht betrachten und feministische Theorien diskutieren.

Die Ausstellung wurde bis Mitte Juli in der Stadtbücherei in Glückstadt gezeigt.

Ein Verzeichnis der Titel ist erhältlich bei: Stadt Glückstadt, Gleichstellungsbeauftragte, Kathrin Zeller-Glocker, am Markt 4, 25348 Glückstadt.

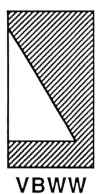

VBWW

Ein ähnliches Thema hat der aktuelle Rundbrief des Verbands Baden-Würtembergischer Wissenschaftlerinnen (VBWW): Zeitschriften, Periodika und unregelmäßig erscheinende Veröffentlichungsreihen für feministische Wissenschaft und Frauenforschung, Verbandsblätter von Wissenschaftlerinnen, autonomen Forscherinnen, Museumsfrauen u.ä. Dieser Rundbrief erscheint Mitte des Wintersemesters 1994/95. Redaktion: Gabriele Goebel, Schröderstr. 12, 69120 Heidelberg, Tel: 06221-402833.

Eine sehr interessante neue Zeitschrift, die in der Ausstellung Frauen im Blätterwald noch nicht zu finden ist:
LOLApress. REVISTA FEMINISTA INTERNATIONAL (BILINGUAL). Circa Junio 1994 No. 1, publicada semestralmente, apoyada por la fundacion FRAUEN ANSTIFTUNG e.V., ISSN 0797-8235

Frauenpolitische Veröffentlichungen

Zum Thema Sicherheit und Bewegungsfreiheit von Frauen im öffentlichen Raum veranstaltete das Frauenreferat der Stadt Frankfurt am Main 1992 zusammen mit zahlreichen Institutionen und Bürgerinnen eine dreimonatige Kampagne „Frauen nehmen sich die Stadt". In den Aktionsmonaten „eroberten" sich Frauen real und symbolisch die Stadt mit phantasievollen Aktivitäten in Parkanlagen, Straßen und auf Plätzen. Die Broschüre beschreibt Ziele, Vorgehensweise, die Aktionen und die Öffentlichkeitsarbeit sowie die Ergebnisse der Kampagne.
Die 48 Seiten starke Dokumentation kann schriftlich beim Frauenreferat, Walter-Kolb-Str. 9-11, 60594 Frankfurt zum Preis von 14 DM angefordert werden.

Frankfurt: „Frauen nehmen sich die Stadt" Dokumentation

Die Gesamthochschule Kassel, Fachbereich 13 Stadtplanung/Landschaftsplanung hat als Arbeitsberichte Heft 108 eine Veröffentlichung der Arbeitsgruppe Frauen in Lehre und Forschung herausgegeben. Titel: „Transitfrauen durch Planung, Verwaltung, Forschung, Lehre"

Transitfrauen

Sinning, Heidi u.a.: Nicht ohne uns. Dokumentation der Fortbildung „Möglichkeiten der Beteiligung von Frauen an der kommunalen Planung". Informationsstelle Ländlicher Raum und Umwelt (ILU). Bezug: Institut für Landesplanung und Raumforschung, Herrenhäuser Str. 2, 30419 Hannover (Preis dort: 5 DM).

Beteiligung von Frauen an der kommunalen Planung

Wessolowski, Katrin: Über Frauenbildung zu Frauenbeteiligung. Zur Gestaltung planungsbezogener Frauenbildungsangebote am Beispiel des VHS-Kurses „Frauengerechte Stadtplanung" in Wunstorf. Diplomarbeit am Fachbereich Landschaftsarchitektur und Umweltentwicklung der Uni Hannover, Juni 1993

Gestaltung planungsbezogener Frauenbildungsangebote

Stadt ohne Frauen

Frauenbeauftragte der Stadt Mannheim und Autorinnen (Hgin):
Stadt ohne Frauen
Frauen in der Geschichte Mannheims;
ca. 400 Seiten, 80 Abbildungen,
Format 17,4x 28 cm,
ISBN 3-923003-61-7, DM 39,80,
Edition Quadrat Mannheim 1993.

Terre des Femmes-Rundbriefe

Der Rundbrief 3/93 berichtet u.a. über die Themen „Menschenrechtsverletzungen an Frauen, Weltfrauenkonferenz 1995 in China, Paragraph 218, Frauenprojekte in Ex-Jugoslawien, Frauenbewegung in Pakistan und Westsahara. Der Rundbrief 4/93 hat die Schwerpunkte Gewalt gegen Frauen, Aktionstag 25.November, Menschenrechtsverletzungen an Frauen im Krieg, Frauen in Ostafrika, Tibet, Kinderprostitution.
Die vierteljährlich erscheinenden Informationsschriften von Terre des Femmes können für je 7,50 DM, einschließlich Versand gegen Briefmarken bei Terre des Femmes e.V., Postfach 2531, 72015 Tübingen bestellt werden.

Verkehrspolitische Veröffentlichungen, Initiativen

Unterschiede
Kleine Verlag,
Postfach 101668,
33516 Bielefeld

UNTERSCHIEDE 9

Schwerpunktthema: Emanzipation vom Auto?

WEICHENSTELLEN Fußvolk unter Automenschen; Parkhaus-Feminismus; Bahnreform ohne Frauen; Feministische Interventionen in die Verkehrspolitik **OST-WEST** Staatlich finanziertes Auto für den Arbeitsweg **PORTRAIT** Die Fahrrad-Courierin **DEBATTE** Nicht emanzipierte Jugendliche durch emanzipatorische Erziehung? **SCHMÖKER** Die Frau mit den Ziegenfüßen von Gabriele Reuter

UMKEHR

Der Arbeitskreis Verkehr und Umwelt (UMKEHR) e.V., ist Herausgeber des Informationsdienstes Verkehr (IDV). die aktuelle Ausgabe (Nr. 46, 74 Seiten) gibt einen Überblick über die Verkehrsdebatte, Straßenbau, Luftverschmutzung, Radverkehr, Transrapid, Verkehrsleitsysteme und Güterverkehr. Der Informationsdienst ist gegen 7,50 DM in Briefmarken erhältlich bei:
UMKEHR, Exerzierstr. 20, 13357 Berlin, Tel. 030/4927473.

Initiative für eine bessere Bahn

Die Initiative für eine bessere Bahn (FBB), Simrockstr. 1, 50823 Köln hat als Diskussionsforum zur Bahnreform die „bessere Bahn" Nr. 2 veröffentlicht. Bezug: GNN-Verlag, Postfach 260226, 50515 Köln, gegen 5 DM in Briefmarken.

Bahndeform

Robin Wood, Postfach 102122, 28021 Bremen, hat ein Materialpaket zur Bahndeform (Halbe Bahn fürs ganze Volk) erstellt; erhältlich gegen 4 DM in Briefmarken.

```
TransRapidCard
Mehr Schulden für
das ganze Volk           10.600.000.000

Gültig von      Gültig bis
– ab sofort –   – völlig ungewiß –

Ihr Bundesverkehrsminister    DB
```

BÜNDNIS 90/DIE GRÜNEN: Schritte zur Verkehrswende

Bündnis 90/DIE GRÜNEN im Landtag NRW: Schritte zur Verkehrswende in NRW. Faltblatt von Gisela Nacken (MdL)/Uli Burmeister sowie Reader zur gleichnamigen Veranstaltung am 25.02.1994.
Bezug: Bündnis 90/DIE GRÜNEN im Landtag NRW, Platz des Landtages 1, 40221 Düsseldorf, Tel. 0221/8842737

PDS/Linke Liste: Verkehrspolitik

PDS/Linke Liste im Bundestag (Hg.):
In der Diskussion Verkehrspolitik. Ökologisches integriertes Gesamtverkehrskonzept für die Bundesrepublik Deutschland - Ein Entwurf, Bonn, Juni 1993.

ADFC Infoblatt

ADFC Bundesverband und SRL (Hg.): Vom Radweg zur Radspur, Infoblatt FAF 5 März 1994.

Bezug: ADFC, Postfach 107747, 28077 Bremen; SRL, Weg am Kötterberg 3, 44807 Bochum.

Fußgänger-Zeitung

Fußgänger Zeitung der Arbeitsgemeinschaft Recht für Fußgänger (ARF), Klosbachstr. 48, CH 8032 Zürich, Tel. 01/383 62 40.
Inhalt Nr. 16, März 1994: FußgängerInnen zählen (noch) nicht. Die systematische Unterschätzung der FußgängerInnen und ihre Folgen. Ergebnisse aus der SVI-Studie „Indikatoren im Fußgängerverkehr". Gängige Verkehrserhebungen werden dem Fußgängerverkehr nicht gerecht. Die Studie von ARF-Präsidentin Verena Häberli und Beat Greuter stellt endlich die FußgängerInnen ins Zentrum.
Die Studie kann bezogen werden bei SVI (Vereinigung Schweizerischer Verkehrsingenieure), Sekretariat, Postfach 155, 8034 Zürich, Tel. 984 18 84.

Berufliches

Baukammergesetz/ Stadtplanerliste NRW

Im Januar 1994 tagte der Eintragungsauschuß für die Stadtplanerliste in Nordrhein-Westfalen zum ersten Mal.
"In die Stadtplanerliste aufgenommen werden Planer und Architekten, die einen einschlägigen Studienschwerpunkt „Stadtplanung, Städtebau" und eine zweijährige Praxis als Stadtplaner aufweisen" (RaumPlanung 64: 1) - vermutlich sind Planerinnen und Architektinnen mitgemeint.
Der Informationskreis für Raumplanung (IfR) informierte seine Mitglieder über die Beendigung der Übergangsregelung zum 31.12.93: "Das Gesetz will mit dieser Regelung zur Besitzstandswahrung die evtl. ‚wirtschaftlich (nachteilig) wirksamen Folgen' vermeiden. Es ist für den Personenkreis, der die formelle Voraussetzung des Gesetzes, ein einschlägiges Studium der Raumplanung, des Städtebaus oder der Architektur, nicht nachweisen kann, jedoch in den letzten zwei Jahren als Stadtplanerin tätig war, notwendig, einen Antrag zur Führung der Berufsbezeichnung durch Eintrag in die Stadtplanerliste stellen, wenn sie auch in Zukunft den Titel „StadtplanerIn" führen wollen. Der Nachweis, daß man sich bislang als StadtplanerIn betätigte und auch so bezeichnete, kann relativ einfach durch Briefbogen/Visitenkarte sowie Arbeiten und Schriftstücke aus den letzten Jahren erbracht werden.
Für RaumplanerInnen ist die Situation einfacher. Das Studium ist einschlägig, und entscheidend für die Eintragung ist der Nachweis der zweijährigen beruflichen Praxis als StadtplanerIn. Es wird sich erst in den ersten Sitzungen des Eintragungsausschusses für die Stadtplanerliste herausstellen, wie ‚Praxis in der Stadtplanung' definiert werden wird.
Es läßt sich noch nicht abschätzen, welche Bedeutung die Stadtplanerliste in Zukunft besitzen wird. Zunächst geht es nur darum, die Berufsbezeichnung „StadtplanerIn" führen zu dürfen. Die Berufsausübung ist also nicht betroffen. ... Die Spaltung der im Bereich Raumplanung tätigen Personen in ‚StadtplanerInnen' und ‚Nicht-StadtplanerInnen' ist vom Grundsatz her kritisch zu sehen." (Schreiben des IfR vom 7.12.1993)

FOPA-Selbstdarstellung

Was ist FOPA?

Adressen der FOPA-Vereine

▷ FOPA e.V. Berlin
  Willmanndamm 10
  10827 Berlin
  Tel. 030/6942018
  (Mo. 18-20 Uhr,
  jeden 1. Monat
  im Monat bis 22 Uhr)

▷ FOPA Bremen e.V.
  c/o Frauenstadthaus
  Am Hulsberg 11
  28205 Bremen
  Tel. 0421/343380

▷ FOPA Dortmund e.V.
  Adlerstraße 81
  44137 Dortmund
  Tel. 0231/143329

▷ FOPA Kassel e.V.
  c/o PLF, Frau Kirchner
  Querallee 43
  34119 Kassel
  Tel. 0561/776071

▷ FOPA Hamburg e.V.
  c/o Simona Weisleder
  Schmilinskystraße 4
  20099 Hamburg
  Tel. 040/244861

▷ FOPA Köln e.V.
  c/o Ute Pelzer
  Hülchrather Straße 3
  50670 Köln

▷ FOPA Freiburg Stadt
  und Frau e.V. (i.Gr.)
  Jahnstraße 19
  79117 Freiburg

▷ FOPA Rhein-Main e.V.
  c/o Frauenkulturhaus
  Am Industriehof 7-9
  60487 Frankfurt
  Tel. 06151/377712

▷ FOPA heißt Feministische Organisation von Planerinnen und Architektinnen.

▷ FOPA sind autonome, interdisziplinäre Organisationen von Frauen, die sich mit der baulich-räumlichen Umwelt und ihrer Gestaltung befassen und sie im Interesse von Frauen verändern.

▷ FOPA erarbeitet und fördert Architektur, Stadt- und Freiraumplanung in Praxis, Forschung, Aus- und Weiterbildung und eine Politik, die von den Lebens- und Arbeitsbedingungen von Frauen ausgeht. FOPA kämpft gegen die Diskriminierung von Frauen im Beruf, in der gebauten Umwelt und der räumlichen Planung.

▷ FOPA berät Laueninitiativen und Frauenbeauftragte im Planungs- und Baubereich.

▷ FOPA konzipiert und organisiert Seminare und Tagungen.

▷ FOPA erstellt und vertreibt Ausstellungen.

▷ FOPA initiiert und unterstützt Wohnprojekte von Frauen im In- und Ausland.

▷ FOPA recherchiert und archiviert Literatur zum Thema Frauen im In- und Ausland.

▷ FOPA recherchiert und archiviert Literatur zum Thema Frauen - Planen - Bauen - Wohnen.

▷ FOPA publiziert einmal im Jahr die Streitschrift FREI·RÄUME und feministische Planungsliteratur.

▷ FOPA übernimmt Planungsaufträge, Gutachten und Stellungnahmen, die Frauen als Nutzerinnen der gebauten Umwelt in den Vordergrund stellen bzw. intensiv am Planungsprozeß beteiligen.

▷ FOPA stellt Referentinnen zu Ausstellungen und Fachthemen.

▷ FOPA fordert Beteiligungsverfahren für Frauen auf allen Planungsebenen ein.

▷ FOPA gibt es seit 1981 in Form von unabhängigen, lokalen Vereinen, die mittlerweile in Berlin, Bremen, Dortmund, Freiburg, Hamburg, Kassel, Köln und der Region Rhein-Main arbeiten.

Anhand von acht beispielhaften Projekten wird gezeigt, unter welchen Bedingungen Frauen sich Möglichkeiten und Freiräume in selbstorganisierten Projekten der ökologischen Stadterneuerung schaffen – als Planerinnen, als Handwerkerinnen und als Bewohnerinnen. Das Buch bietet einen Fundus an Erfahrungen, aus dem andere Projekte schöpfen können, um ihre Ziele gegenüber Politik und Verwaltung durchzusetzen.

Aus dem Inhalt

Verbocktes und Verbautes verbessern
Oasen hier und sofort entstehen lassen
Arbeitsmarktprogramme als Starthilfe
Ganzheitliche Qualifizierung versus Karriere
Sinnvolle Arbeit versus langfristig gesicherte Arbeitsplätze
Kommunikation statt Hierarchie
Zwischen Selbstverwirklichung und Selbstausbeutung
Geld spielt (k)eine Rolle
Das Ende des Durchwurstelns
BewohnerInnenbeteiligung ernst genommen
Die Notwendigkeit unabhängiger Beratung
Selbstorganisierte Projekte im Dschungel der Bürokratie
Verwaltungsstrukturen – hierarchisch, träge, frauenfeindlich
Anträge stellen – eine Wissenschaft für sich
Selbstorganisierte Projekte als Herausforderung für Politik und Verwaltung

Wie sieht Stadtplanung aus Frauensicht aus?
Berücksichtigen Frauen andere Aspekte, die Männer nur zu gern aus dem Blick verlieren?
Was bedeutet Stadtplanung für den Lebensalltag von Frauen?
Wie wirkt sich die Hauptstadt-Rolle Berlins auf seine Bewohnerinnen aus?

Aus dem Inhalt

Zum Stand der Diskussion städtischer Lebensverhältnisse
Öffentlichkeit und Privatheit – Gegenthesen zu einer krassen Polarität
Gebaute Welt – Raum, Körper und Lebenswelt in ihrem politischen Zusammenhang
Frauen und sozialräumliche Polarisierung
Alltagsverhalten von Mädchen im öffentlichen Raum
Genossenschaftliches Wohnen als Alternative
Zur Privatisierung des Öffentlichen – Frauenarmut
Zwischen Stadt und Land – Peripherieproblematik

Wissenschaftliche Reihe:

Marion Rave
Befreiungsstrategien.
Der Mann als Feindbild in der feministischen Literatur.
244 Seiten, 1991, ISBN 3-89370-147-8, DM 32,00

Wera Hemmerich
(K)eine Chance für ein neues Geschlechterverhältnis?
Widersprüche und Ambivalenzen im partnerschaftlichen Alltag.
248 Seiten, 1991, ISBN 3-89370-151-6, DM 32,00

Ilse Brehmer
Der widersprüchliche Alltag.
Probleme von Frauen im Lehrberuf.
274 Seiten, 1992, ISBN 3-89370-165-6, DM 34,90

R. Reichwein / A. Cramer / F. Buer
Umbrüche in der Privatsphäre.
Familie und Haushalt zwischen Politik, Ökonomie und sozialen Netzen.
300 Seiten, 1993, ISBN 3-89370-170-2, DM 38,00

Heidrun Hoppe
Frauenleben: Alltag, Aufbruch und neue Unsicherheiten.
210 Seiten, 1993, ISBN 3-89370-174-5, DM 28,00

I. Herlyn / U. Vogel / A. Kistner / H. Langer / B. Mangels-Voegt / A. Wolde
Begrenzte Freiheit — Familienfrauen nach ihrer aktiven Mutterschaft.
Eine Untersuchung von Individualisierungschancen in biographischer Perspektive.
220 Seiten, 1993, ISBN 3-89370-175-3, DM 28,00

Karin Derichs-Kunstmann / Brigitte Müthing (Hrsg.)
Frauen lernen anders.
Theorie und Praxis der Weiterbildung für Frauen.
236 Seiten, 1993, ISBN 3-89370-176-1, DM 31,00

Ursula Rabe-Kleberg
Verantwortung und Macht.
Ein Beitrag zum Verhältnis von Geschlecht und Beruf angesichts der Krise traditioneller Frauenberufe.
294 Seiten, 1993, ISBN 3-89370-182-6, DM 35,00

Anneliese Durst
Bedienen zwischen dienen und verdienen.
Eine berufssoziologische empirische Untersuchung zur Dienstleistungsarbeit im Gastgewerbe.
316 Seiten, 1993, ISBN 3-8370-183-4, DM 36,00

Martina Löw
Raum ergreifen.
Alleinwohnende Frauen zwischen Arbeit, sozialen Beziehungen und der Kultur des Selbst.
198 Seiten, 1994, ISBN 3-89370-184-2, DM 28,00

Ingeborg Hack-Zürn
Sonderschullehrerinnen als professionelle Mütter?
Die Sonderschule als Bildungsinstitution mit Familiencharakter.
228 Seiten, 1994, ISBN 3-89370-185-0, DM 29,00

Märle Poser
Weibliche Lebensentwürfe.
Zwischen Kontinuität und Bruch.
154 Seiten, 1994, ISBN 3-89370-186-9, DM 25,00

Barbara Skripski
Auf ungleichen Wegen in ein neues Berufsfeld.
Zugang von Frauen und Männern zum Arbeitsbereich der Weiterbildung im Strukturwandel der Volkshochschulen.
334 Seiten, 1994, ISBN 3-89370-191-5, DM 38,50

Anna Margareta Völkl-Maciejczyk
Nicht *obwohl*, sondern *weil* ...!
Weiblich dominierte Kindheit und Geschlechterpolarisierung.
212 Seiten, 1994, ISBN 3-89370-193-1, DM 29,00

Sylvia Kolk
Von der Selbsterfahrung über die Selbsterkenntnis zur Einsicht.
Ein Befreiungsweg im Kontext feministischer Bildungsarbeit.
274 Seiten, 1994, ISBN 3-89370-192-3, DM 35,00

J. Buchen / K. Buchholz / E. Hoffmann / S. Hofmeister / R. Kutzner / R. Olbrich / P. van Rüth
Das Umweltproblem ist nicht geschlechtsneutral — Feministische Perspektiven —
298 Seiten, 1994, ISBN 3-89370-195-8, DM 36,00

Karin Derichs-Kunstmann / Annette Rehbock (Hrsg.)
Jenseits patriarchaler Lei(d)t-Bilder.
Zur Theorie und Praxis gewerkschaftlicher Frauenbildungsarbeit.
ca. 200 Seiten, 1994, ISBN 3-89370-196-6, ca. DM 28,00

Barbara Reichle
Die Geburt des ersten Kindes — eine Herausforderung für die Partnerschaft.
Verarbeitung und Folgen einer einschneidenden Lebensveränderung.
314 Seiten, 1994, ISBN 3-89370-200-8, DM 36,00

Bettina Jansen-Schulz
Das andere Lernen.
Frauen in (ländlichen) Elterninitiativen.
240 Seiten, 1994, ISBN 3-89370-203-2, DM 32,00

Uta von Winterfeld
Auf den Spuren der Angst.
Über die Angst von Frauen in ihrer biographischen, alltäglichen und sozialen Dimension.
600 Seiten, 1995, ISBN 3-89370-204-0, DM 65,00

Kleine Verlag

Postfach 10 16 68
33516 Bielefeld
Tel. (0521) 15811 · Fax (0521) 140043